CARMEN KAHN-WALLERSTEIN

Marianne von Willemer – Goethes Suleika

INSEL VERLAG

Erste Auflage dieser Ausgabe 1984

Lizenzausgabe mit freundlicher Genehmigung
des A. Francke AG Verlag Bern

Satz: LibroSatz, Kriftel
Druck: Nomos Verlagsgesellschaft, Baden-Baden
Printed in Germany

DEM ANDENKEN
AN MEINE MUTTER
UND
AN MEINEN WEGGEFÄHRTEN

VORWORT

Von Kindheit und früher Jugend der Marianne Jung, die später Frau von Willemer und als Goethes Suleika unsterblich wurde, wissen wir wenig. Als gesicherte Spur darf gelten, daß Marianne ihre frühe Kindheit in Wien verlebte, wo ihre Mutter sich an einem Vorstadttheater recht und schlecht durchbrachte. Dafür, daß das Kind bei Verwandten seiner unverheirateten Mutter untergebracht war, hat sich in Weimar ein Indiz gefunden: ein Schriftstück, dem zufolge Frau von Willemer ihrer in Wien lebenden Kusine Klementine Pirngruber eine monatliche Rente auszahlen ließ und zugleich testamentarisch verfügte, das Geld solle der Klementine Pirngruber bis zu deren Tod gegeben werden. Mariannes Kusine, die hundertjährig gestorben ist, brachte der Kleinen wohl jene Liebe entgegen, die der unehelich Geborenen von der übrigen Familie vorenthalten worden ist.

Mit Ehrgeiz und geringem Verantwortungsgefühl haben sich Unberufene immer wieder daran gemacht, vor den Lesern Spekulationen über Mariannes Herkunft anzustellen. Im Gegensatz dazu steht ein Beitrag im Historischen Jahrbuch der Stadt Linz an der Donau aus dem Jahr 1981, in dem der Autor Max Neweklowsky auf eine Einsendung hinwies, die 1975 der Zeitschrift »Genealogie« von dem Familienforscher Egon Kaps zugegangen war. Dieser hatte in der Domkirche von Sankt Pölten ein Dokument entdeckt, dem zufolge dort am 31. März 1788 – also vier Jahre nach Mariannes Geburt – ihre Mutter, Elisabeth Pirngruber, mit dem ein Jahr älteren Sohn eines in Mannheim lebenden Militärs getraut worden ist. Joseph M. Georg Jung gab als Beruf »Schauspieldirektor« an und dürfte, wie

Mariannes Mutter, der abenteuerliche Sproß einer sogenannten guten Familie gewesen sein. Der von Egon Kaps entdeckte Eintrag wird wohl Mariannes angeblichen Vater, den Linzer Musikus Mathias Jung, in das Reich der Legende verbannen. Generationen hatten vergeblich nach einer Spur von ihm in Linz gesucht. Ob der Schauspieler Jung, den Elisabeth Pirngruber vier Jahre nach des Töchterchens Geburt heiratete, Mariannes leiblicher Vater gewesen oder ob er das Kind nur als seines anerkannte, wissen wir nicht. Als Elisabeth Jung mit der Vierzehnjährigen im Gefolge des Tänzerpaares Traub in Frankfurt am Main auftauchte, hatte nur die verwitwete Mutter Papiere. Diese nannte das Töchterchen Marianne mit dem eigenen Ehenamen: Marianne Jung. Die uneheliche Geburt Mariannes wußte die schlaue Frau so gründlich zu verschleiern, daß nie eine Geburts- oder Taufeintragung der Tochter gefunden worden ist.

Die Verfasserin dieses Buches berichtet nur, was als gesichert gilt. Sie ist dabei Hans-J. Weitz und seiner hilfreichen Kritik viel Dank schuldig geworden. Dank gebührt auch Edith Wallace, die das Mariannebuch und ein Leben lang die Verfasserin mit ihrer Zuneigung begleitet hat.

I. DAS KOMÖDIANTENKIND UND WILLEMER

Als Anfang November 1798 der Ballettmeister Traub mit seiner Frau von Stuttgart nach Frankfurt am Main kam, in der Aussicht auf ein Gastspiel am Nationaltheater, waren sie in Begleitung zweier »Frauenpersonen«, welche auch zum »fahrenden Volk« der Bühne gehörten: einer nicht mehr jungen, die sich Witwe nannte, und ihres vierzehnjährigen Töchterchens. Diese beiden hatten einen längeren Weg hinter sich als die Traubs: sie waren Ende Oktober von Wiener Neustadt aufgebrochen. Die kleine Wanderschar zog wahrscheinlich durch das Gallustor in die von Mauern umschlossene Krönungsstadt der römischen Kaiser deutscher Nation ein. Noch waren kaum sechs Jahre verflossen, seit man den österreichischen Kaiser Franz II. im Dom zum Oberhaupt des Reiches gekrönt, und niemand ahnte, daß sich das großartig-prunkvolle, von Goethe in seiner Lebensgeschichte geschilderte Schauspiel einer Krönung zum letzten Male in Frankfurt vollzog. Dieses Frankfurt von 1798 glich nahezu unverändert der in »Dichtung und Wahrheit« geschilderten Stadt. Die das Regiment ausübenden Familien trugen noch die gleichen Namen, fühlten sich einander und dem Dichter durch Tradition und Freundschaft verbunden. Im Jahr zuvor, 1797, hatten sie ihn, der inzwischen in Weimar Geheimrat und Minister geworden, wiedergesehen, als er seine Geliebte, Christiane Vulpius, und sein Söhnchen zur Mutter brachte. Das Haus seiner Kindheit am Großen Hirschgraben war verkauft worden, denn die Rätin Goethe empfand es nach Jahren der Kriegswirren, die Frankfurt heimgesucht, mit Recht als allzu große Bürde. Im Einverständnis mit dem Sohn und der Familie ihrer früh verstorbenen Tochter Cornelia Schlosser vertauschte sie das Haus mit ihrer bequemen Wohnung an der Hauptwache. Hier, im Hause »Zum Goldenen Brunnen«, saß sie sozusagen im Herzen der Stadt und konnte von ihrem Fenster aus die wichtigsten spectacles beobachten: das Aufziehen und die Ablösung der Wache, Truppendurchzüge und die Ankunft Fremder. Es war kein großer Weg zu den Verwandten, den Melbers, Stocks und Schlossers und zu den jüngeren Freunden, den Brentanos. Die Katharinenkirche, in der die Familie Goethe schon zu Lebzeiten des Vaters ihre Plätze innehatte, schaute der Rätin fast in die Stube. Vor allem lag die Stätte nah, die für die schau- und lebenslustige Dichtermutter eine besondere Anziehungskraft besaß: das 1782 errichtete Theater am Komödienplatz. Hier stand in der Loge Nummer 9, die sie mit den Damen Bernus und Bethmann teilte, ihr erhöhter Stuhl, von dem aus sie unverdrossen auch dann den Vorgängen auf der Bühne folgte, wenn wegen der sommerlichen Hitze männiglich zu Hause blieb. Im Winter ließ sie sich von ihrer Magd Lischen die Laterne vorantragen, um das Ziel ihrer Wünsche bei Dunkelheit sicher zu erreichen.

Wir wissen nicht, ob die Frau Rat etwa das Tänzerpaar Traub bei seinem »Pas de Deux im Charakter eines Matrosen« gesehen hätte, welches am 11. November auf das Schauspiel »Die Tochter der Natur« von August Lafontaine folgte: die Traubs sind offenbar weitergezogen; ihr Name kommt in den Frankfurter Theaterzetteln nicht mehr vor. Die beiden »Frauenspersonen« aus Österreich hingegen sind in Frankfurt geblieben, und daß sie sogleich ans Nationaltheater engagiert wurden, ist wohl der Anmut und dem Talent des jungen Mädchens zuzuschreiben, welches von nun an in kleinen Rollen des Schau- und des Singspiels wie auch als Tänzerin beschäftigt worden ist. Zwar in den zahlreich erhaltenen Briefen der Frau Rat wird sie nirgends erwähnt. Aber Clemens Brentano überliefert, daß er, von Frau Rat eingeladen, an der Seite der alten Familienfreundin die Tanzpantomime »Die Geburt des Harlekin« von Morelli gesehen habe und wie sich in der Rolle des aus einem Ei entschlüpfenden Harlekin das jüngste Mitglied des Hauses, Demoiselle Jung, als ebenso anmutige wie humorbegabte Interpretin präsentierte – ein Eindruck, der ihm sein Leben lang haften geblieben ist.

Was Herkunft und frühe Kindheit der Kleinen anbelangt, sind wir nahezu ausschließlich auf die Angaben der Mutter angewiesen.

Maria Anna Katharina Theresia Jung, hieß es, sei in Linz an der Donau am 20. November 1784 zur Welt gekommen, als Tochter des frühverstorbenen Instrumentenmachers und Musikers Mathias Jung und seiner Gattin Elisabeth Pirngruber. Ihre Mutter entstammte der zweiten Ehe des kinderreichen Pirngruber, des Pflegers und Verwalters der Gräflich-Hohenfeld'schen Güter auf Schloß Almegg. Ein Bruder der Mutter hatte es bis zum Professor der praktischen Rechtsgelehrsamkeit und zum Landrat in Linz gebracht. Ältere Halbgeschwister der Mutter waren in Wien verheiratet, bei ihnen verlebte die kleine Marianne höchstwahrscheinlich die ersten Kindheitsjahre. Ihre Mutter trat an Wiener Vorstadtbühnen auf und galt schon damals als Witwe. Ob sie selbst später mit einer wandernden Truppe Wien verließ und das Töchterchen mitnahm, ob sie erst das künstlerisch bereits in der Ausbildung begriffene Mädchen begleitete, wissen wir nicht. Als Mutter und Tochter in Frankfurt am Main auftauchten, zählte Elisabeth Jung, Mariannens schutzbedürftige Beschützerin, achtunddreißig Jahre. Nach damaligen Begriffen, besonders als Künstlerin, war sie eine alternde Frau. Großes Talent scheint ihr nicht zueigen gewesen; in Frankfurt wurde sie nur noch als Garderobiere und Theaterdienerin verwendet. Das vielversprechende, vielseitig begabte Töchterchen verkörperte ihre Zukunft, ließ sie hoffen, eines Tages der ständigen Sorgen enthoben zu sein.

Das erste Auftreten der jungen Künstlerin in Frankfurt schien die Erwartungen der Mutter zu bestätigen. Die Kleine gefiel allgemein. Um sich ein Bild davon zu machen, was eine Bühnenlaufbahn dazumal bedeuteten, muß man sich die Zustände in der deutschen Theaterwelt um die Wende vom achtzehnten zum neunzehnten Jahrhundert vergegenwärtigen.

Es gab zu jener Zeit in Deutschland eine einzige Bühne mit einem Repertoire von Niveau und menschenwürdigen Bedingungen für die Künstler; aber dieses Theater in Mannheim unter seinem Intendanten Dalberg mußte infolge der Kriegsereignisse seine Pforten schließen. Die Schauspielerin Karoline Jagemann, sechs Jahre älter als Marianne Jung, kehrte in ihre Vaterstadt Weimar zurück und wurde Mitglied des unter Goethes Leitung stehenden Hoftheaters. Hier sah es anders aus als in Mannheim! Es kam vor, daß Kollegen auf den Proben mit vollen Backen kauend ihre Rolle hersagten, sofern es nicht einem von ihnen einfiel, sie zu parodieren. Nicht beschäftigte Schauspieler setzten sich kichernd und schwatzend in die Logen und machten sich über die Agierenden lustig. Ein Mitglied des Hoftheaters, das gelegentlich seine Frau verprügelte, fand nichts dabei, seine Partnerin zu malträtieren. Man würde der Jagemann-Schilderung nicht glauben, wüßte man nicht von Goethes Kampf gegen derartige Mißstände. Es herrschte unter den Bühnenkünstlern damals eine unvorstellbare Roheit und Unbildung.

In ein ähnliches Milieu war Marianne Jung im Gefolge und mit Einwilligung ihrer Mutter geraten. Auch wenn man annimmt, daß ihr kindlich-lauteres Wesen ihr zum Schutzengel geworden wäre, eine ruhmreiche Laufbahn vor ihr gelegen hätte, blieb der Weg gefahr- und dornenvoll. Dieser Ansicht dürfte auch der welt- und frauenerfahrene Theaterfreund, der Bankier Johann Jakob Willemer, gewesen sein, dem die liebreizende Vierzehnjährige sogleich auffiel und der beschloß, sie im Auge zu behalten. Ein Jahr älter als Mariannes Mutter, zweimal Witwer geworden, hatte Willemer vier Töchter, von denen die älteste, zwei Jahre vor Marianne geboren, sich soeben mit dem Kaufmann Städel vermählt hatte. Ihre Schwestern waren kaum jünger als Marianne Jung. Diese galt bei Kennern als vielversprechende Begabung, deren weitere Entwicklung jedoch abzuwarten blieb. Ebenso ungewiß war die vor Marianne liegende Zukunft. Ihre Mutter, eine mittelmäßige, charakterschwache, vom Leben zermürbte Frau, war unfähig, sie wirksam zu schützen. Willemer mußte sich fragen, was in der Umwelt, in der sie aufwuchs, aus Marianne Jung werden würde. Selbst wenn ihr der Aufstieg zur Hofschauspielerin glücken sollte, wären die Liebhaber allenfalls kapitalkräftiger. Geheiratet würde sie günstigenfalls von einem rohen, ungebildeten Komödianten.

Wenn Willemer die zierliche Kleine mit den dunkelbraunen Locken und den schelmischen Augen ihre Sprünge machen sah, mußte er unwillkürlich an Wilhelm Meisters Mignon denken. Über das Geschlecht seiner lieblichen Entdeckung konnte er allerdings nicht im Zweifel sein. In aller Unschuld und Kindlichkeit war dies ein eindeutig weibliches Wesen, von dem die Kenner – und zu ihnen zählte Willemer! – das gleiche sagten wie von Mariannens Talent: daß es vielversprechend sei. Man muß die Motive Willemers und seinen Entschluß, Marianne in seine Obhut zu nehmen, weder gewaltsam umdeuten noch idealistisch verbrämen, um anzunehmen, er habe anfangs lediglich Erbarmen mit dem vertrauensseligen, aufrichtigen Mädchen gehabt. Das schöne Geschöpf, dessen liebenswerten Charakter der stille Beobachter erkannte, dessen Art ihn anzog, erschien Willemer zu schade für die Bühnenlaufbahn. Er handelte nicht spontan, vielmehr nach reiflicher Überlegung, als er Frau Jung schließlich einen Vorschlag machte, der eine fatale Ähnlichkeit mit einem Kaufvertrag aufwies. Willemer wollte die inzwischen sechzehnjährige Marianne in sein Haus aufnehmen und sicherstellen. Ihre Mutter würde nach Linz ziehen, wo ihr im Ruhestand lebender Vater soeben gestorben war, und dort bis zu ihrem Tode eine ausreichende Rente von Willemer erhalten. Frau Jung mochte ihre vor Marianne und ihrem Beschützer sorgsam verschwiegenen Gründe haben, auf dies Anerbieten einzugehen. Sie sah sich der Verantwortung für die Tochter enthoben, zugleich der zermürbenden Sorgen um die eigene Zukunft. Frau Jungs Bereitwilligkeit dürfte Willemer in seinem Vorhaben, ihr Marianne zu entziehen, nur bestärkt haben. Sie hat anscheinend nicht viel danach gefragt, daß sie die Tochter in einer im Grunde ungesicherten Position, allen Verdächtigungen preisgegeben, zurückließ. Willemer war reich, das mochte für sie die Hauptsache sein. Vermutlich hat sie wenig von Art, Herkommen und Schicksal Willemers gewußt.

Er war vor nahezu vier Jahrzehnten in Frankfurt am Main als Sohn des Bankiers Johann Ludwig Willemer am 30. März 1760 geboren. Sieben Jahre später starb sein Vater, der ein angesehener Mann gewesen sein muß. Er gehörte zu den einundfünfzig Vertretern des Bürgertums, die erstmals in den Rat der Freien Reichsstadt gewählt wurden, dem immer nur Vertreter des Adels und des Patriziats angehört hatten. Willemers Vater hinterließ ein ansehnliches Vermögen und das Haus »Zur französischen Krone«, das seine Frau mit in die Ehe gebracht hatte. Dieses Geburtshaus Willemers stand an Stattlichkeit kaum demjenigen Goethes nach. Willemers Mutter ließ das Geld im Bankgeschäft und trat selbst dort ein. Vermutlich gehörte Frau Willemer zu jenen alleinstehenden Frauen, die in Gestalt von Goethes Vater einen selbstlosen Ratgeber fanden. Es ist anzunehmen, daß die früheste Beziehung zwischen den Familien Goethe und Willemer auf diesen Tatbestand zurückgeht. Als Johann Jakob Willemer, sechzehnjährig, Frankfurt verließ, um sich in Berlin im Bankfach seine Sporen zu verdienen, wirkte Goethe bereits in Weimar. Frau Rat gab dem jungen Willemer Manschettenknöpfe für ihren Sohn mit. Dieses Auftrages entledigte sich der durchreisende Landsmann geschickter als der ersten Unternehmungen in Berlin. Dort nämlich ließ sich der selbstsichere Neuling gleich in einen Münzhandel mit dem Hofe ein, bei dem er zuerst 5000 Taler und dann den Prozeß verlor, den er beim Reichskammergericht anstrengte. Diesen Verlust und die erheblichen Prozeßkosten konnte sich der junge Willemer anscheinend leisten, ohne sich zu ruinieren. Dies und die Tatsache, daß er zwanzigjährig eine reiche Kaufmannstochter heiratete, stimmt schlecht mit Willemers Behauptungen in einem Brief an Goethe aus dem Jahr 1808 überein, er sei arm geboren und habe alles, was er besitze, selbst verdient. Ganz so arm ist er nie gewesen, eine ansehnliche Summe gewann er durch die Mitgift Maria Magdalena Langs, die er am 2. Februar 1781 heimführte. Da er sie in des Wortes ursprünglicher Bedeutung heim, nämlich nach Frankfurt führen wollte, widersetzte sich der König, der »Alte Fritz«, anfangs dieser Absicht. Er wollte das Geld seiner Untertanin im Lande behalten. Schließlich mußte der Preußenkönig das Gesuch des Paares um Übersiedlung in die Vaterstadt des jungen Ehemannes und die Transferierung der Mitgift bewilligen. Er soll ärgerlich an den Rand der Bewilligung das Wort »Naseweis« geschrieben haben.

Die stattliche Mitgift der jungen Frau darf nicht zu dem Schlusse verleiten, es habe sich um eine Geldheirat Willemers gehandelt. Maria Magdalena war seine Jugendliebe. Diesmal hielt sich Willemer mit seiner jungen Frau in Weimar auf, um Goethes Grüße an die Mutter mitzunehmen.

1784 schloß Willemer den ersten Pachtvertrag für die Gerbermühle mit der Familie von Holzhausen ab, die in einem Wasserschloß inmitten eines riesigen Parks, der Oed, residierte. Die Gerbermühle war ein romantischer Landsitz oberhalb Frankfurts am linken Mainufer. Die Holzhausens hatten ihn bisher an Gerbermeister verpachtet, von deren Gewerbe er nun seinen Namen ableitete. Durch den Pachtvertrag wurde Willemer verpflichtet, die Gerbereianlagen und die notwendigen Gewässer unverändert zu erhalten. Im übrigen durfte er mit Landhaus und Park nach Belieben schalten.

1782 kam das erste Kind, die Tochter Rosette, zur Welt, im Jahr darauf ein Sohn Johann Ludwig Jakob. 1786 gebar Frau Willemer des Gatten Lieblingskind, Maria Katharina, die der Vater Käte oder Kette nannte. 1788 vergrößerte sich die glückliche Familie durch die Geburt Amalie Henriettens, Patentöchterchen Meline Brentanos. 1789 verloren Willemers ein Knäblein kurz nach der Geburt und im übernächsten Jahr den achtjährigen Johann Ludwig Jakob.

Nach dem Tode des Alten Fritz war Willemer preußischer Geschäftsträger geworden. Jetzt bat er um seine Entlassung, weil er andernfalls keine Aussichten gehabt hätte, in den Frankfurter Senat gewählt zu werden. Preußen gab ihn frei, verlieh ihm den Titel eines Geheimrates und beließ nach wie vor erhebliche Summen in seiner Obhut. Der Wunsch, Senator zu werden, ging 1789 in Erfüllung. Die angestrebte Würde brachte Willemer jedoch kein Glück.

Als im Herbst 1792 Custine Frankfurt eroberte, ließ er, um die riesige der Stadt auferlegte Kontribution einzutreiben, angesehene Frankfurter Bürger als Geiseln verhaften, und die Ratsherren und Senatoren wußten es so einzurichten, daß man Willemer festnahm, der mit Mühe und Not die anvertrauten preußischen Gelder noch dem Zugriff der Sieger entziehen konnte. – Als Custine vernahm, daß Willemers junge Frau unmittelbar vor ihrer Entbindung stand, befahl er zwar dessen sofortige Freilassung. Angst und Schrecken hatten aber der von der Geburt geschwächten Maria Magdalena die letzten Kräfte geraubt. Willemer fand, heimkehrend, eine Sterbende, die ihn mit vier Töchtern verzweifelt zurückließ. Eine Woche nach dem Tode der geliebten Frau legte Willemer sein Amt als Senator, das ihm nichts mehr bedeutete, nieder.

Nun konnte er sich erneut und ungehindert den preußischen Interessen widmen. Nach der Hinrichtung des französischen Königspaares setzte er alles daran, preußische Staatsanleihen unterzubringen. Von der Schreckensherrschaft der Volksbeglücker zutiefst angewidert, wollte er den Krieg gegen sie finanzieren helfen.

Wir kennen keine Äußerungen der Frau Rat über den Tod der jungen Frau Willemer. Ihre Briefe beweisen jedoch, daß sie mit dem Witwer in Verbindung geblieben ist. Er hatte seine Anhänglichkeit an Goethes Mutter bereits vor Jahren unter Beweis gestellt. Des Dichters Jugendfreund Merck war von dem Wahn befallen worden, dem Ruin ausgeliefert zu sein. Die Rätin bat Willemer, eine Summe vorzustrecken, damit Merck seine Dinge ordnen könne, und Willemer war dazu bereit, bevor auf Goethes Bitte hin Herzog Carl August einsprang. Merck hat sich bekanntlich dennoch erschossen, obwohl sich später herausstellte, daß seine Lage keineswegs so verzweifelt gewesen war. Frau Rat vergaß Willemers Hilfsbereitschaft nicht. Wenn sie aus Weimar ein neues Werk ihres Sohnes erhielt und es gemeinsam mit seinen Freunden mit verteilten Rollen las, wurde Willemer immer eingeladen, – wußte die Mutter doch, daß er zu den glühendsten Verehrern und eifrigsten Lesern des Dichters gehörte. Der Verwitwete hatte sich jetzt eben den »Bürgergeneral« geliehen, um zu erfahren, wie sein großer Landsmann über die Errungenschaften der Französischen Revolution dachte.

Im Heime Willemers sah es trostlos aus. Außer der neugeborenen Maxe (Eleonore Maximiliane) entbehrten die zehnjährige Rosette, die sechsjährige Käte und die vierjährige Meline mütterliche Liebe. Johanna Marianne Chiron, die Tochter von Willemers Teilhaber, dürfte sich damals der Mutterwaisen mitleidig angenommen haben. Um der Kinder willen heiratete Willemer sie neun Monate nach dem Tode der ersten Frau. Diesmal schloß er eine Vernunftehe. Johanna Marianne mag sich dessen bewußt gewesen sein. Die Traurede des auch der Familie Goethe wohl bekannten Pfarrers Hufnagel war trotzdem so wunderschön, daß Willemer sie auf kostbarem Papier drucken ließ und ein Exemplar an Goethe nach Weimar schickte. Sie hat sich in seinem Nachlaß erhalten, weil ein paar Seiten unbedruckt blieben und Goethe Notizen zur Farbenlehre darauf schrieb. In diesem Fall war Papier nicht nur geduldig, sondern überdies wertvoll und verwendbar.

Seit wieder eine Frau im Hause waltete, sich der Kinder annahm, widmete sich Willemer seinen Liebhabereien. Die Lektüre von Goethes »Bürgergeneral« befruchtete seinen ausgesprochenen Schreibtrieb, den er selbst für ein Talent hielt. Willemers erstes Theaterstück »Die Jakobiner« ist nur insofern bemerkenswert, als sich Lessings Einfluß und Willemers eigene vorurteilslose Menschlichkeit darin zeigen. In den damaligen Zeitstücken traten nur groteske oder schurkische Juden auf. Man bedurfte einer Bestätigung für die ablehnende Verachtung, mit der man die Juden ausschloß und unterdrückte. Weit bequemer, als dem Gebot der Nächstenliebe nachzuleben, war es, sich auf das Christuswort »Weinet über euch und eure Kinder« zu berufen, in den Juden Schuldbeladene zu sehen und sie zu hassen. Willemer hat, mehr oder minder von Lessings »Nathan« beeinflußt, in den »Jakobinern« einen Juden als rechtlich denkenden, redlich handelnden Mann dargestellt. Mit diesem ersten Theaterstück begann der Bankier und Politiker

Johann Jakob Willemer seine Tätigkeit als Schriftsteller, eine eifrig betriebene, problematische und wenig erfolgreiche Auseinandersetzung mit der Umwelt. Ein Zug von Querulantentum machte sich immer stärker bemerkbar, denn der Tod Maria Magdalenas hatte einen Bruch in Willemers Charakter bewirkt, ihn verändert.

Bis zu diesem Zeitpunkt erscheint sein begünstigtes Leben als ein gradliniges. – Er hatte sich früh erprobt, nach anfänglichen Rückschlägen bewährt und durchgesetzt. Beruflich wie politisch trat er in die Fußstapfen seines Vaters. Wenn er schon damals überzeugt war, als Knabe von den Patriziersöhnen verspottet und übersehen worden zu sein, setzte er dieser Benachteiligung mit Erfolg seinen Ehrgeiz und seine Fähigkeiten entgegen. Seit dem Zusammenbruch seines häuslichen Glücks begann er sich zu bemitleiden, über die niedere Herkunft und seinen Mangel an Bildung beweglich zu klagen. Mit dem Glauben an seinen guten Stern verlor er den Glauben an sich selbst. Und wirklich schien ihn von nun an das Unglück zu verfolgen. Die zweite Frau gebar ihm 1794 einen Sohn, Abraham, der Bramy gerufen wurde, und im Dezember 1795 ein Mädchen. Kurz nach der zweiten Niederkunft starb sie. Das Töchterchen überlebte sie nur um wenige Monate. So brachte die zweite Ehe dem bedauernswerten Willemer nicht viel mehr als zu seinen mutterlosen Töchtern einen Sohn, der die seine nicht gekannt hat. Als kurz nach dem Tode Johanna Mariannens die Franzosen erneut anrückten, wollte der durch Schaden klug gewordene Willemer seine für die Kinder wichtige Sicherheit nicht gefährden. Er floh diesmal rechtzeitig nach Pyrmont, wo sich der im Gegensatz zu seinem Vorgänger überaus damenfreundliche Nachfolger des Alten Fritz, König Friedrich Wilhelm der Zweite, aufhielt. Bei seiner Rückkehr nach Frankfurt erwies sich die Richtigkeit seiner Flucht. Wiederum hatten die Franzosen Geiseln festgenommen, unter ihnen den Bruder von Goethes Schwager, Peter Hieronymus Schlosser. Auf der Festung Givet gefangen gehalten, starb er ein Jahr nach seiner Freilassung zur selben Zeit, als Goethe seine kleine Familie, von der er behauptete, man könne sie nicht eben eine heilige nennen, zur Mutter nach Frankfurt brachte. Schlosser hinterließ eine Witwe und zwei Söhne, Fritz und Christian. Obwohl Goethe sich damals weitgehend darauf beschränkte, Christiane und dem Knaben seine Vaterstadt zu zeigen, dürfte er sowohl Schlossers Hinterbliebene als auch den Geheimrat Willemer besucht haben. Letzterer war wiederum auf der Suche nach einer Mutter für seine Kinder. Diesmal warb er um ein Mädchen, das innerhalb einer früh verwaisten, zahlreichen Geschwisterschar die Rolle der ausgleichenden, von allen geliebten mütterlichen Vertrauten spielte: – Sophie Brentano. Das schöne Mädchen hatte durch einen Unfall ein Auge eingebüßt. Trotzdem konnte sie, in Liebeswirren verstrickt, sich nicht entschließen, den Witwer Willemer zu heiraten und Mutterstelle an seinen vielen Kindern zu vertreten. Sie wies die Werbung ab und starb wenige Jahre später.

Mehr Glück als in seinem Privatleben und mit seiner Schriftstellerei hatte Willemer auf dem Gebiet, das er von Grund auf kannte und beherrschte. Als Bankier verstand er es meisterhaft, jede Möglichkeit, sich die Mächtigen zu verpflichten, blitzschnell zu erkennen und zu nutzen. Noch war das Bankhaus Bethmann Willemers mächtige Konkurrenz. Der galante Preußenkönig verliebte sich in des Bankiers bildschöne Tochter Sophie und wollte sich zur linken Hand mit ihr vermählen. Sophie Bethmanns Herz war bereits vergeben. Um so leichter fiel es Willemer, sie in ihrem Stolz zu bestärken und zu bestimmen, sich dem König zu versagen. Sophie Bethmann heiratete ihren adligen Geliebten, und Willemer schützte mit ihrer Tugend zugleich die Interessen seines Bankhauses. Er hatte Bethmann in der Gunst des Königs ausmanövriert, der große

Summen bei Willemer deponierte. Der Bankier verkaufte wohl nicht zufällig wenig später sein Elternhaus, um die Liegenschaft »Zum Roten Männchen« am Fahrtor zu erwerben. Über den Korb, den ihm die schöne und stolze Frankfurter Patriziertochter gegeben, wußte der König sich rasch zu trösten. Er verheiratete seine langjährige Geliebte Wilhelmine Enke, eine Musikertochter aus Potsdam, mit seinem Kämmerer Ritz, erhob sie zur Gräfin Lichtenau und schenkte ihr die gleichnamigen Güter. Für den Fall seines Ablebens sollte die Gräfin 500 000 Taler erhalten, die Willemer in Obhut gegeben waren. Für die Auszahlung benötigte man die Unterschrift des Treuhänders. Als der König 1797 starb, zögerte Willemer, seine Unterschrift zu geben. Der Gatte der Königin Luise, König Friedrich Wilhelm III., nutzte diese Frist, um seines Vaters Mätresse gefangen setzen zu lassen. Nach dreijähriger Haft war die Gräfin Lichtenau bereit, statt der 500 000 Taler mit einer Pension von 4000 Talern und ihrer wiedergewonnenen Freiheit vorlieb zu nehmen. Der sparsame königliche Hausvater vergaß Willemer den Dienst, den er der Staatsschatulle erwiesen, nicht.

Zu seinem Nachteil begnügte sich Willemer nicht mit dem steten Anwachsen seines Vermögens. Er wollte mehr sein als ein angesehener, erfolgreicher Bankier: ein Politiker, ein Schriftsteller, ein kunstverständiger Mäzen.

1798, als das Tänzer-Ehepaar Traub mit Frau Jung und ihrer Tochter Marianne in Frankfurt erschien, hatte Willemer gerade ein neues Paradepferd bestiegen. Ohne die mindeste Sachkenntnis ließ er sich in den Vorstand der Theaterkommission wählen. Seit dem Verlust der ersten Frau wirkte er wie ein Schiff ohne Steuer. Rätin Goethe schüttelte den Kopf über den wohlhabenden, repräsentablen Witwer von fast vierzig Jahren, der, durch die Heirat Rosettens bereits Schwiegervater, sich in den Allüren des Lebemannes zu gefallen begann. Er gab den Schauspielerinnen, wie man sich erzählte nicht ohne Gegenleistung, kostspielige Soupers und ersetzte mangelnde Fachkenntnis durch galante Abenteuer. Seine Erfahrungen mögen seine Absicht, Marianne Jung von der Bühne zu nehmen, entschieden bestärkt haben. Jedenfalls setzte er sie im Sommer 1800 in die Tat um, nahm Marianne Jung in sein Haus auf und bestimmte deren Mutter, in ihre Heimat zurückzukehren. Sicher ist dem natürlich empfindenden, warmherzigen Mädchen die Trennung nicht leicht gefallen. Auch der Verzicht auf die eingeheimsten Erfolge mag ihr schwer geworden sein. Aber sie kannte die Schattenseiten der Künstlerlaufbahn bereits. Seit Jahren zog sie mit der Mutter umher, hartem Training und stetem Zwang unterworfen. Da ihre kleinen Hände ebenso geschickt wie ihre Füßchen waren, mußte sie in der kargen Freizeit durch Sticken zusätzlichen Verdienst erwerben. Es war nicht allzu schwer, ihr die Zukunft in Willemers Obhut in den rosigsten Farben auszumalen. Überdies war sie gewohnt, sich anzupassen, sich zu fügen. Sie empfand Vertrauen zu dem noch immer schönen Willemer, von dem ihr nur Gutes widerfahren. Was er und die Mutter bestimmten, würde sicher zu ihrem Besten sein. Gehorsam ließ Marianne es zu, daß die Mutter ihr Geschick aus den Händen gab und es in diejenigen Johann Jakob Willemers legte.

2. WILLEMERS PFLEGETOCHTER

Es muß für Marianne Jung nicht leicht gewesen sein, mit sechzehn Jahren in eine völlig neue Daseinsform hineinzuwachsen. Im Personal des Frankfurter Nationaltheaters war sie, verwöhnt und tyrannisiert, die Jüngste unter lauter Erwachsenen und hatte zum Entzücken aller einen Wiener Dialekt gesprochen. Ein Bewunderer soll die Stunden bezahlt haben, in denen Marianne die Bühnensprache lernte. Diese Sondermühe kam zum Training für Tänze und kleine Rollen hinzu. Am Abend stand das Mädchen, von Beifall umrauscht, auf der Bühne.

Nun sah sich Marianne in eine großbürgerliche Familie versetzt, in der es keine Mutter und Hausfrau gab. Käte, Meline und Maxe Willemer zählten vierzehn, zwölf und acht Jahre, ihr Halbbruder Bramy sechs. Sie wurden zu Hause von dem 1768 geborenen Elias Mieg, einem Freunde Hegels, Hölderlins und Ritters, unterrichtet. Willemer wählte ihn zum Hofmeister seiner Kinder, weil er gleich ihm ein Verehrer der Persönlichkeit und Lehre des großen Schweizer Pädagogen und Menschenfreundes Heinrich Pestalozzi war. Für Willemer, der sich als Schriftsteller immer häufiger mit pädagogischen Fragen und Problemen befaßte, mußte die Pädagogik zwangsläufig wichtig werden. Keine Frau teilte die Verantwortung für die Erziehung seiner Kinder. Er und Mieg mußten sie zusammen tragen. Auf Kinder und Jugendliche wirkt die Geschlossenheit einer beispielgebenden Persönlichkeit stärker als Lehre und Theorie. Willemer glich jedoch einem schwankenden Rohr, entbehrte der inneren Sicherheit des Menschen, dessen Kopf und dessen Herz in schönem Gleichgewicht einander ergänzen. Die Vorstellungen seines Verstandes und sein redliches Streben ließen sich mit Umwelt und Realität schwer in Einklang bringen. Er konnte häufig nicht abschätzen, was sich von seinem edlen Wollen und seinen hochfliegenden Plänen würde verwirklichen lassen. Wohl vermochte der kluge, überlegene Mieg hier vieles auszugleichen und zurechtzurücken, aber auch er konnte den armen Kindern des reichen Mannes nicht geben, was Pestalozzi für das Wichtigste hielt: – die von einer Mutter ausstrahlende »Wohnstubenatmosphäre«. Rosette lebte mit Mann und Töchterchen ihr eigenes Dasein, die vierzehnjährige Käte war selbst noch ein Kind. Marianne Jung stand den Kindern Willemers im Alter noch nah, aber schon an der Schwelle zum Reich der Erwachsenen. Den

Unterricht teilte sie vorerst noch mit ihnen. Mieg merkte schnell, wie begabt sie war, wie rasch sie auffaßte und legte ihr Bücher in die Hand, für die Käte noch zu unreif schien. Auf solche Weise gab es für Marianne ein Wiedersehn mit einem Buch, dem einzigen, das sie als Kind besessen, an dessen Bildern sie sich nie satt sehen konnte und das ihr eines Tages abhanden gekommen war. Marianne hatte über den Verlust bitterlich geweint. Das Buch hieß »Das römische Karneval« und der Autor Goethe. – Nun fand sie in Willemers Haus dies Buch wieder, inzwischen alt genug, sich nicht nur an den Bildern zu erfreuen.

Außer diesem kleinen Vorfall wissen wir kaum etwas aus der ersten Zeit Mariannens in Willemers Haus. Es gibt allerdings ein oft zitiertes Dokument, ein in volksliedhaftem Tone gehaltenes Gedicht von Clemens Brentano. Er, der damals etwa einundzwanzigjährige Student, war Mariannens erste Dichterliebe, hat, wie überliefert ist und wie Marianne selbst glaubte, diese Liebe ernsthaft erwidert und nur nicht gewagt, sich ihres Herzens rechtzeitig zu versichern. Die Behauptungen von Clemens sind kaum je so kritisch unter die Lupe genommen worden wie diejenigen der »verlogenen« Bettine. Es geht ja bei Clemens nicht um den weltberühmten Goethe, sondern nur um den Bankier Willemer und seine Pflegetochter Marianne Jung. Der eifersüchtige Willemer soll, wie Brentano dem jungen Goethe und Gontard dem Hofmeister Hölderlin, Clemens das Haus verboten,die Liebenden getrennt haben. Das Gedicht des Clemens lautet:

Es stehet im Abendglanze
Ein hochgeweihtes Haus,
Da sehen mit schimmernden Augen
Viel Knaben und Jungfrau'n heraus.

Sie wechslen mit Weinen und Lachen,
Sie wechslen mit Dunkel und Hell,
Mit schimmernden Augen und Wangen
Sie wechslen ihr Röcklein gar schnell! –

Dort hab' ich mein Liebchen gesehen,
Ein freundliches, zierliches Kind;
Sie konnte wohl schweben und drehen
Wie fallende Blüten im Wind.

Und die in dem Hause dort wohnen
Sind heilig und wissen es nicht,
Sie spielen mit Kränzen und Kronen
Alltäglich ein neues Gedicht.

Sie sind gleich den Göttern und handlen
Alltäglich in andrer Gestalt,
Mein Liebchen wird auch sich verwandlen,
Das tut meinem Herzen Gewalt.

O Liebchen, wo bist du geblieben?
Ich steh' vor dem schimmernden Haus
Und will dich bescheiden nur lieben.
O Liebchen, o sehe heraus!

Ich will dein pflegen und warten
Im Herzen so treu als ich kann.
Da seh ich sie sitzen im Garten
Wohl bei einem reichen Mann.

So kauf ich mir Harke und Spaten,
Bind' mir ein grün Schürzlein vor,
Ich stell' mich als wär ich der Gärtner
Und klopf' bei dem Reichen ans Tor.

Tu auf, o Reicher, den Garten,
Ich will dir so gern ohne Sold
Die Blumen all pflegen und warten,
Sie sind ja mein Silber und Gold.

So sei mir, o Gärtner, willkommen,
Zieh höher die Rosenwand mir.
Verflecht sie zu Netzen und Schlingen,
Ich habe ein Vögelchen hier.

Zieh höher und dicht mir die Laube,
Zieh mir ein gitternes Haus,
Daß keiner das Vögelchen raube,
Daß es nicht fliege heraus.

Da klinget so herzlich und süße
Im Garten ein inniges Lied,
Die Bäume, sie senden ihr Grüße,
Die Blume lauschend ihr blüht.

Da seh' ich mein Liebchen so weinen,
Sie sieht zu mir heimlich herauf.
Die Sonne will nicht mehr scheinen,
Die Blumen, sie gehen nicht auf.

So hast du dann es verlassen,
Das schimmernde Götterhaus,
Deiner Locken Gold wird blassen,
Deiner Augen Licht gehet aus.

O Liebchen, o sei nicht so munter,
Du hast vergeudet dein Los;
Dein Sternlein, es gehet ja unter
Tief in des Meeres Schoß.

Ans Meer will ich und stehen
Still in dem Abendschein,
Da muß in den Wellen ich sehen
Versinken dein Sternelein.

Im Niedersehen rollen
Die Tränen still hinab,
Die sich vereinen wollen
Mit deines Sternes Grab.

Dies Lied hab ich ersonnen
Wohl vor jenem Zauberhaus,
Das glänzt in der Abendsonne,
Wo du nicht mehr siehst heraus.

Hier wie später in den Rosenkranz-Romanzen als der böse Zauberer Apo erscheint der vierzigjährige Willemer als dämonischer alter Mann, der ein Mädchen wider dessen Willen dem liebenden Geliebten entreißt. Das Gedicht ist ebenso rührend und schön wie die Schilderung in der Vorrede zum Märchen von »Gockel, Hinkel und Gackeleia«:

Als ich und meine Betrübnis herangewachsen, daß die Frau Rat uns nicht mehr Du sondern Er nannte, sagte sie einstens: »Wenn ich Ihn ansehe, geht mir es schier wie jenem alten General, der sah einmal einen höchst kummervollen Menschen in den Schloßhof hineinschleichen, und als dessen elendes Aussehen sein starkes Herz rührte, zeigte er einem Bedienten den Armen und sprach: ›Prügle Er mir den Menschen dort vom Hofe hinweg, denn der Kerl erbarmt mich.‹ Steht es denn gar so schlecht mit Seinen Ländereien? Er sieht ja drein als sei der Szepter von Juda gewichen und der Herrscher von seinen Landen. – Komme Er heute abend mit mir, es soll Ihm das schönste Spektakel gezeigt werden, das je . . . aufs Tapet gekommen ist.«

Ich ging mit und sah etwas ganz Allerliebstes, nämlich ein kleiner Harlekin kroch aus einem Ei und machte die zierlichsten Sprünge. Nichtwahr, sagte sie, das tut seinen Effekt? . . . Nu, ist Ihm das nicht eine saubere Bescherung? »Allerdings«, erwiderte ich, »aber die ist mir nicht beschert, mir gebührt ein Steckenpferd, keine Puppe« . . .

. . . Als ich der Frau Rat sagte: »Wenn der Osterhas solche Eier legen würde, möchten die Hasen und die Eier gewaltig im Preis steigen«, erwiderte sie: »Ja, und wenn man mit den Eiern kippte, würde man behutsam sein, um dem Harlekin nicht ein Loch in das allerliebste Köpfchen zu stoßen. Hätte nur Wolfgang diesen Harlekin im Ei gekannt, was hätte der für schöne Märchen von ihm erzählt.«

Wann hat sich das Geschilderte abgespielt und wie hat es sich in Wirklichkeit mit der Liebe des Clemens und dem weinenden Liebchen, dem der Poet zugleich anrät, nicht so munter zu sein, verhalten?

Clemens studierte, als Marianne Jung nach Frankfurt kam, in Halle und Jena zusammen mit seinen Landsleuten, den Brüdern Fritz und Christian Schlosser und mit seinen nachmaligen Schwägern Savigny und Arnim. Er war 1799 häufig in Frankfurt und könnte Marianne Jung an der Seite von Goethes Mutter als Harlekin auf der Bühne gesehen haben. Trotzdem ist seine Geschichte mit Vorsicht aufzunehmen, denn Goethes Mutter erwähnt sie nicht. Sein erbarmungswürdiger Zustand um jene Zeit hatte nichts mit Liebe zu Marianne zu tun, sondern ganz andere Gründe und Hintergründe. Er hegte schon damals eine leidenschaftliche Neigung zu seiner späteren Frau Sophie, der Ehefrau des Professor Mereau. Nachdem die Geliebte mit ihm gebrochen, suchte er Trost in der Liebe zu Mina Reichenbach und schrieb zu gleicher Zeit einen schwülen, schwülstigen Brief an Bettinens Freundin Günderode, die er tief erschreckte und verletzte. So verworren, von dunkeln, unkontrollierbaren Trieben beherrscht, war des Clemens Gefühl, so unzuverlässig sein Charakter, als sich

Marianne in den strahlend schönen jungen Dichter verliebte. Er mußte sich nicht verkleidet in Willemers Haus einschleichen. Wir wissen, daß dessen Töchter nach des Clemens verstorbener Mutter Maxe und nach seiner Schwester Meline hießen, daß die Familien seit Jahrzehnten befreundet waren. Willemer verwehrte dem Clemens und seiner Schwester keineswegs, seinen Schützling zu besuchen, und war so wenig eifersüchtig, daß Clemens, ein vorzüglicher Guitarrespieler, Marianne sogar unterrichtete. Nicht Willemer vertrieb ihn aus dem Hause und der Nähe der Mädchens, sondern sein eigener Dämon, der ihm zeitlebens eingab, Menschen durch böse Worte von sich zu stoßen. Der Pflegevater fand eines Tages Marianne Jung bitterlich weinend und erfuhr, daß Clemens bei einem falschen Griff seiner Schülerin gesagt hatte: – ihr Spiel sei so falsch wie ihre Stellung in Willemers Haus schief. Wahrscheinlich erfaßte Marianne den Sinn dieser giftigen Bosheit weniger als daß sie ihn instinktiv erriet. Erzürnt wies Willemer den Störenfried von der Schwelle. Der zu echter Liebe unfähige Clemens hätte Marianne Jung niemals glücklich machen können. – Das hübsche Köpfchen vermochte er der Sechzehnjährigen zu verdrehen, aber der Pflegevater ersparte ihr durch seine Entschiedenheit eine bittere Enttäuschung. Clemens war unbeherrscht und egoistisch. Auch ohne Willemers Eingreifen hätte er sehr bald keine Zeit mehr für Marianne gehabt, und wenn er ihr sein Poem durch Bettine zuspielen ließ, bemerkte er: »Ich habe keine Zeit, das Lied an Marianne abzuschreiben, schreibe Du es ab.« Er schenkte es dem verliebten Mädchen vermutlich weniger aus Neigung denn als Instrument der Rache an Willemer. Wer Clemens kennt, würde sich nicht wundern, wenn er der Urheber des boshaft-witzigen Wortes über Willemer wäre, das damals in Frankfurt umlief: er hege eine pädagogische Vorliebe für schöne Gegenstände. Weder des Clemens Verhalten noch sein Gedicht waren dazu angetan,

Mariannen den Verzicht auf die Bühnenlaufbahn, die Eingewöhnung in Willemers Haus zu erleichtern.

3. WILLEMER ALS FAMILIENOBERHAUPT

Marianne Jung mußte ihrer ersten Liebe entsagen, nicht aber der Musik. Ein Meister der Guitarre, Scheidler, wurde von Willemer mit der Unterweisung seines Schützlings betraut. Auch das Klavierspiel und der Gesang standen weiterhin auf dem Lehrplan. Die Sechzehnjährige nahm an den Unterrichtsstunden der Kinder, besonders an den Sprach-, vor allem den Latein-Stunden teil. Eifrig holte das Mädchen nach, was es als jugendliche Komödiantin versäumte, füllte die Bildungslücken auf und entwickelte seinen regen Geist durch Lektüre. Daß man in Willemers Haus leben konnte, ohne Goethes Gedichte und Werke kennenzulernen, erscheint wenig glaubhaft. – Willemer selbst, früh aufs Verdienen angewiesen, verfügte über keine eigentliche Bildungsgrundlage. Er mußte es sich daran genügen lassen, für seine Kinder einen Hofmeister gefunden zu haben, der, wie Elias Mieg, ihnen alles erschließen und vermitteln konnte, was ihm selbst vorenthalten geblieben. Von der Hausgemeinschaft mit diesem Mentor seiner Kinder scheint Willemer persönlich wenig profitiert zu haben. Die Beschäftigung in der Stille war nicht seine Sache. Er wollte sich mit jedem Impuls und jeder Idee sogleich nach außen wenden, Einfluß ausüben, Anerkennung einheimsen. Sein Interesse am Frankfurter Theater erlahmte keineswegs, nachdem er Marianne von der Bühne genommen. Im Gegenteil schwebte ihm die Erreichung hoher Ziele vor. Er wollte das Frankfurter Theater auf die gleiche Ebene mit Mannheim und Weimar heben, ein ständiges Ensemble mit einem Fachmann als Leiter gewinnen und die trostlosen sozialen Verhältnisse besonders der altgewordenen Künstler verbessern. Vor allem brauchte man die erforderlichen Geldmittel, einen genauen Überschlag, was ein derartiger Theaterbetrieb benötigte. Rätin Goethe war sogleich Feuer und Flamme, schlug Kotzebue als künftigen Intendanten vor und riet, sich von ihrem Sohne den Haushaltsplan des Weimarer Theaters zu erbitten. Willemer wandte sich in der Angelegenheit an Goethe, sie verlief jedoch im Sand. Einzig etwas Wesentliches, in jener Zeit Einzigartiges hat er erreicht: die Gründung eines Pensionsfonds für altgewordene bedürftige Künstler. Für die Theaterkommission wurde Willemer immer unbequemer. Die Juristen konnten niemanden brauchen, der alles besser wußte, die Geld- und Pfeffersäcke niemanden, der so hoch hinaus wollte und erwartete, daß man soviel im Theater investierte. – So kam es zu einem Zerwürfnis zwischen dem schöngeistigen Bankier und den Kommissionsmitgliedern.

Nun wählte Willemer einen andern Weg, um seine Ideen durchzusetzen, Gesinnungsfreunde zu gewinnen: die Schriftstellerei. Er war reich genug, die verfaßten Flugschriften selbst drucken zu lassen und sie an maßgebende Männer zu senden. Obgleich Willemers Überzeugungen häufig seiner Zeit weit voraus waren, brachten sie den Schriftsteller in keine Konflikte mit der Umwelt. Die oft guten und meist menschenfreundlichen Gedanken wirkten, in Willemers skurriler Sprache vorgetragen, wie wunderlich aufgezäumte Steckenpferde, von denen niemand Notiz nahm. Man ignorierte leider auch Willemers seiner Zeit weit vorauseilende Reformvorschläge. Wohl enttäuschte und kränkte ihn dies, aber er meldete sich unverdrossen immer wieder zum Wort: – in Fragen der Politik, der Pädagogik, der Religion, der Weltanschauung. Goethe, dem Willemer jedes seiner Druckerzeugnisse sandte, stellte meist mit einem unverbindlichen Wort des Dankes das neueste Geisteskind in jungfräulichem Zustand zu den höchstens durchblätterten Vorgängern. Ihn, dessen Freundschaft mit Schiller damals auf dem Höhepunkt stand, beschäftigten die Erstlinge des jungen Schelling. Für die Schriften Willemers nahm er sich keine Zeit.

Wer sie las, hätte den Unruhigen, Unbefriedigten, Unausgeglichenen für einen der sieben Weltweisen halten können, für einen großen und erfolgreichen Pädagogen. Daß Willemer dies nicht gewesen, beweist am überzeugendsten sein kompliziertes Verhältnis zu seinen Kindern.

Daß er Rosette, kaum siebzehnjährig und ohne sie um ihre Meinung zu fragen, mit Martin Städel verheiratete, der mit dem bedeutenden Sammler und großherzigen Testator nicht identisch ist, entsprach dem Zuge der Zeit. Es erlaubt keinen Rückschluß auf eine besondere Hausvaterdespotie des Bankiers. Die Behauptung von Clemens Brentano aus dem Jahr 1802, Marianne habe ihm geklagt, daß Willemer »wüte«, stammt aus einer wenig glaubwürdigen Quelle. Ein neuer Schicksalsschlag hatte den angeblichen Wüterich getroffen, ihm zusätzliche Verantwortung aufgebürdet. – Die zwanzigjährige Rosette hatte ihren Mann verloren und kehrte mit ihrem Töchterchen ins Vaterhaus zurück. Sie fand dort außer ihren drei Schwestern, ihrem Halbbruder Bramy und Marianne Jung noch einen weiteren Schützling ihres Vaters vor: – Bansa, den Sohn von Willemers frühverstorbenem Freund. Vermehrt um eine junge Witwe mit einem Kind barg das Haus »Zum roten Männchen« eine bunt zusammengewürfelte Gemeinschaft mit dem seltsamen Kauz Willemer an der Spitze, der sich im Grunde selbst nicht zurecht fand. Das eigentliche Ferment dieser merkwürdigen Familie war nicht er, sondern die nunmehr achtzehnjährige Marianne Jung. Ihre eminent weibliche Lebenssicherheit und Wärme wurde von Willemers jüngeren Kindern rasch erspürt. Etwas nie Gekanntes, unbewußt immer Entbehrtes strahlte von ihr aus. In dies Element heiterer Güte ließen die Mutterlosen sich hineingleiten, fühlten sich getragen und geborgen. Marianne verstand es, Kanten und Klippen des Willemer'schen Charakters geschickt zu meiden. Zog sich einmal ein väterliches Unwetter über den Kindern zusammen, so brachte sie es in einem allgemeinen Lachen, in das auch Willemer einstimmen mußte, zur Entladung. Trotz ihrer Jugend und obgleich sie im bürgerlichen Sinne nicht dazugehörte, wurde sie allen unentbehrlich, weil sie auf alle eingehen, sich in sie hineinfühlen konnte.

Am wenigsten benötigt hat wahrscheinlich Willemers Liebling Käte die Pflegeschwester. In ihr sah Willemer die unauflöslich an Maria Magdalena bindende »Kette«, das sanfte, lieblich erblühende Ebenbild der ersten Frau. Käte hing zärtlich an ihrem Vater, sie fand bei ihm nicht allein Schutz, auch unverhüllte Liebe. Willemers andere Töchter verfügten nicht über die Fähigkeiten, sich ihm anzuschmiegen, ihm etwas abzuschmeicheln. Sie beantworteten seine die innere Unsicherheit verbergende Schroffheit mit Auflehnung und leiser Angst, suchten Wärme und Schutz bei der Pflegeschwester.

Wo stand und wie verhielt sich Rosette Städel, die junge Frau und Mutter? In ihrer kurzen Ehe fühlte sie sich weder geliebt noch verstanden. Konventionelle Gefühle verbanden die Gatten, konventionell wirkt auch die Witwentrauer der Zwanzigjährigen. Von Natur aus war die Grundstimmung Rosettes schwerblütig und ernst. Als einziges von Willemers Kindern erinnerte sie sich noch ihrer Mutter, die sie zehnjährig verlor. Für die Elfjährige mochte es nicht leicht gewesen sein, sich mit einer Stiefmutter abzufinden. Noch ehe Rosette sich in die neue Situation gefügt, starb auch diese. Solch frühes Erleben und der Tod des Gatten überzeugten Rosette davon, niemals Glück und Liebe finden zu dürfen. Dabei war sie erfüllt von Sehnsucht nach beidem. Gewissenhaft und pflichtgetreu erinnert der Moralismus Rosettes, ihre strenge Ethik, an den Vater. Aber gerade die Ähnlichkeit gewisser Wesenszüge mit Willemer machte Rosette kritisch und ablehnend. Sie besaß sein Verantwortungsgefühl, widmete sich dem Töchterchen und übernahm gehorsam den Aufgabenkreis, den ihr der Vater zuwies: – das Hauswesen. Sie machte der zwei Jahre jüngeren Marianne Jung den Platz nicht streitig. Deren Welt war diejenige der Musik und der Dichtung, sie beschäftigte sich auch gern mit den Kindern. Rosette und sie fühlten sich stark zueinander hingezogen, eben weil sie so verschiedenartig waren. Rosette gab sich überlegen, kritisch, nüchtern, verbarg dahinter ihr großes Bedürfnis, bejaht, verstanden, geliebt zu werden. Sie suchte sich über alles klar zu werden, wünschte zu handeln, wie es ihren hochgespannten Forderungen an sich selbst entsprach. In allem Tun und Lassen war Bewußtsein, Überlegung wirksam. Marianne tat instinktiv im richtigen Augenblick das Richtige. Der Grundton ihres Wesens war ein heiterer, Gott und dem Leben vertrauender. Ihre Lauterkeit vertraute auch den Menschen. Einer so lauteren Natur ist Moralismus fremd. Marianne ruhte in sich selbst, fand dort die Geborgenheit. – Ihre Anziehungskraft bestand zum großen Teil in dieser inneren Sicherheit. Zu einer Zeit, da sich die Frankfurter noch die Köpfe über ihre Stellung zu Willemer und seinem Hause zerbrachen, war sie bereits der unentbehrliche Mittelpunkt, weil sie besaß, was alle Willemers entbehrten und brauchten: Wärme und Vertrauen zum Leben.

Im Gegensatz zu der ausgeglichenen Marianne bedurfte Willemer der Bestätigung durch Erfolge, die er ebenso eifrig wie vergeblich suchte. Daß man 1802 ein von ihm aus dem Französischen übersetztes Theaterstück »Kein Schwiegersohn ohne Amt« in Frankfurt aufführte, verdankte er wohl den Schauspielern. Diese vergaßen ihm die Gründung des Pensionsfonds so wenig wie sein stetes Eintreten für ihre Interessen in vielen Flugschriften. Der bescheidene Achtungserfolg ermutigte Willemer, alsbald ein eigenes Stück zu schreiben: »Der Schädelkenner«, eine Verspottung Galls. Es wurde nie aufgeführt und erregte Goethes Unwillen. – Er fand es abgeschmackt, wissenschaftliche Bemühungen vor einem breiten Publikum lächerlich machen zu wollen. Willemers Betriebsamkeit gab sich vorderhand mit einem bescheideneren Wirkungsfeld zufrieden. Er übernahm am runden Tische der Frau Rat Leserollen und las den Herzog im »Tasso«.

Kurz nach der Rückkehr Rosette Städels ins Vaterhaus löste Willemer den zehnjährigen Bramy aus der Gemeinschaft der Schwestern heraus und sandte ihn, von Hofmeister Mieg begleitet, nach Yverdon in das Internat Pestalozzis. Willemer mochte sich selbst nicht zutrauen, den Knaben richtig erziehen zu können, mit dem er hoch hinaus wollte.

Ein Jahr später heiratete, wie Rosette erst siebzehnjährig, die unscheinbare, schüchterne Meline Willemer den ob seiner Häßlichkeit stadtbekannten Kaufmann Friedrich Scharff. Im gleichen Jahr 1805 begegnete Willemer im Theater der Rätin Goethe in Begleitung eines Halbwüchsigen, den er zur Freude der Großmutter an den Augen als Goethes Sohn erkannte. August Goethe trug zwar den Namen des Vaters, seine Mutter hieß jedoch weiterhin Christiane Vulpius. Die Freunde der Rätin und ihre Verwandten ließen dies den jungen August nicht fühlen. Die Brüder Fritz und Christian Schlosser erinnerten sich der Güte, mit der Goethe sie als Studenten in Weimar aufgenommen und luden, wie die Brentanos und die Melbers, den Knaben freundlich ein. Für Willemer war dies, von seiner Verehrung für Goethe abgesehen, eine Selbstverständlichkeit. Er saß im Glaskasten und gab den Frankfurtern Stoff zu allerlei Gerede über sein Verhältnis zu seiner hübschen Pflegetochter Marianne Jung.

Dem Zug der Zeit und einem Wunsche des Vaters folgend ließ August sein Stammbuch fleißig in Frankfurt die

Runde machen. Willemer trug eine Lehre ein, die er mit mehr Gewinn als in Augusts Stammbuch hinter die eigenen Ohren hätte schreiben sollen:

Die höchste Weisheit ist ein allzeit fröhliches Herz. Tragen Sie das Böse, das nicht zu ändern steht! erfreuen Sie sich des Guten und seien Sie andern zuerst, was Sie wünschen, daß sie Ihnen sein mögen.

Der Lehre, die Willemer niederschrieb, lebte Marianne Jung nach. Es ist zweifelhaft, ob sie zu dieser Zeit bereits Willemers Geliebte gewesen, wie man in Frankfurt allgemein annahm. Unbewußt dürfte die Tochter Käte, das Abbild der geliebten und noch immer betrauerten Maria Magdalena, zwischen Willemer und der nunmehr zwanzigjährigen Marianne gestanden haben. Was seine Kette ihm bedeutete, sagte der Eintrag Willemers in Kätes Stammbuch am 29. November 1803:

Allmächtiger, hör auf mein Flehen,
Laß stets beglückt mich meine Kinder sehen,
Laß innere Freud sie ans Ziel geleiten,
Wo Freude, Fried und reine Seligkeiten
In himmlischen Regionen
Der Tugend lohnen.

Fahre fort, gute Tochter, so wie bisher ein Bild der Güte und Sanftmut, der Geduld und Ergebung zu sein, auf daß du einst so glücklich werden mögest, als deine Liebe mich macht.

Dein treuer Vater Willemer

Kurz danach verlor Willemer diesen »Engel an Gestalt und Herz«, wie er Käte in einem Brief an Goethe nannte, in ihrem achtzehnten Lebensjahr. Der Schmerz entriß ihm das erschütternde Bekenntnis, von all seinen Kindern habe ausschließlich dieses ihn geliebt. Wenngleich Willemer zu pathetischen Übertreibungen neigte, dürfte dieses Gefühl nicht ganz unbegründet gewesen sein. Wir kennen aus Rosettes Tagebuch ihre problematische Stellung zum

Vater. Ihre Urteile sind hart, kritisch und lieblos. Bramy entfremdete der Vater sich in bester Absicht von Jahr zu Jahr mehr. Die Bindung Melinens und Maxes an Willemer scheint gleichfalls nicht sehr gefühlsbetont gewesen zu sein. So mochte in der Tat Kätes Tod ihm Maria Magdalena ein zweites Mal entreißen und ihm eine Wunde schlagen, die keines von Willemers Kindern mit seiner Liebe schließen konnte und wollte. Vielleicht fühlten sie sich Käte zulieb zurückgesetzt, ungelöst und unfähig, sich an ihn zu schmiegen, vielleicht vergrub er sich in seinen Schmerz und lehnte ihre Zärtlichkeit ab. –

Hat er sich damals an die natürliche Güte und Wärme Mariannens geklammert? Gab sie sich in den Tagen und Stunden äußerster Verzweiflung ihrem gebrochenen Wohltäter zueigen, weil sie keinen andern Trost wußte?

Der einzige Mensch, der diese Fragen hätte beantworten können, Marianne Jungs vertrauteste Freundin Rosette Städel, war eine verschwiegene Frau.

4. AUS DEMOISELLE JUNG WIRD »MARIANNE«

Hätte man in den Jahren nach 1805 die dreizehnjährige Maxe Willemer oder die kleine Anna Städel gefragt, wer Demoiselle Jung sei und welche Rolle sie innerhalb der Familie spiele, wäre die unbefangene Antwort der Kinder wahrscheinlich gewesen: »Marianne ist eben *Marianne*«. Unmerklich und selbstverständlich war diese ein Familienmitglied geworden, fast immer heiter, beweglich und zu Späßen aufgelegt. Niemand fühlte sich von ihr verdrängt oder durch sie benachteiligt. Sie tat, was der Augenblick ihr riet, gab dem Einzelnen, wessen er bedurfte: Willemer Wärme und Halt, Rosetten Freundschaft, den Kindern Geborgenheit und allen Vertrauen.

Berechnung und Selbstsucht lagen ihr fern, niemand mußte sich wider sie durchsetzen oder seinen Platz verteidigen. Vor allem mit dem Vater verstand sie umzugehen, der seine innere Unsicherheit und Disharmonie oft durch starre Autorität zu verbergen suchte. Es kam vor, daß er sich um seine Schreiberei mehr kümmerte als um die Familie. Dann wieder reizte es ihn, den Bürgerschreck zu spielen, ein Badhäuslein am Main errichten zu lassen und dort mit Marianne und seinen Töchtern sich im Wasser zu vergnügen. Er war trotz seiner unentwegten Schriftstellerei keine Schreibstubennatur, vertrat vielmehr in der Praxis die Ansicht, auch dem Körper müsse sein Recht werden. Er ritt und schwamm, war ein tüchtiger Turner, widerlegte aber die Theorie, daß sich Körperbeherrschung günstig auf die Seele auswirke.

Marianne wußte nichts von dieser Theorie, erschien dafür als ihre leibhafte Bestätigung. Aus angeborener Anmut, geschult aber auch im regelmäßigen Training des Balletts, gelangte sie zur selbstverständlichen Beherrschung ihrer Glieder, zu harmonischen Bewegungen. Klein und zierlich, als Willemer ihr begegnete, blieb sie von mittlerem Wuchs. In Aussehen und Wesen hätte sie wohl auch ein Fremder kaum für eine Schwester Rosettens gehalten.

Die Frankfurter, unter denen sich Willemer genügend viele Feinde gemacht, zeigten sich nicht gewillt, Demoiselle Jung ebenso unbefangen und selbstverständlich in ihren Kreis aufzunehmen wie Rosette und ihre Geschwister dies getan. Sie fragten gründlich nach der Bewandtnis dieser seltsamen Wahlverwandtschaft und tuschelten. Für die Frankfurter hieß die Familie noch immer Willemer-Chiron, Marianne galt als die Geliebte des verwitweten Oberhauptes. Deshalb hielt man sich selbst und vor allem Gleichaltrige von ihr fern. Marianne war isoliert, völlig auf die Willemers, vor allem auf Rosette, angewiesen. Diese mochte gelegentlich Andeutungen und Bemerkungen zu hören bekommen. Niemand wußte besser als sie, wie hoch Mariannens Charakter und Verhalten über den Klatschbasen und ihrem Tadel standen. Sofern jemand gefehlt, dann weit eher der Vater als Marianne. Die ernste junge Frau spürte, wie sehr die Freundin des Schutzes bedurfte und stand so entschieden wie unverbrüchlich auf ihrer Seite.

1806, nach der Niederlage Preußens im Kampf gegen Bonaparte, bekamen die Frankfurter ernstere Sorgen als die Familienverhältnisse der Willemers. Die Freie Reichsstadt geriet mit ihren stolzen Bürgern in den harten Griff des Siegers. Er hob die alte Verfassung, die des kleinen Stadtstaates Eigenleben und Selbstverwaltung garantierte, auf. Hanau und Fulda wurden zu dem künstlichen Gebilde des Großherzogtums Frankfurt geschlagen. In Frankfurt regierte Dalberg, der ehemalige Erfurter Statthalter des Fürstbischofs von Mainz und Bruder des Mannheimer Intendanten, als weltliches Oberhaupt das neue Großherzogtum. Der Mann der Kirche trieb durch seine Zusammenarbeit mit Bonaparte genau gesehen Landesverrat, ließ jedoch mit der Klugheit des versierten Diplomaten die Frankfurter statt der Faust des Zwingherrn die behandschuhte Rechte des kultivierten, klugen Mannes fühlen. Er ging behutsam zu Werk, ließ anfangs möglichst viel beim alten. Zwar residierte er als Bonapartes Stellvertreter mit dem Titel Großherzog von Frankfurt im Palais Thurn und Taxis. Aber er bevorzugte seinen geistlichen Titel Fürstprimas, nahm dem Älteren und dem Jüngeren Bürgermeister, auch den Ratsmitgliedern, nach außen nichts von ihrer Würde. So merkte Frankfurt vorerst wenig von der Fremdherrschaft und fügte sich dem großmütigen Herrn willig. Lediglich die Gerichtsbarkeit, bisher dem Rate unterstellt, wurde diesem durch Begründung eines Stadt- und Landgerichts entzogen, das seinen Sitz im Palais des Fürstprimas hatte. Fritz Schlosser wollte ursprünglich, gleich seinen

Ahnen, Senator der Freien Reichsstadt werden. Als Dalberg ihn nun in das Stadt- und Landgericht berief, empfand er dies keineswegs als Entwürdigung. Es ging den Frankfurtern unter Dalberg nicht schlecht. Deshalb machte man ihm keine Ungelegenheiten, als Bonaparte nach Frankfurt kam. Eher zeigte man sich in den maßgebenden Familien erpicht, eine Karte zum großen Empfang im Palais Thurn und Taxis zu ergattern, um wenigstens von der Galerie aus einen Blick auf den Kaiser werfen zu können.

Ein Jahr später traf Napoleon in Mainz seine Gemahlin Josephine. Man huldigte der noch immer reizvollen Kreolin und unumschränkten Beherrscherin des Siegers gleich einer angestammten Landesmutter. Eine der berühmtesten Sängerinnen, Demoiselle Schmalz, sang vor der Kaiserin. Als besondere Aufmerksamkeit ließ man ihr, deren Lieblingsinstrument die Guitarre war, von dem gebürtigen Mainzer Scheidler vorspielen. Er hatte seine Schülerin Demoiselle Jung mitgebracht, und eine Zeitung schrieb, daß sie »mehr leisteten als man je von der Guitarre erwarten konnte«. Marianne, der Willemer vor einer Kaiserin noch ein letztes Mal ein öffentliches Auftreten gestattete, machte ihrem Meister Ehre, von dem man ohne Übertreibung sagen darf, er sei der Paganini der Guitarre gewesen. Es ging von dem kleinen, gelbhäutigen, nachlässig gekleideten Mann und seinem Spiel auch die ähnliche unerklärliche Wirkung aus. Man raunte sich zu, Scheidler sehe gelegentlich Gespenster. – Die Kaiserin beschenkte Marianne Jung mit einer Halskette, zwei Armbändern und einer kameeverzierten Gürtelschnalle.

Man beneidete Willemer um das anmutige, begabte Mädchen. Ein Dokument des Neides und der Bosheit wird im Düsseldorfer Goethe-Museum aufbewahrt. Es ist ein anonymer Einblattdruck, mit der fingierten Überschrift »Beilage zur eleganten Zeitung Nr. 99«, und datiert vom 25. Oktober 1807.

Der durch seine kleine wizzige, den Theater-Unfug ahndende Schriften rühmlichst bekannte Königl. Preus. Consul Willemer ist den 20. Oktober nach Yverdon abgereist, mit dem festen Vorsatz, die Frankfurter Bühne zur Muster-Schule aller deutschen Schauspieler nach Pestalozzischer Manier, sowohl für die Mnemonick als für die keuschen Sitten bestmöglichst zu verbessern.

Da ausgemacht bleibt, daß die Darstellung guter Sitten auf den Brettern mehr würkt, wie Predigten im Schwalbennest, so entschloß sich unser Patriot nach einer kummervollen Nacht, sogleich nach der Morgen-Röthe (nach Jacob Böhm – er heißt auch Jacob – ein trefliches Bild zum Gelingen seines Unternehmens) den Wagen anspannen zu lassen, um mit drei Töchtern die Reise zu beginnen. Er wählte die älteste, eine Wittwe, zur Regissierung alter Rollen, die jüngste zu Gurlys, und seine mehr als an Kindesstatt angenommene zur weiblichen musikalischen Direction.

Von ihm selbst, der praktisch alle Kindische, Jünglings-, Männer- und Greissen-Rollen bereits inne hat, läst sich das höchste Ideal bestens erwarten. Auch will er nach erhaltener Magister-Würde in unserer Kunst, wie ein zweiter Howard alle stehende und herumziehende Bühnen auf seine Kosten bereissen.

Das ganze hiesige Theater-Personale, für welches er bereits einen Invaliden-Fond großmüthig gestiftet hat, begleitet ihn nebst den Seinigen auf seiner gefahrvollen Reise mit Segenswünschen und betet täglich für sein Leben, um dereinst bei seiner Rückkehr seine Apotheose bei lebendigem Leibe ergebenst dankbar aufführen zu können:

Im Namen unserer aller K.

In der Tat hatte sich Willemer mit Rosette, Marianne und Maxe nach Yverdon begeben, um seinen dreizehnjährigen Sohn zu besuchen, Mieg wiederzusehen und endlich die persönliche Bekanntschaft des verehrten Pestalozzi zu machen. Nicht den Knaben, aber sein Konterfei nahm der Vater damals mit nach Hause. Georg Friedrich Schöner, ein Schüler von Graff und David, hatte es für Willemer gemalt.

Bramy trägt darauf den grünen Rock mit dem gelben Westchen der Pestalozzischüler und blickt aus des Vaters schmalen Augen in eine Welt, in der er sich ohne Mutterliebe zurechtfinden mußte. Mit den beiden für sein Alter erstaunlich ausgeprägten sensiblen Händen hält er wie ein Attribut des Lerneifers und Gehorsams die Schiefertafel. Bramy sah wahrscheinlich in den Tagen, da sein Vater ihn mit den Schwestern und Marianne besuchte, glücklicher aus als auf dem Bilde, das heute in seiner Vaterstadt Frankfurt am Main im Goethemuseum hängt.

Nach der Rückkehr von Yverdon zahlte Willemer dem Anonymus, den er in den Kreisen seiner ehemaligen Kollegen von der Theaterkommission vermutete, mit schonungslosen Kritiken des »Frankfurter Theater-Zustandes« heim, welche diesmal nicht als Flugschriften im Selbstverlag erschienen, sondern in der vielbeachteten »Rheinischen Bundes-Zeitung«.

5. RÄTIN GOETHE STIRBT UND FRANKFURT WANDELT SICH

Im Herbst 1808 legte sich Goethes Mutter zum Sterben und entschlief am 13. September, während der Sohn von Karlsbad nach Weimar reiste, sanft und gefaßt in der Gegenwart ihres Neffen Melber, des einen ihrer beiden ärztlichen Betreuer. Fritz Schlosser, der Neffe ihres ihr im Tode vorangegangenen Schwiegersohnes Georg Schlosser, war ihr Testamentsvollstrecker und schrieb die Trauerbotschaft nach Weimar.

Erben der Rätin waren Goethe und seine Nichte Louise Nicolovius, die einzige überlebende Tochter Cornelia Goethes aus ihrer Ehe mit Georg Schlosser. Zur Regelung der Hinterlassenschaft fuhr Christiane, seit zwei Jahren mit Goethe vermählt, nach Frankfurt. Goethe gab ihr Caroline

Ulrich, ihre Gesellschafterin, nebst vielen guten Ratschlägen mit, wünschte auch, daß sein in Heidelberg studierender Sohn August sogleich zur Mutter nach Frankfurt reiste. Die landläufige Überlieferung, Goethe habe seine Frau vornehmlich zu seiner Entlastung nach Frankfurt geschickt, reimt sich nicht recht mit seinen Zeilen vom 4. Oktober 1808 zusammen:

Manchmal ist mirs verdrießlich, daß du so eigensinnig auf Deiner Reise bestandest. Dann denk ich wieder: es wird wohl gut ausfallen, da so vieles gut ausfällt. Lebe recht wohl, grüße Deine Gesellschafterin und alle Freunde.

Es war ihm ersichtlich bei dem Unternehmen nicht recht wohl. Vielleicht fürchtete er, Christiane könnte sich vom Bewußtsein, nun legitime Rechte zu haben, zu irgendeinem Takt- oder Formfehler verleiten lassen. Er ließ es jedenfalls nicht an Ermahnungen fehlen: »Geh in allem vorsichtig und sacht zu Werke, daß Du Freunde erwerbest und erhaltest« (12. Oktober 1808) oder am 16. Oktober »Benehm Dich im Ganzen in Frankfurt als wenn Du wiederkommen wolltest«. Christiane richtete sich gewissenhaft nach Goethes Weisungen und erntete das Lob von Henriette Schlosser, einer Halbschwester von Louise Nicolovius: »Ihr Äußeres hat etwas Gemeines, ihr Inneres aber nicht. Sie betrug sich liberal und schön bei der Teilung, bei der sie sich doch gewiß verraten hätte, wenn Unreines in ihr wäre. Es freut uns alle, sie zu kennen, um über sie nach Verdienst zu urteilen und sie bei andern verteidigen zu können.«

Mochten Goethes Ermahnungen Christianen die kindliche Freude, als seine legitime Stellvertreterin auftreten zu können, geschmälert haben, so enthielten weitere Briefe bestürzende Vorschläge. Goethe suchte die Gelegenheit zu nutzen, um größere Distanz zu schaffen:

Wenn diese Verteilung geschehen ist, schreibe mir; laß nichts verkaufen. Es könnte nichts schaden, wenn man ein klein Quartier, auf der Bockenheimer Gasse oder unter der Allee, nicht weit vom

Schauspielhause, nähme und möblierte. Man muß auf allerlei denken. Du hättest einen angenehmen Aufenthalt eine Zeit des Jahres, wir wären eine Zeit lang zusammen. Denn für mich wird Karlsbad, für Dich Lauchstädt am Ende doch nicht erfreulich.

Ein nicht erhaltener Brief Christianens bewirkte sogleich ein beruhigendes Einlenken des Gatten:

Viel wert ist mir, daß Du schon fühlst, für Dich und mich finde sich dort kein Heil. Laß uns in Thüringen auf unserer alten Stelle verharren und unsre Gesellschaft nicht erweitern, sondern ausbilden.

Diese Nachgiebigkeit hatte allerdings ihre Hintergründe. Goethe beabsichtigte, Christianen und seinem Sohn das Frankfurter Bürgerrecht zu verschaffen und glaubte, die erforderlichen Vorschriften umgehen zu können. Er hoffte, der neue Souverän Dalberg werde es ihm ersparen, die Papiere vorzulegen, aus denen seine späte Eheschließung und Augusts uneheliche Geburt ersichtlich waren. Dalberg verstand sich zu keiner Sonderbehandlung des berühmten Frankfurters, und den Instanzenweg wollte dieser nicht einschlagen. Er zog es vor, auf die Einbürgerung der Seinen zu verzichten. Das Ererbte mußte er, als Frankfurter Bürger, in seiner Vaterstadt stehen lassen. Es galt, einen Treuhänder zu finden:

Schlosser ist uns der Nächste. Lehnt dieser ab, künftig unsere Geldsachen zu besorgen, so hab ich zu Nikolaus Schmidt das größte Zutrauen.

Es fällt auf, daß unter den Vertrauensleuten der Name Johann Jakob Willemers fehlt. Goethe gibt lediglich seiner Frau Anweisung, eine Schuld seiner Mutter bei dem Bankier in Höhe von 300 Gulden zu begleichen. Christiane entledigte sich dieses Auftrages bei einem Besuche, den sie, gemeinsam mit ihrem Sohn, im »Roten Männchen« bei Willemer machte. Damals sind Goethes Frau und Marianne einander begegnet. August überreichte Willemer wiederum sein Stammbuch, in das er sich am 5. November 1808 eintrug. Unmittelbar unter dem von ihm gewählten

Zitat aus dem Tasso findet sich eines aus der Iphigenie, das Marianne Jung dem Sohne Goethes widmete.

6. NEUE FÄDEN KNÜPFEN SICH

1809 heiratete Maxe Willemer, im gleichen Alter wie seinerzeit die Schwester Rosette: siebzehnjährig, den Frankfurter Farbkaufmann Jean Andreae. Aus diesem Anlaß kam Bramy auf eine Weile nach Frankfurt.

Willemer wollte aus dem einzigen Sohn einen ganzen Mann machen, all das, was er selbst nicht war: einen Menschen, bei dem Leib und Seele, Herz und Verstand einander im Gleichgewicht hielten. Bramy empfing eine ausgezeichnete Erziehung, eine vielseitige Schulung, es wurde für gesellschaftlichen Schliff gesorgt, für körperliche Ertüchtigung, für Obhut und Vorbild. Nur eines konnte Willemer seinem Sohn nicht kaufen: – die Liebe einer Mutter. Sie vermochte auch Miegs echte Zuneigung nicht zu ersetzen. Willemers Dank an Pestalozzi, mit dem er seit einem zweiten Besuch des Internates in Briefwechsel stand, war die Schrift: »Der Amerikaner zu Yverdun«. Sie ist ein Bekenntnis zu Pestalozzis Grundsatz, daß in der Erziehung über der Ausbildung des theoretischen Verstandes jene des praktischen nicht vernachlässigt werden dürfe.

Inzwischen hatte sich der Druck Bonapartes auch auf das ihm ausgelieferte Frankfurt so gesteigert, daß sich die Bürger der Fremdherrschaft, der verlorenen Freiheit bewußt geworden waren. So entstand die Museumsgesellschaft, für die in glücklichen Zeiten in der Handelsstadt der Nährboden gefehlt hätte. Die Mitglieder stellten sich die Aufgabe, alles zu pflegen, was gemeinsames Erbe der geknechteten, gegeneinander ausgespielten Deutschen war: – Tradition und Geschichte. Man beschäftigte sich mit dem Herkommen der einzelnen Stämme, mit Altertumskunde, mit der eigenen Kultur. Daß der Großherzog von Frankfurt von Napoleons Gnaden, Dalberg, den Vorsitz der Museumsgesellschaft übernahm, legitimierte sie bei den Franzosen. Willemer war Mitglied, ebenso Fritz Schlosser. Auch Auswärtige schlossen sich an: Achim von Arnim und Savigny, Jean Paul und der damals noch protestantische Zacharias Werner. Gemeinsam verehrter Mittelpunkt war Goethe, folglich dominierte in der Museumsgesellschaft die von diesem bestimmte Bewunderung für Winckelmann und die Antike. Niemand hatte Sinn für Dürer, Cranach und deren Zeitgenossen oder für Bauwerke, die aus der eignen Vergangenheit in die damalige Gegenwart hineinragten. Eine Ausnahme lebte in dreifacher Gestalt in Köln: Sulpiz Boisserée, sein Bruder Melchior und beider Freund Johann Baptist Bertram.

Der früh verwaiste Sulpiz hatte in Hamburg eine kaufmännische Lehre absolvieren müssen und zeitweilig bei der bekannten Familie Reimarus gewohnt. Dort war er dem französischen Residenten, Herrn von Reinhard, begegnet, der sich um die Tochter des Hauses bewarb. Reinhard, der gebürtige Schwabe, von Bonaparte geadelt und nach dessen Sturz von den Bourbonen in den Grafenstand erhoben, war eine politisch schillernde Gestalt. Menschlich jedoch muß er einen Zauber ausgestrahlt haben, denn Goethe würdigte ihn seiner Freundschaft ebenso wie der lautere Sulpiz Boisserée. Dieser war wie sein Bruder Melchior Herr seines Anteils am Vermögen und dem Kaufmannstand untreu geworden. Bertram scheint vermögend gewesen zu sein. Das Dreigestirn sah Klöster aufgehoben und Kirchen zerstört, ohne daß irgend jemand an die Kunstschätze dachte, die sie bargen. Es fehlte auch den Gebildeten der Sinn für Zeugen des Mittelalters, und so gerieten kostbare Gemälde großer Meister buchstäblich auf die Straße. Das Kölner Dreigestirn mußte sich finanziell gar nicht übernehmen, um Bilder zusammenzutragen, die später einmal den

Grundstock der Münchner Pinakothek bilden würden. Sulpiz allein hatte schon von früh auf den Gedanken verfolgt, der Kölner Dom, welcher seit Jahrhunderten als Bauruine dalag, müsse vollendet werden. Ein gewaltiges Kupferstichwerk stellte den Traum als realisierbar vor Augen und sollte die Herrschenden zur Ausführung bewegen. Doch bedurfte man der Anteilnahme und Förderung weitester Kreise, schon weil die Geldmittel einzelner nicht ausreichten. Es gab nur einen Einzigen, dessen Einfluß groß genug war, um hier zu helfen: Goethe. Der huldigte zwar seit langem den Kunstformen der Antike, aber immerhin hatte er in seiner Jugend von »deutscher Baukunst« geschwärmt.

Es bleibt Reinhards Verdienst, Sulpiz Boisserée den Weg an den Frauenplan geebnet zu haben. Seine Empfehlung bewog Goethe, den seltsamen jungen Mann wenigstens zu empfangen. Im Mai 1811 folgte Sulpiz einer formellen Aufforderung, wurde mit aller Reserve, die dem gläubigen Katholiken und Kunstfreund ferner Richtung galt, aufgenommen und hatte schon am nächsten Tag die Prüfung durch Goethes Sinn für Menschenwert und -würde bestanden. Sulpiz Boisserée wurde einige Jahre später gewürdigt, Zeuge der Tage auf der Gerbermühle und vertrauter Freund Suleikas zu werden. Zuerst einmal wagte Sulpiz die Bitte an Goethe, er möge, wenn er gelegentlich die heimatlichen Gefilde besuche, einen Abstecher zur Bildersammlung der drei Freunde machen. Goethe versprach dies freundlich, dachte jedoch vorerst nicht an eine Reise zum Rhein und Main. Angesichts der politischen Lage erschien es ihm ratsamer, sein von Kügelgen gemaltes Konterfei an Fritz Schlosser zu senden.

Fritz Schlosser war seit einigen Jahren mit Sophie du Fay verheiratet, deren Vorfahren im 16. Jahrhundert aus Brabant in Frankfurt eingewandert waren. Inzwischen war die Familie du Fay, um den Frankfurter Lokalpoeten Stoltze zu zitieren, »mit ganz Frankfurt verwandt«, soweit dies die angesehenen Familien betraf. Um so erstaunlicher, daß Sophie du Fay nach damaligen Begriffen spät, mit dreiundzwanzig Jahren, geheiratet hatte. Sie war jedoch eigenwillig, klug und stolz, ließ sich nicht, wie üblich, von den Eltern verheiraten, und wer eine bequeme Frau suchte, hätte nicht Sophie du Fay gewählt. Aber der friedfertige, gütige, vielseitig gebildete Fritz Schlosser war, ohne unmännlich zu sein, der geeignete Partner für Sophie du Fay, die einige Jahre nach der Eheschließung nur noch das tat und gelten ließ, was ihr Mann für richtig hielt. Zu diesem Paar sendete Goethe sein Bild.

7. ITALIENFAHRT UND HEIMKEHR

Als das Geschenk Goethes, ein Dank für vielfach geleistete Dienste, im Hause Schlosser eintraf und den Verehrern des Dichters gezeigt wurde, fehlte unter den Betrachtern Johann Jakob Willemer. Er befand sich auf einer Italienreise.

Der Tod seiner zehnjährigen Enkelin Anna Städel mochte ihn bestimmt haben, für sich selbst, Rosette und seine Familie Zerstreuung zu suchen. Marianne beherrschte das Italienische, ein eigentlicher Cicerone fehlte jedoch, da Willemers Bildung, wie wir wissen, weder in die Breite noch in die Tiefe ging. Man verabredete sich mit Bramy und Mieg, welch letzterer dies Amt des Cicerone übernehmen sollte, in Yverdon. Hier traf sich die Reisegesellschaft und besuchte Pestalozzis. Zwei Tage hielt man sich bei ihnen auf, und das Ehepaar trug sich in Demoiselle Jungs Stammbuch ein. Pestalozzis Eintrag zufolge »erquickte Demoiselle Jung den gerührten und dankbaren Freund Pestalozzi mit Gesang und Freundschaft«. Mehr besagt, wenngleich im schwerfälligen Stil der Zeit, was Anna Pestalozzi Mariannen ins Stammbuch schrieb:

Wie, liebe liebe Sängerin! haben Sie mein Herz erfreut, aber nicht nur Ihr Gesang, sondern das reine, edle Gefühl Ihrer Seele, das in Ihr Äußeres übergegangen, als Sie so dasaßen und sangen, hat in mir die Empfindung rege gemacht, Sie herzlich zu lieben. Gott erhalte sie in Ihnen, solange Sie der Natur und Einfalt treu bleiben, aber die werden ewig bleiben und sich immer noch in Ihrem guten Herzen befestigen.

Im Oktober 1810 erreichten Willemers Rom. Sie alle waren Lutheraner, nur Marianne Jung befand sich im Zentrum des Glaubens, in dem sie geboren, getauft und von der Mutter erzogen wurde. Christian Schlosser und Zacharias Werner lebten als eifrige Konvertiten in der Ewigen Stadt und zogen Willemers in ihren Kreis. Zacharias Werner hätte Willemer gerne zu seinem neuen Glauben bekehrt, aber der nach wie vor triebhaft-sinnliche, äußerlich wie innerlich wenig appetitliche Poet besaß geringe Überzeugungskraft. Im November nahm man an seiner Geburtstagsfeier teil und krönte den unverändert eitlen Konvertiten mit einem Lorbeerkranz. Auf der goldenen Nadel, die Willemer ihm schenkte, war das Bild der Medusa zu sehen.

Zwei Tage später wurde Marianne sechsundzwanzig Jahre alt. Zacharias Werner huldigte ihr in Versen, die, hochtrabend und teutsch, zu jeder andern Empfängerin besser gepaßt haben mögen als zu Marianne Jung.

Weit besser als der dichtende Zelot gefiel den Willemers das wahrhaft fromme malende Brüderpaar Riepenhausen. Die Jahreswende 1810 auf 1811 verlebten die Reisenden in Neapel. Im Februar sah Marianne dann in Wirklichkeit, was sie in Wort und Bild in Goethes Schilderung so tief beeindruckte: den Karneval in Rom.

Es haben sich keine Aufzeichnungen Mariannens über diese ihre weiteste Reise erhalten. Das Düsseldorfer Goethemuseum bewahrt einen Brief von ihr aus Frankfurt, ohne Jahresangabe und Anrede, mit dem Datum

»18. Oktober«, der höchstwahrscheinlich nach der Heimkehr 1811 an einen der Brüder Riepenhausen gerichtet wurde.

Frankfurt den 18. Oktober (1811?)

Soeben erhalte ich die schriftliche Versicherung Ihres freundschaftlichen Andenkens und setze mich schon an meinen Schreibpult, sie zu erwiedern. Daß Sie es gerade sind, der mir wieder einmal ein paar Worte zusendet, macht mir umso mehr Vergnügen, als ich schon an der Erfüllung meiner Bitte zu zweifeln anfing. Die vorgeschlagene Beschreibung einer Landschaft war weiter nichts als eine kleine Kriegslist, die dazu dienen sollte, Ihre Eigenliebe zu zwingen, mir zu schreiben – oder auch eine kleine Neckerei für Ihre Liebhaberei am Natursinnen. Ich war weit entfernt zu glauben, daß ich gerade die entgegengesetzte Wirkung, nämlich die des Nichtschreibens, damit hervorbringen würde, umso mehr als Sie gar nicht Ursache haben, die Gelegenheit zu vermeiden, bei der Sie Ihr beschreibendes Talent entfalten können. Ich bin wirklich erstaunt über den kühnen Schwung Ihrer Feder in den beiden Skizzen, die Sie durch Ihre poetische Beschreibung vor meine Augen zauberten, und wenn ich gezwungen war, in Ihrer von Walfischen und Elefanten geführten Familie den Geist eines Buonarotti zu bewundern, so zog mich mein Herz zu der unwiderstehlichen Anmut des Schäfers auf der Brücke, der im Abglanz des scheidenden Lichtes die Schalmei bläst. Die Blümlein und kleinen Federgesellen sind ganz nach Albert Dürer und Claudes Farbenpracht vollendet das Ganze. Doch Scherz beiseite, ich verdanke dem lebhaften Eindruck einer schönen Musik [*Christian*] *Schlossers letzte Zeilen und wünschte von Ihnen aus ähnlichem Anlaß dieselbe Wirkung; da ich ohne die für Sie erhöhten Interessen es nicht gewagt hätte, mir einen Teil Ihrer Zeit zuzueignen.*

Daß Sie so freundlich und gütig sind, es dennoch zu tun, freut mich von ganzem Herzen. Auch ohne Rücksicht auf Personalität würde mir jeder Brief aus Rom die innigste Freude machen, wie sollte es nicht der Ihrige, der mir durch seinen Inhalt die schönen Tage vergegenwärtigt, die ich im Kreise werter Freunde an dem reizenden Orte verlebte; insbesonders freut mich die Versicherung, daß Sie alle sich unser noch erinnern . . .

. . . Ich bin überrascht von dem, was Sie mir über eine Zeichnung von Tivoli schreiben, ich weiß es auch recht gut, daß Sie noch in Rom darüber sprachen und sogar der Ort ist mir noch gegenwärtig; aber so angenehm mir auch der Gedanke war, etwas, womit Sie sich mehrere Stunden beschäftigt, als mein Eigentum zu wissen, so hielt ich es doch eigentlich nur für eine freundschaftliche Versicherung, daß ich es wert sei; umso mehr freut mich die Erfüllung eines Wunsches, den ich nicht imstande war, ganz und gar zu unterdrücken, umso weniger als Sie es selbst waren, der ihn zuerst in mir angeregt. Welche Freude Sie mir damit machen, brauche ich Ihnen wohl nicht erst zu sagen?

Werners Portrait ist Ihnen so gut geraten, daß wir Ihn alle gleich erkannten. Man sagt ihm hier nach, er sei mit einer Opernsängerin nach Calabrien, andre behaupten sogar, nach Ägypten gereist; ich habe es auf eine so bestimmte Weise erzählen hören, daß ich nicht weiß, was ich davon denken soll. Der Ungetreue! mußten Sie auch noch sein holdes Bild in meinem Innersten erneuern: o, möchte bei jedem Bissen Caviar, den er über seine Lippen bringt, mein Andenken ihm den Genuß verbittern, da er mich so bald vergessen konnte.

Schlosser wird jetzt wohl wieder bei Ihnen sein; sagen Sie Ihm doch, daß ich seine Schwester gesehen und gesprochen, und daß sein Bruder etwas aus seinem letzten Brief erzählen wollte, aber mit Bedauern gestand, er habe es nicht lesen können. Wir vermuten, es sei eine Nachricht über Serleti gewesen, die uns sehr interessiert, da sie so selten ist. Vielleicht hat Schlosser einmal ein paar Augenblicke, um mir oder Rosetten dasselbe etwas deutlicher zu schreiben.

Grüßen Sie den armen Thorwaldsen von ganzem Herzen und empfehlen Sie ihm in meinem Namen den Neapolitaner Fieberwein, womit Dottor Mayer einem jungen Deutschen geholfen; daß Sie Ihren Bruder nicht vergessen von mir zu grüßen, bedarf wohl keiner Erwähnung. Schreiben Sie mir recht bald wieder und genehmigen die Versicherung meiner Freundschaft.

Marianne Jung

Viel Schönes an Parisino, lebt und liebt er mich noch? ich habe nun auch einen kleinen Hund, der trägt seinen Namen zu seiner Verherrlichung.

Frankfurt hatte sich während der Italienreise Willemers verändert. Man war daran, die Wälle zu schleifen und durch Anlagen zu ersetzen. Die Tore bestanden noch, wurden des Nachts wie früher geschlossen. Dalberg gestattete den Juden gegen eine hohe Abgabe, die sogenannte Stettigkeit, auch außerhalb der Judengasse zu wohnen. Die Einführung des Code Napoléon veranlaßte Schlosser, seine Tätigkeit am Stadt- und Landgericht aufzugeben. Dalberg wies ihm ein neues Tätigkeitsfeld zu. Das Schulwesen im Großherzogtum wurde neu organisiert. Dalberg rief eine Übergangsschule vom Gymnasium zur Universität, das Carolinäum, ins Leben, berief Schlosser zu ihrem Leiter und ernannte ihn zum Oberschul- und Studienrat. So wurde Fürstprimas Dalberg, damals Großherzog von Frankfurt, zum Urheber der Bezeichnung, unter der Fritz Schlosser bekannt ist: – Rat Schlosser. Die maßgebenden Schulmänner unter Dalberg und Schlosser waren überzeugte Anhänger Pestalozzis: der Philanthrop Molitor, der als erster Schulmann jüdische Kinder in seine Schule aufnahm, der große Geograph Ritter, ehemals Hofmeister im Hause Bethmann, und Elias Mieg, dessen Schüler Bramy Willemer nun zum jungen Manne herangereift war.

Im Oktober 1811 waren diese beiden nach Paris gezogen, ins Zentrum des bonapartischen Imperiums, wo die aus aller Welt zusammengerafften Kunstschätze den Bildungsfreudigen eine einzigartige Anschauung gewährten. Fast anderthalb Jahre (während deren sich in Rußland das Schicksal Napoleons entschied) verbrachten sie in der Weltstadt. Dann kehrten sie noch einmal auf sechs Monate zurück in die Schweiz. Mieg, der nach Frau Pestalozzis Urteil »vollendete Mensch«, half, wie schon früher, diesmal von Bramy unterstützt, in Yverdon die verfahrenen wirtschaftlichen Verhältnisse des Instituts ordnen.

In Frankfurt war unterdessen, von ihrem Gönner Goethe empfohlen, Amalie von Helvig, geborene Imhof, die dichtende Nichte Frau von Steins, Verfasserin der »Schwestern von Lesbos«, bei Rat Schlossers eingekehrt.

Diese fuhren, um das Angenehme mit dem Zweckmäßigen zu verbinden, mit dem Gast nach Heidelberg. Dort hatten sich inzwischen die Brüder Boisserée mit Freund Bertram in einem stattlichen Hause am Karlsplatz zu Füßen des Schloßbergs niedergelassen. Ein Bildersaal ermöglichte Besuchern die Betrachtung der Sammlung, ohne das Privatleben der Besitzer zu stören. Amalie von Helvig empfing von den ausgestellten Bildern einen so starken Eindruck, daß sie, nach Weimar zurückgekehrt, Goethe eine lebendige, begeisterte Schilderung davon gab. Wohl faßte er nun den Entschluß, dies alles selbst anzuschauen, aber die Zeit war für eine Reise an Main und Neckar noch nicht reif. Goethe beabsichtigte vielmehr, sich aus dem Frankfurter Bürgerverband zu lösen. Nachdem man die Seinen ohne die üblichen Formalitäten nicht einbürgern wollte und weder Christiane noch August Neigung zeigten, zeitweilig in Frankfurt zu wohnen, hatte Goethe kein Interesse mehr an seinem Bürgerrecht. Es nutzte nichts und verpflichtete zum Steuerzahlen. Aber auch die Entlassung aus dem Bürgerverband war nicht so einfach zu bewerkstelligen. Goethes mütterliches Erbe lag in Frankfurt fest und ließ sich nur gegen eine hohe Abgabe transferieren. Die unruhigen Zeiten verboten eine Reise nach Frankfurt. So blieben die Verhandlungen vorerst ohne Resultat.

Die Freiheitskämpfe des Jahres 1813 fanden Johann Jakob Willemer an seinem Schreibtisch. Nach der Rückkehr aus Italien ließ er »Bruchstücke zur Menschen- und Erziehungskunde« erscheinen, um gleich darauf wieder einmal die für das Theaterwesen Verantwortlichen scharf zu attackieren. Dann schrieb er, Zacharias Werners Schicksalsdrama »Der 24. Februar« zu überbieten, eine schauerliche Novelle »Der Vaterfluch«. Schließlich konnte sich aber auch Willemer dem Zeitgeschehen so wenig entziehen wie die übrigen in sattem Halbschlaf dahindämmernden Frankfurter. Die siegreichen Verbündeten näherten sich der Stadt, und der Großherzog von Frankfurt begab sich eiligst auf die Flucht. Der hohe Kirchenfürst hatte sich in weltliche Händel eingelassen und mußte harte Bestrafung gewärtigen. Da sein Joch ein sanftes gewesen und er die Macht genutzt, nach Möglichkeit Gutes zu wirken und Härten zu mildern, dachte niemand an Rache. Wohl ging er der weltlichen Besitztümer und Pfründen verlustig und mußte sich von der politischen Bühne in die Stille zurückziehen, aber man krümmte ihm kein Haar. Vier Jahre nach seinem Sturz starb er als Erzbischof in seiner Diözese Regensburg.

Noch stand über dem Allerheiligentor »Großherzogtum Frankfurt«, als die Bürger zu den Fahnen der Befreier eilten. Mieg weihte als Feldprediger in der Katharinenkirche die Fahne des Bataillons, dem Bramy Willemer als Freiwilliger angehörte. Kurz darauf hielt als erster Repräsentant der siegreichen Allianz Kaiser Franz der Zweite von Österreich seinen Einzug in Frankfurt. Von den Ratsherren, die ihm die Schlüssel der Stadt überreichten, hatten einzelne 1792 bei seiner Krönung im Dom den Baldachin über den römischen Kaiser deutscher Nation gehalten. Im Gefolge des Kaisers befand sich der ihn beherrschende

Mann: Metternich. Mit dem König von Preußen erschienen Reichsfreiherr vom Stein, Hardenberg, Gneisenau, Blücher, Arndt und Wilhelm von Humboldt. Zar Alexander residierte im Hause des Ratsmitgliedes von Schweitzer auf der Zeil, Kaiser Franz im Palais Thurn und Taxis. Die Frankfurter sahen die neuen Machthaber mit zwiespältigen Gefühlen an. Niemand kannte das Schicksal, das sie der Stadt und ihren Bürgern zu bereiten gedachten. Kaiser Franz von Österreich beabsichtigte, Frankfurt zu Bayern zu schlagen. Reichsfreiherr vom Stein verteidigte die alten Rechte der Freien Stadt, obgleich Rat Schlosser ihm zu bedenken gab, ob eine Freie Stadt als isoliertes Gebilde noch lebensfähig sei, selbst wenn man die Verfassung vollständig reformiere. Am ratsamsten und besten sei am Ende der Anschluß an ein »vaterländisches Gesamtwesen«. In Rat Schlossers Kopf spukte in abgewandelter Form der alte Reichsgedanke. Er träumte von einem christlichen Staatenbund mit dem Kaiser von Österreich an der Spitze.

Es entsprach der Zeit, daß man sich christlich und vaterländisch gebärdete. Nach den Jahren der Fremdherrschaft wollte man sich durch eine gemeinsame Tracht zu einem gemeinsamen Vaterland bekennen, und Willemer trat als Schriftsteller dafür ein. Seine Tochter Rosette und andere Frankfurter Damen gründeten den Frankfurter Frauenverein. Er diente nicht politischen, sondern sozialen Zielen. In Not geratene Kriegerswitwen sollten unterstützt, unbemittelte Töchter zu guten Hausfrauen ausgebildet werden.

Durch diese Tätigkeit gewann die nun einunddreißigjährige Rosette Städel einen Wirkungskreis außerhalb des väterlichen Hauses.

Die des Kindes beraubte Witwe war zu klug, zu kritisch und zu tatkräftig, um sich ohne wirkliche Aufgabe befriedigt zu fühlen. Sie spürte und wußte, daß sie als Leiterin des Willemer'schen Hauswesens an dem Mariannen gebührenden Platz stand und hätte überdies die Herzensfreundin gern als legitime Frau des Vaters gesehen. Dieser dachte, egozentrisch und im Banne der Gewohnheit, vorerst an keine Änderung. Vielleicht meinte Rosette Marianne, als sie in ihr Tagebuch schrieb: »Was hilft den Menschen alles Lesen und Reden von Gehorsam, Demut und Philosophie, wenn sie dies alles nicht in sich aufnehmen? Ich habe so oft schon gefunden, daß Männer davon reden und Frauen es üben.« Jedenfalls nahm Marianne Jung demütig, gehorsam und philosophisch das Leben hin, ohne sich aufzulehnen.

Im eigenwilligen Urteil und dem hohen Idealismus war Rosette ihres Vaters Tochter. Ihre Selbstkritik und Anpassungsfähigkeit hatte sie nicht von ihm. Von der allgemeinen Schwärmerei für den gekrönten Adonis, Alexander von Rußland, blieb sie unberührt. Wir, die wissen, daß der Zar in der Öffentlichkeit ein Korsett trug, lesen lächelnd, was Rosette ihrem Tagebuch anvertraute, das im Frankfurter Goethemuseum aufbewahrt wird:

Alexander ist ein schöner Mann, doch meine Schönheit nicht. Ein eleganter Graf könnte so aussehen, doch den Herrn aller Reussen denkt man sich anders. Ihm mag wohl seine schöne Figur über alles gehen und nebenbei regiert er, weil es nun einmal sein Amt ist. So sieht er aus.

An ihrem einunddreißigsten Geburtstag hielt Rosette Rückschau auf ihr Leben. Es erschien ihr als eine Summe von Tränen, Sehnsucht und Entbehren. »Noch nie hat ein Herz mit Liebe für mich geschlagen, mit Liebe in dem Sinn wie ich es meine.« Gelegentliche Anfechtungen durch ihr unbeschäftigtes Herz rang sie tapfer nieder. Sie gab den Fankfurter bösen Zungen keinen Gesprächsstoff. Um so ausgiebiger tat dies ihres Vaters Beziehung zu Marianne. Die Geschichte mit der Pflegetochter hatte man nie geglaubt und Marianne schon für des reichen Bankiers Geliebte gehalten, als dies noch keineswegs zutraf. – Daß Marianne diesen Schritt freien Willens tat, bezweifelte man, da ihre eigene wie die wirtschaftliche Sicherheit ihrer Mutter dem Gönner auf Gedeih und Verderb anheim gegeben war. Im Grunde hatte sich Marianne Jung mit der Hingabe an den um ein Menschenalter älteren Willemer sehr wenig erkauft – die Stellung am Rande der Gesellschaft ohne verbriefte Rechte. Sie war weder Willemers Frau noch eine seiner legitimen Töchter. Da ihr die berechnenden Überlegungen einer jungen Mätresse, die sich einen älteren Galan sucht, abgingen, tat sie den entscheidenden Schritt zwar ohne leidenschaftliche Liebe, aber voll Dankbarkeit und Vertrauen zu dem Manne, den damals tiefstes Leid getroffen. Sie war überzeugt, ihr Tun vor Gott und den Menschen verantworten zu können. Rosette kannte die Lauterkeit Mariannens, wußte, welche Bereicherung sie den Willemers geschenkt, daß sie den eigenen Vorteil nie gesucht. Verdiente Marianne nicht ein schöneres Geschick?

Dieser selbst kam es nie in den Sinn, das Schicksal könnte ihr anderes und mehr schuldig sein als das, was es bisher gewährte. Wenn sich Rosette sagte, man müsse sich dem Willen Gottes fügen, ohne zu hadern, gab Marianne das beste Beispiel.

Wenn überliefert ist, Willemers Töchter hätten ihn zur Heirat mit Marianne gedrängt, so erscheint dies zwar glaubhaft; es leitete ihn jedoch die Einsicht, daß es keine andere Möglichkeit gab, Marianne nach dreizehn Jahren endlich eine angesehene Stellung und verbriefte Rechte zu verschaffen.

Bis zur Verwirklichung der Heiratsabsicht verging immer noch einige Zeit. Die Vorstellung, als Neuvermählter in der Frankfurter Gesellschaft Spießruten laufen zu müssen, der Gedanke an die Besuche, die man mit der jungen Frau machen und empfangen würde, hatten nichts Verlockendes für den Eigenbrötler Willemer.

Wir wissen nicht, wann der Dreiundfünfzigjährige von Mariannens Mutter die für die Eheschließung erforderlichen Papiere erbat. Wir wissen noch weniger, ob und wann er Marianne sagte, daß diese Papiere nicht eintrafen.

9. PRÄLUDIUM

Nach außen sah es in Frankfurt im Jahre 1814 aus, als sei das Großherzogtum von Bonapartes Gnaden nichts andres gewesen als ein Spuk. Man gab den Bürgern ihre alte Verfassung zurück und überließ sie, für die nächste Zeit, sich selbst. Die Ereignisse warfen in diesem Fall auf die Freude der Frankfurter keine Schatten voraus. Man lebte wieder in der alten Freien Reichsstadt. Noch war diese Freude allerdings gedämpft. Die Alliierten verfolgten den Korsen nach Frankreich hinein, und unter den vielen Kriegern befand sich auch Bramy Willemer.

Goethe hatte seinen einzigen Sohn nicht mit ins Feld ziehen lassen. Zwar trug auch August die Uniform, war jedoch so etwas wie persönlicher Kurier des Herzogs Carl August und wurde als solcher nach Frankfurt beordert. Er besuchte des Vaters alte Freunde, erzählte wohl auch von dessen Vorhaben, nun endlich an Rhein und Main zu reisen. August von Goethe hinterließ bei den Willemers den besten Eindruck. Willemer setzte sich sofort hin, um dies in seiner eigenwilligen Orthographie mit seiner krausen zackigen Schrift nach Weimar zu melden. Im Gegensatz zu andern Verlautbarungen Willemers las Goethe diesen Brief mit väterlicher Genugtuung und antwortete sogar eigenhändig. Über Willemers neueste Schrift über die deutsche Nationaltracht schwieg sich Goethe aus. Dafür kam ein Echo von Boisserée aus Heidelberg:

Ich habe aus Deinen beiden Schriften Dein edles, für alles Gute und Heilige begeistertes Herz noch näher kennen gelernt, und lobe die sonderbare, ja wunderbare Fügung, wodurch wir vertraut geworden, immer mehr und mehr . . .

. . . Alle aus der Religion, aus der heidnischen wie aus der christlichen, hervorragende Kunst und ihre Werke sind zu ihrer Zeit immer populär, allgemein verständlich und erfreulich gewesen. Mache mir die Freude, komme mit den Deinigen hieher in

unsere Sammlung, dann wollen wir noch mehr über diese Sache verhandeln.

Der mit Lob und Anerkennung nicht verwöhnte Willemer antwortete dem so viel jüngeren Boisserée im gleichen Tone und seinem merkwürdigen Stil schon wenige Tage später:

Daß ich Dich auf meinem Weg fand, und zwar so wunderbar, daß unsere Herzen gleich ineinander strahlten, ist mir nun in der Art seit zwanzig Jahren nicht begegnet, und wird meinem erloschenen Gemüt, belastet und zerstört durch den Druck der Zeit, nicht wieder begegnen; darum habe ich Dich auch von Herzen lieb und freue mich, einmal Dich zu sehen, bis dahin gegrüßt von Marianne; lieb Deinen Willemer

Dieser Gruß von Marianne wirkt wie ein offizielles Bekenntnis, daß sie, wenngleich noch nicht seine Frau, dennoch für Willemer die Nächste von den Seinen sei. Noch waren die Zeitverhältnisse nicht normalisiert, so daß man ihnen die Schuld geben konnte, daß Frau Jung Mariannens Papiere noch nicht geschickt hatte. Aus den gleichen Gründen schien die Zeit noch nicht reif, Boisserées Einladung Folge zu leisten.

Im Sommer 1814 tauchte Bramy mit seiner Einheit auf dem Zuge von Frankreich mit unbekanntem Ziel kurz in Frankfurt auf und wurde hier zum Seconde-Leutnant befördert. Dann verließ der junge Offizier Frankfurt wieder.

Es wird niemals zu eruieren sein, wer das Gerede von Bramys Liebe zu Marianne Jung aufgebracht hat. Tatsache ist, daß Bramy Willemer von seinem zehnten Lebensjahr an, also zu einer Zeit, in der ihn schwerlich eine Leidenschaft für Marianne beherrschte, nur noch selten und kurz mit seiner Familie zusammentraf. Das war bei Söhnen aus wohlhabenden Familien gar nichts Ungewöhnliches. Hier kam des Vaters Bestreben hinzu, das jüngste Kind, den einzigen Sohn, nicht unter lauter Mädchen aufwachsen und erziehen zu lassen. Leitung und Beispiel besonderer, ausgezeichneter Männer sollten Bramy anspornen, Pestalozzi und Mieg nachzueifern. Willemer, der sich zu kurz gekommen fühlte, hegte einen brennenden Ehrgeiz für Bramy, ohne zu sehen, daß dieser der Erbe seines Ehrgeizes war. Der Zeitpunkt, da Bramy in der Tat »die Schwelle des Vaterhauses floh« kam erst mit seinen letzten Lebensjahren und hatte mit Marianne nichts zu tun. Vorerst bestand zwischen Vater und Sohn keinerlei Spannung. Willemer war vielmehr stolz auf seinen von den Schwestern und Marianne bewunderten, stattlichen jungen Offizier. Einzig Rosette blieb kritisch und unfähig, die Freude über des Bruders Besuch und Beförderung unbeschwerten Herzens zu teilen. Sie hatte nach vier Jahren den Tod ihrer kleinen Anna noch nicht verwunden. Während sie sich nach außen beherrschte, schlugen im stillen Kämmerlein manchmal die Wogen des Leides über ihr zusammen. Dann rang die fromme Frau zwischen dem Gefühl, besonders harten Prüfungen ausgesetzt zu sein, und dem ernsthaften Willen, sich unter die Hand des himmlischen Vaters ohne Klage und Aufbegehren zu beugen. In solchen Stunden fragte sie verzweifelt nach der Absicht des Schicksals, das ihr alles wieder genommen und sie zwang, in sozialer Arbeit Ersatz für die natürliche Erfüllung zu suchen. Sie fühlte sich unausgeschöpft, zu kurz gekommen. Aber, so fragte sie sich, hatte sie am Ende nicht genügt? War sie nicht reif, nicht fähig befunden worden, Mutter zu sein? In solcher Stimmung schrieb Rosette Städel in ihr Tagebuch:

Gott, du legst niemand mehr auf als er tragen kann, aber schwer, schwer läßt du mich tragen. Doch wie lebhaft wird es mir immer mehr, daß ich sie verlieren mußte. War ich wohl geschickt, eine junge Seele zu führen? Waren meine Ansichten nicht viel zu eng und beschränkt? Sie war zu gut, um so gewöhnlich, vielleicht weniger als gewöhnlich geführt zu werden und kehrte rein und unverbildet zu ihrem Schöpfer.

Besser, der Mutter ein schöner Engel jenseits, als hier in ihren ungeschickten Händen bleibend. Zerrissen mußte ich werden durch diesen ungeheuren Schmerz, um ahnden zu lernen, nur ahnden, was über dem engen Kreis des Alltäglichen liegt. Und diese Ahndung zeigt mir die Erbärmlichkeit und Beschränktheit, in der ich mich sonst drehte.

Es mußte immer wieder an die Herzenswunde Rosettens rühren, wenn ihre Schwestern mit ihren zahlreichen Kindern den Vater besuchten. Mit Ausnahme von Scharffs ältestem Töchterchen Röschen, das meist kränkelte, waren sie alle gesund und munter. Im Hause Andreae kam jedes Jahr ein neuer Erdenbürger hinzu.

Kaum hatte Bramy seine Familie wieder verlassen, als, noch flüchtiger als er, der berühmteste Sohn Frankfurts in der alten Stadt erschien: Goethe. Seinen kurzen Aufenthalt, von einem Abend bis zum nächsten, schilderte er in einem Brief an seine Frau: wie er, von niemandem erwartet und nirgendwo angemeldet, am Abend des 28. Juli 1814 in seiner Vaterstadt einfuhr, die er seit 1797 nicht mehr betreten. Er fand sie zu Ehren des anwesenden Königs von Preußen festlich erleuchtet und verließ sein Absteigequartier, wohl den »Schwan«, sogleich wieder, um sich ein wenig umzuschauen. Er mußte sich dabei, von der langen Fahrt steif geworden, auf seinen Diener Karl stützen. Wo nicht illuminiert war, leuchtete ihm der Mond. Nach der Weise eines nach Jahrzehnten Heimgekehrten reizte es ihn, das Altvertraute möglichst rasch wiederzusehen, das Veränderte in sich aufzunehmen. So sehen wir den Fünfundsechzigjährigen auf der damals einzigen Brücke über den Main stehen, um im Mondlicht das dem Flußlauf angeschmiegte Stadtbild anzublicken und befriedigt »gar vieles unverändert« zu finden. Nicht alle neu entstandenen Bauten entsprachen seinem Geschmack. Schließlich zog es ihn zum Großen Hirschgraben. Nachdenklich blieb er vor seinem einstigen Elternhaus stehen und vernahm plötzlich verwundert und wie verzaubert den vertrauten Schlag der alten Uhr im »Hausehren«, die von seiner Geburt an jede Stunde seiner Kinderzeit und Jugendjahre treulich angesagt. Er glaubte an eine Sinnestäuschung und erkundigte sich am andern Tage, ob er wirklich die alte Hausuhr habe schlagen hören. Er erfuhr, daß der jetzige Besitzer des Hauses – wohl nach dem Tode der Rätin – die Uhr ersteigert und an ihren alten Platz gestellt habe.

Mit dem vertrauten Stundenschlag im Ohr begab sich der Dichter zur Ruhe, um andern Tages zu den Toren, die nach Bockenheim und Eschersheim führten, zu wallfahrten und an Stelle der Mauern die neuen Anlagen zu finden. Sie erschienen ihm »gut und schön«.

Dann erst, nachdem er den Spuren der Vergangenheit allein nachgegangen, ließ Goethe sich bei Schlossers melden, sah sich von der jungen Hausfrau überrascht und erfreut begrüßt und fand deren Schwager, den einst so überspannten Christian, »lieb, gut und verständig«. Als dessen Bruder Fritz erschien, mußte man sich um den Gesprächsstoff nicht sorgen.

Man fragte den berühmten Gast nach seinen weiteren Plänen und stellte, nachdem er die Absicht, sich nach seiner Kur in Wiesbaden länger in Frankfurt aufzuhalten, geäußert, die Bedingung, in Schlossers Haus zu wohnen.

Die Zeit drängte, es herrschte drückende Sommerhitze, und so unterblieb jeder Versuch, Willemer auf seiner Mühle oder den Jugendfreund, Kastenschreiber Riese, zu sehen. – Am Abend des 29. Juli, als es kühler geworden, stieg Goethe wieder in seinen Reisewagen und war bereits über alle Berge, als Willemer von seiner Anwesenheit vernahm.

Goethe, der von Willemer höchstverehrte Sterbliche, befand sich in erreichbarer Nähe! Knapp eine Woche später ließ Willemer anspannen und fuhr nach Wiesbaden. Nur Marianne begleitete ihn, mochte es doch eines seiner Hauptanliegen sein, diese Goethe vorzustellen, um von ihm zu erfahren, wie sich die Vermählung mit Marianne ohne großes Aufsehen und ohne im Besitz der notwendigen Papiere zu sein bewerkstelligen ließe. Der Schluß, Willemer habe solch heikle und problematische Fragen mit Goethe besprochen, liegt nahe. Er hatte am gleichen Tage zwei Unterredungen mit dem Dichter, davon eine unter vier Augen. Marianne zweifelte wahrscheinlich noch immer nicht an den Angaben der Mutter über ihre Ehe mit dem früh verstorbenen Mathias Jung, Mariannens Vater. Willemer mochte inzwischen erkannt haben, daß ihm ein Märchen aufgetischt worden. Man dachte damals überaus streng, hart und engherzig, ließ unehelich Geborene die »Schande« bitter empfinden und entgelten. Zugleich mit dem Glauben an ihre eheliche Geburt würde Marianne denjenigen an ihre Mutter verlieren. In Willemer blieb der väterliche Beschützer von einst untrennbar mit dem Liebhaber, zu dem er geworden, verbunden. Wahrscheinlich beriet er mit Goethe, ob und wie man Mariannen solch bittere Erkenntnisse würde ersparen können. Die beiden Männer werden vermutet haben, daß sich Mariannens Mutter nach ihrer eigenen Mutter, einer geborenen Jungwirth, den Künstlernamen Jung zugelegt und den Mathias Jung erfunden haben dürfte. Marianne mochte in Wirklichkeit Pirngruber heißen wie ihre Mutter. Deshalb sah sich diese außerstande, ihren Trauschein und die Geburtsurkunde der Tochter vorzulegen, ersteren, weil es ihn gar nicht gab, letzteren nicht, weil das Kind unter seinem andern Namen eingetragen worden ist. Es ist bis heute niemandem gelungen, die Akte von Mathias Jung und die Geburtsurkunde Mariannens aufzufinden.

Beweisen läßt sich bei der Verschwiegenheit der Beteiligten nicht, daß das Gespräch zwischen Goethe und Willemer diesen Inhalt gehabt und jener einen Rat gegeben. Goethe hat selbst Christianen den zweiten Besuch Willemers verschwiegen. Vielleicht fand man den Zeitpunkt von Goethes

Anwesenheit in Frankfurt für den günstigsten, Mariannen in die Gesellschaft einzuführen.

Es ist kaum anzunehmen, Goethe sei entgangen, wie sehr Marianne Jung mit den dunkeln Locken, den braunen Augen, den frischen Farben und dem zierlichen Wuchs an Christiane in ihren jungen Jahren erinnerte. Nur saß in Mariannens Blick der Schalk.

Dennoch machte Willemers »kleine Freundin«, die bescheiden zu dem bewunderten Manne aufschaute, wohl keinen nachhaltigen Eindruck auf Goethe. Ihn bezauberte die so lange nicht mehr erlebte Rheinlandschaft. Man ließ ihn zu der für den Kurgebrauch notwendigen Ruhe kaum kommen. Der Herzog von Nassau lud ihn zur Hoftafel nach Biebrich, man erwartete ihn auf den umliegenden Landsitzen. Zelter, der »furchtbare Fußwanderer«, erschien und nahm für diesmal neben Goethe im Wagen Platz, um durch das »übermäßig schöne Rheingau« zu fahren. Goethe wurde in dieser Landschaft mit ihren leichtlebigen, heiter-unbefangenen Menschen innerlich frei, äußerlich zugänglicher, er aß sogar an der allgemeinen Tafel und wünschte, indem er die Leute an sich heranließ, sie besser kennen und beobachten zu können.

An seinem Geburtstag luden die hohen Herrschaften Goethe nach Biebrich zur Hoftafel, so daß Christian Schlosser, der überraschend kam, nur den Abend mit Goethe und Zelter verbringen konnte. Inmitten des Trubels tat Zelters verläßliche Nähe doppelt wohl, und Goethe ließ den Freund anderntags nur ungern rheinabwärts davonfahren.

Unter der Fülle von Festgaben fand sich auch eine Weinsendung aus Winkel am Rhein, wo Franz Brentano und seine Gattin Antonie, eine geborene Edle von Birckenstock aus Wien, ein Herrenhaus mit Garten und eigenen Reben besaßen. Franz Brentano war seit dem frühen Tode der Eltern das Oberhaupt der »Geschwisterrepublik«, zu der sich die zahlreichen Brentanokinder im Vaterhaus zusammengefunden. Er gehörte nicht, wie Clemens und Bettine, zu den Genies der Familie, übertraf dafür an Zuverlässigkeit, Tüchtigkeit und brüderlicher Treue alle. – Er, der Besitzer, fand am seltensten Zeit, in Winkel zu entspannen. Das Gut wurde meist von seiner Familie und seinen Geschwistern bewohnt und schien eigens für die vielen Brentanos geschaffen. Wie Zellen reihten sich viele Stuben um einen riesigen, festlichen Saal. Von jeder Klause blickte man über den Garten mit dem südlich anmutenden Weinlaubengang hinunter auf den Strom und fühlte sich hinter den Mauern, die das Anwesen umschlossen, geborgen. Nach dem wochenlangen Betrieb mit Gästen und Festen mußte Goethe eine Einladung nach Winkel willkommen sein. Er residierte, von Frau Antonie betreut, auf dem Gute, um von hier aus nochmals zu Schiff oder Wagen die schönsten Punkte des Rheingaus aufzusuchen.

Das Zusammenleben des ungekrönten Königs mit der herrinnenhaften Antonie Brentano vollzog sich damals ohne Schwierigkeiten, ja ihr Verhalten und der später mit Goethe geführte Briefwechsel schien eine bleibende Freundschaft zu gewährleisten. Auf alle Fälle gefiel sich Antonie Brentano in der Rolle der Gastgeberin Goethes, der Begleiterin auf seinen Ausfahrten. Im hohen Alter gab sie einen peinlichen Rückblick auf diese Tage, schilderte Goethe als einen anmaßenden Gast mit recht unartigen Tischsitten. Vielleicht spielte das Bewußtsein, bereits im kommenden Jahr von einer andern Gastgeberin völlig in den Schatten verwiesen worden zu sein, beim Zustandekommen der häßlichen Erinnerung eine Rolle.

Am 12. September 1814 fuhr Goethe in Frankfurt bei Schlosser vor. – Frau Sophie, geborene du Fay, erkannte keine Autorität an außer ihrem Eheherrn. Nur weil Fritz Schlosser Goethe liebte und verehrte, setzte sie alles daran, diesem den Aufenthalt in ihrem Hause so bequem und angenehm wie möglich zu gestalten. Zu den Frauen, die Goethe gefielen, gehörte die Willensstarke, wenig Schmiegsame nicht. Aber er empfand dankbar die selbstverständliche Rücksichtnahme und Aufmerksamkeit, mit der Schlossers ihn umgaben. –

Diesmal währte Goethes Aufenthalt in Frankfurt mehrere Wochen, die von einem Abstecher nach Heidelberg zu Boisserée unterbrochen wurden. So blieb genügend Zeit, sich in der Stadt und im Freundeskreis der verstorbenen Mutter umzutun, die Jugendgefährten aufzusuchen. Zuerst durchstreifte Goethe die neu erstandene Frankfurter Messe, seit Jahrzehnten die erste durch keinerlei Kriegsdrangsale beeinträchtigte. Wer weder kaufte noch verkaufte, freute sich des bunten Gewimmels und der Erleichterung, die auf allen Gesichtern stand. Zu den Ersten, die der berühmte Gast aufsuchte, gehörten die jüngste Schwester der Mutter, die als lustige Tante Melber in »Dichtung und Wahrheit« verewigte Freudenspenderin seiner Knabenjahre, und Freund Riese, der als Verwalter der Frankfurter Almosenkasse den Titel Kastenschreiber trug. Goethe fand die achtzigjährige Tante rüstig und munter, betreut von ihrem Sohn, der als Neffe und Arzt Zeuge des Todes der Frau Rat gewesen. In den bei Tante Melber verbrachten Stunden ließ Goethe sich wahrscheinlich viel aus der letzten Lebenszeit seiner Mutter erzählen. Er besuchte auch die Verwandten Stock, deren Tischgast Frau Rat meist an den Sonntagen gewesen, die Bethmanns und die Brentanos. Man kann sich schwer vorstellen, daß er, den Gräbern seiner Eltern so nah, sie nicht aufgesucht habe. Hohen Durchreisenden wie dem Weimarer Prinzen Bernhard und dem Fürsten Reuß, machte er seine Aufwartung. Er durchstreifte die Privatsammlungen Frankfurts und ließ mit geringem Vergnügen eine schlechte Aufführung des »Wilhelm Tell« über sich ergehen. Man ließ ihn kaum zu Ruhe und Atem kommen, und da er niemanden zu verletzen wünschte, absolvierte er anstrengende Tage.

Willemer wohnte noch draußen auf der Gerbermühle, die nur zu Fuß oder mit dem Wagen erreichbar war. Man fuhr eine gute halbe Stunde mainaufwärts am Flußufer entlang bis zu dem Pachtsitz, der damals unvergleichlich anmutig zwischen hohen, dichten Bäumen, von Bächlein ummurmelt, in einer weiten, lieblichen Landschaft lag.

Wiesen, auf denen Schafe weideten, gehörten dazu, und eine terrassenartige Erhöhung senkte sich sanft zum Fluß hinab. Vor dem zweistöckigen, breitgelagerten Wohnhaus und dem Anbau mit dem Altan stand ein turmähnlich-gedrungener Bau gleich einem Wächter und beherrschte die Allee, die auf die Mühle zuführte. Im Anbau, von dessen Altan eine Treppe in den Garten führte, befanden sich der große Saal und die Gastzimmer. Von hier aus konnte das Auge dem Maine, auf dem Flöße vorüberglitten, bis Frankfurt folgen, dessen damals noch kegelähnlicher Domturm sich hinter der Brücke erhob.

Goethe nutzte bereits am dritten Tag seiner Anwesenheit in Frankfurt eine nachmittägliche Ausfahrt dazu, Willemer zu besuchen, fand ihn allein zuhause und blieb bis zum Sonnenuntergang, den er »unendlich schön« fand. Drei Tage später wiederholte er, von Antonie Brentano und dem Sammler Städel begleitet, die Fahrt auf die Mühle. Diesmal traf er auch Marianne an und ließ sich von den Freunden zu dem kleinen Türmchen geleiten, das oberhalb von Oberrad auf der Anhöhe des Mühlbergs lag und Willemer gehörte. Von hier aus sah man weit hinaus ins Land bis zu den fernen Erhebungen am Horizont, hinter denen die Sonne soeben verschwand. Noch wohnten die Frankfurter zur Sommerzeit in ihren Gärten vor der Stadt, besuchten einander gegenseitig und fuhren an schönen Herbsttagen hinaus in ihre Landhäuser. Fritz Schlossers verbrachten mit ihrem berühmten Gast einen Abend im Garten des Bruders von Sophie Schlosser, Herrn du Fay. Es war wohl die Abschiedsvisite des Ehepaares Schlosser bei den Verwandten vor dem Aufbruch zum Wiener Kongreß, auf dem Rat Schlosser die Interessen der Freien Reichsstadt zu vertreten hatte.

Goethe benutzte die Abwesenheit seiner Gastgeber, um endlich die Boisseréesche Sammlung in Heidelberg zu besuchen. Sulpiz holte ihn und Christian Schlosser ab und geleitete den lang ersehnten Gast und den scherzhaft zum Kammerherrn ernannten Schlosser in seine schöne, im ersten Stock gelegene Wohnung mit dem Bildersaal. Goethe muß dieses vornehm-schlichte Gebäude am Karlsplatz mit Wohlbehagen gesehen und betreten haben. Wie er die erste Wiederbegegnung mit einer Kunstrichtung bestand, die seiner Auffassung von Kunst und seinen Schönheitsidealen völlig fremd geworden war, ist nur andeutungsweise bezeugt. Schwerlich konnte er sich der großartigen und echten Ausdruckskraft dieser Werke verschließen. Jedenfalls begab er sich tagtäglich für Stunden in den Bildersaal, um zu dem Neuen und Ungewohnten Zugang zu finden.

Willemer sah während Goethes Aufenthalt wieder einmal Grund, sich über die Frankfurter Theaterleitung zu ärgern. Sie hatte es versäumt, den Dichter mit einer Festaufführung zu ehren. Als in Cottas vielgelesenem ›Morgenblatt für gebildete Stände‹ ein Artikel erschien, der von einer großartigen ›Tasso‹-Vorstellung, einer prächtig ausgeschmückten Ehrenloge und einem huldigenden Publikum berichtete, galt allgemein Willemer als Urheber dieser gelungenen Mystifikation, und es war gewiß ganz in seinem Sinne, wie hier das offizielle Frankfurt gründlich blamiert wurde. Der Verfasser war jedoch, was erst kürzlich bekannt geworden ist, der Bruder der Rahel, der sich als Schriftsteller Ludwig Robert nannte.

Inzwischen nutzten die Schlossers ihren Aufenthalt in Wien, um einen wichtigen Schritt zu tun. Sie legten in die Hände des berühmten Würdenträgers Clemens Maria Hofbauer, den sie im Hause Friedrich Schlegels kennenlernten, das Bekenntnis zum katholischen Glauben ab und empfingen die Taufe. Bei der Firmung, die sie zu tapferen Verteidigern der katholischen Kirche weihte, ruhte die Hand der Firmpatin Dorothea Schlegel, geschiedener Veit, geborener Mendelssohn, auf der Schulter Sophie Schlossers. Goethe nahm, als er vom Glaubenswechsel der Schlossers erfuhr, keine Notiz davon, die beste Art, unerwünschten Erörterungen auszuweichen. Über ein anderes Ereignis, das sich während Goethes Heidelberger Besuchs in seinem Frankfurter Umkreis abgespielt, ging er nicht so wortlos hinweg. Willemer hatte sich am 27. September 1814 mit Marianne Jung trauen lassen. Da deren Papiere fehlten, galt es, um das Aufgebot und eine öffentliche Trauung zu umgehen, Dringlichkeit vorzuschützen.

Die Trauakte des Paares im Frankfurter Stadtarchiv hat folgenden Wortlaut:

Am Dienstag, 27. September 1814, erschienen im lutherischen Konsistorium vor dessen Direktor Stadtschultheiß Friedrich Maximilian von Günderrode der Frankfurter Bürger und königlich preußische Geheimrat Johann Jakob Willemer, Witwer, lutherischer Religion, und mit ihm Jungfer Marie Anna Katharina Theresia, Herrn Mathias Jung und dessen noch lebender Ehegattin Anna Jung, geborenen Pirngruber, eheliche Tochter, geboren zu Linz am 20. November 1784, katholischer Religion. Sie erklärten zu Protokoll, daß sie sich zu ehelichen gesonnen seien, und daher um den nötigen Kopulationsschein gebeten haben wollten. Der Bräutigam bemerkte hierbei, daß in Rücksicht seiner bürgerlichen und Familienverhältnisse nichts zu erinnern sei, da dieselben notorisch und es bekannt sei, daß sowohl seine Eltern als seine Ehefrau längst verstorben seien. Die Jungfer Braut erklärte, daß sie ihren Taufschein, desgleichen den Todesschein ihres Vaters und den Konsens ihrer Mutter noch nachbringen wolle, welches um deswillen nicht gleich geschehen könne, da sich ihre Mutter in Linz aufhalte. Auch erklärte die Jungfer Braut weiter, daß sie das hiesige Bürgerrecht anzunehmen gesonnen sei, und deshalb in den ersten Tagen bei hochpreislichem Senat darum nachzusuchen und zugleich um die nötige Frist bis zur Erhaltung ihres Taufscheines bitten wolle. Eine vorhabende Reise nach Wien und andere Familienverhältnisse hätten den Wunsch in ihnen erzeugt, diese eheliche Verbindung ohne alle Umstände und ohne Aufgebot so bald als möglich vollziehen zu können, wobei sie sich zugleich verbindlich machten, alles dasjenige zu befolgen, was die hiesigen Gesetze und Gewohnheiten in dieser Hinsicht mit sich brächten. Endlich versicherten noch beide an Eides statt, daß sowohl der Vater der Jungfer Jung längst tot, daß deren Mutter mit der Verehelichung ihrer Tochter vollkommen einverstanden sei. Hierauf erteilte der Konsistorialdirektor von Günderrode »bewandten Umständen nach« die erbetene Dispensation vom Aufgebot und die Erlaubnis zur Privattrauung gegen eine Abgabe von 50 Reichstalern, nämlich je 25 Gulden an das Heiliggeistspital, an das Armen- und Waisenhaus und an den Bürgerlichen Almosenkasten. Noch am gleichen Tage wurde dann das Paar durch Pfarrer Kirchner getraut.

(Das Original des Dokuments über Willemers Trauung mit Marianne ist im Bombenkrieg verbrannt. Ein erhaltenes Zusatzprotokoll und Frankfurter Überlieferung standen dem hier Wiedergegebenen Pate.)

Auffallend ist an diesem Dokument, daß Willemer alle Angaben, zu denen er nicht stehen konnte, wie die Zusagen, deren Erfüllung ihm unmöglich erschien, Mariannen zu machen überließ, die damals an den Aussagen ihrer Mutter noch nicht zweifelte. Ihr Glaube an die Wahrheit des Vorgebrachten übertrug sich auf den vollziehenden Beamten, die hohen Abgaben ersetzten Aufgebot und fehlende Schriften. Marianne scheint ohne Gewissenskonflikte in die protestantische Trauung eingewilligt zu haben. Sofort am nächsten Tage richtete Willemer ein Gesuch an den Senat um Aufnahme seiner Frau in das Bürgerrecht.

Bei der großen Sterblichkeit junger Mütter im Wochenbett war zu jener Zeit die Heirat zwischen Paaren von großem Altersunterschied keine Ausnahme. Der gleiche Mann verlor oft mehrere Frauen und heiratete zwangsläufig beim dritten oder vierten Mal ein weit jüngeres Mädchen. – Weit mehr als der große Altersunterschied zwischen den Willemers fiel den Frankfurtern die große Eile auf, mit der der Geheimrat nach so vielen Jahren plötzlich Marianne Jung heiratete. Das war, unter Umgehung der üblichen Formalitäten, eine merkwürdige Angelegenheit. Da kam der Vielschreiber Emil Ludwig auf die Deutung, Willemer habe beobachtet, daß Marianne Goethe gefiel, und habe sie deshalb rasch geheiratet.

Man muß sich kopfschüttelnd fragen, welche Vorstellungen dieser Autor hatte. Willemer lagen sie vollständig fern. Hätte der 65-jährige Staatsminister, verheiratet und Vater eines Sohnes, Marianne Jung geschwind verführen oder entführen sollen? Wäre Goethe so geartet gewesen, so hätte die Eheschließung schwerlich etwas verhüten können.

Am wahrscheinlichsten ist, daß Willemer und der eingeweihte große Freund diesen Zeitpunkt wählten, weil sich während Goethes Anwesenheit in Frankfurt Mariannens Eintritt in die Gesellschaft am unauffälligsten und selbstverständlichsten bewerkstelligen ließ.

Bei der Rückkehr aus Heidelberg fand Goethe das Stammbuch der Neuvermählten vor mit der damals üblichen und Goethe zahllose Male vorgetragenen Bitte, sich einzuschreiben. Marianne kleidete ihr Anliegen in liebenswürdig scherzende Verse, die vom 11. Oktober 1814 datiert sind. Die anmutige Reimerei greift eine Redensart Goethes, dies oder jenes sei ihm breit wie lang und lang wie breit, auf und trägt im Bewußtsein der neuen Würde gleichsam als schelmische Vermählungsanzeige die Unterschrift der jungen Frau nebst dem Namen, den sie für ihren Mädchennamen hält.

Zu den Kleinen zähl' ich mich,
Liebe Kleine nennst du mich.
Willst du immer so mich heißen
Werd ich stets mich glücklich preisen,
Bleibe gern mein Leben lang
Lang wie breit und breit wie lang.

Als den Größten preist man dich
Als den Besten ehrt man dich,
Sieht man dich, muß man dich lieben,
Wärst du nur bei uns geblieben.
Ohne dich scheint uns die Zeit
Breit wie lang und lang wie breit.

Ins Gedächtnis prägt' ich dich,
In dem Herzen trag' ich dich,
Nun möcht ich der Gnaden Gaben
Auch noch gern im Stammbuch haben,
Wär's auch nur den alten Sang:
Lang wie breit und breit wie lang.

Doch in Demut schweige ich,
Des Gedichts erbarme dich,
Geh o Herr nicht ins Gerichte
Mit dem ungereimten Wichte,
Find es aus Barmherzigkeit
Breit wie lang und lang wie breit.

Frankfurt a/M. d. 11. 8ber 1814 *Marianne Willemer*
geb. Jung

Wohl um der Frankfurter Gesellschaft ein weithin sichtbares Beispiel zu geben, fuhr Goethe sogleich auf die Mühle, den Neuvermählten zu gratulieren. Er traf Willemer nicht zuhause, die junge Geheimrätin empfing ihn, nach seinen Worten an Christiane, »so gut und freundlich wie vormals«.

Drei Tage später folgte Goethe einer Einladung, die auch Christian Schlosser einschloß. Mit den Willemers und Rosette Städel verbrachte man einen heiteren Tag, der sich bis tief in den Abend ausdehnte.

Das Ehepaar mag, nachdem Goethe gegangen, noch lange über die mit ihm verlebten Stunden gesprochen haben. Seit ihrem Eintritt in Willemers Haus stand Marianne unter dem Einfluß der Bewunderung, die Willemer für Goethe hegte, an dem er sich selbstquälerisch und zugleich neidlos maß. Nun hatte Goethe unter ihnen geweilt und durch seine lebendige Ausstrahlung die Menschlichkeit seiner Werke bestätigt.

Die einsame Rosette fand in ihrer Stube außer dem Tagebuch niemanden, um das Erlebte mit ihm zu teilen.

Welch ein Mann! Und welche Gefühle bewegen mich! Erst den Mann gesehen, den ich mir als einen schroffen, unzugänglichen Tyrannen gedacht, und in ihm ein liebenswürdiges, jedem Eindruck offenes Gemüt gefunden, einen Mann, den man kindlich lieben muß, dem man vertrauen möchte. Es ist eine gewiß einzige Natur! Diese Empfänglichkeit, diese Fähigkeit und zugleich würdige Ruhe! Die ganze Natur, jeder Grashalm, Ton, Wort und Blick redet zu ihm und gestaltet sich zum Gefühl und Bild in seiner Seele. Und so lebendig vermag er es wiederzugeben! Darum wohl muß jede Zeile seiner Schriften so in die Seele reden, so wundervoll reich sein, weil sie aus einem so wundervoll reichen Gemüt kommt. Und wie wenig imponiert seine Nähe! Wie wohltätig-freundlich kann man neben ihm stehen! Er ist ein glücklich von der Natur mit Gaben überschüttetes Wesen, das sie schön von sich strahlt und nicht stolz darauf ist, das Gefäß für solchen Inhalt zu sein.

So gab er sich heute: so will ich mir ihn denken, mögen Andere sagen, was sie wollen!

Bevor sie sich selbst ein Urteil bilden konnte, hat Willemers Tochter, diesem Eintrag zufolge, nichts von des Vaters Goetheverehrung, eher das Gerede Übelwollender, in sich aufgenommen. Wenn sie, die Nüchterne, Kritische, nun solche Worte findet, wie muß Goethe auf Marianne gewirkt haben!

Willemer scheint beim Abschied Goethe vorgeschlagen zu haben, das bevorstehende große Fest, von dem ganz Frankfurt sprach, mit ihm und den Seinen in Willemers Garten auf dem Mühlberg zu feiern, um vom Türmchen aus Illuminierung und Höhenfeuer zum Jahrestag der Völkerschlacht bei Leipzig zu bewundern.

Die Freudenfeuer, von Marianne als rote Pünktchen auf einen Plan eingezeichnet, boten, über hundert an der Zahl, selbst Goethes verwöhnten Augen ein unvergeßlich großartiges Bild. Wahrscheinlich strahlte auch Willemers Türmchen, kunstvoll erleuchtet, die allgemeine Freude ins Land hinaus. Goethe nahm einen Stift und schrieb nach der Überlieferung einen Vers, seinen Namen und das Datum des denkwürdigen Abends auf den Fensterrahmen der Stube. Es war der 18. Oktober 1814. Als er einen »feurigen Jugendblick« aus den dunkeln Augen Mariannens auffing, schien es der zündende Blitz. Aber es blieb ein Wetterleuchten. Zwei Tage später entführte der Reisewagen Goethe, der eine Woche darauf wieder in Weimar eintraf.

10. GOETHE, DER EHEMANN

Vor acht Jahren, nach der Plünderung Weimars 1806, hatte sich Goethe mit Christiane Vulpius trauen lassen. Es war wohl weniger um ihretwillen als dem einzigen überlebenden Sohn aus dieser Verbindung, dem erstgeborenen August, zuliebe geschehen. Ihm wollte der Vater Zurücksetzung und Schwierigkeiten beim Studium und den Vorbereitungen auf Hof- und Staatsdienst ersparen, als er die Mutter nach achtzehnjähriger Gemeinschaft endlich legitimierte.

Was sich durch die Eheschließung änderte, läßt sich nicht

eigentlich als Gewinn für Christiane Vulpius bezeichnen. Gewiß, man mußte Kenntnis von ihr nehmen, konnte sie nicht mehr ignorieren, kränken oder mit Gerüchten über Goethes bevorstehende Vermählung mit einer andern Frau ängstigen. Aber gerade die erzwungene Berührung mit Goethes gesellschaftlichem Umkreis mußte der natürlichen, instinktsicheren Frau deutlich machen, daß sie auch jetzt nicht dazugehörte, nicht für vollwertig galt. Ihre Fähigkeiten und Kenntnisse lagen auf anderer Ebene, ihre Interessen auf andern Gebieten als diejenigen der Damen des Weimarer Adels. Kaum eine von diesen hätte verstanden, im Hauswesen und im Garten selbst Hand anzulegen, zu putzen, zu nähen, zu kochen und selbstgezogenes Gemüse zu ernten und zu verwerten. Der gleich ihr über die Achsel angeschaute Stand der Komödianten war außerhalb des Hauses Christianes liebster Umgang. Durch diese Freunde und eifrige Theaterbesuche hat sie wohl mehr als von ihrem geliebten Geheimrat gelernt, über Bühnenstücke und schauspielerische Leistungen richtig zu urteilen. Solange Goethe dem Theater vorstand, konnte sie ihm von Nutzen sein, bei Schwierigkeiten mit den Künstlern vermittelnd ausgleichen und ihm helfen, seinen Willen auf minder gewaltsame Weise durchzusetzen. Das Theater interessierte Goethe seit Jahren nicht mehr, und Christiane vermochte ihm auf andern Gebieten nicht zu folgen. Ihre respektvolle Anhänglichkeit und Liebe banden Goethe an sie wie die Erinnerung an viel gemeinsam Erlebtes, Glück und Leid. Er blieb ihr dankbar für ihre hingebende Treue. Die Jahre blieben unvergessen, da er sich vom steifen Hofwesen und gekünstelten Gebaren der Umwelt bei ihr erholen, entspannen und ausruhen konnte und sie sein kleines Naturwesen war. Allerdings barg die unverbildete Christiane auch ein Stück Unbildung bis zur Primitivität, die am Vulgären Freude zeigte und gelegentlich beim Wein und beim Tanz das schickliche Maß verlor. Goethes Liebe und Ritterlichkeit hatten darüber hinweggesehen, ihr den Spaß gegönnt und ihr zugutgehalten, daß sie ja nur in solchen Kreisen Ersatz für das finden konnte, was man ihr in seinem eigenen auf gelegentlich recht perfide Weise vorenthielt.

Goethe erhob Christiane eben zu der Zeit zu seiner Geheimrätin, als sie die Vierzig überschritten, die jugendliche Anmut eingebüßt hatte und auch äußerlich vulgär wirkte. In der Weimarer Gesellschaft sprach man von der »dicken Hälfte« und genoß es schadenfroh, wenn die Ärmste einer wohlvorbereiteten Situation nicht gewachsen war. Seitdem man nicht umhin konnte, ihre Einladungen anzunehmen und sie einzuladen, kam man an sie heran und konnte Goethe fühlen lassen, wie wenig seine Frau, seine Freunde und seine gesellschaftliche Stellung zueinander paßten. So sah sich Goethe gezwungen, das zu tun, was er seit zwei Jahrzehnten vermied: ihre Urwüchsigkeit, Vergnügungssucht und Unbekümmertheit einzuschränken. Er tat es geschickt und behutsam, indem er ihr ein junges Mädchen aus gutem Hause, Caroline Ulrich, als Gesellschafterin und Anstandsdame zur Seite stellte. Uli, wie sie in Goethes Familie hieß, paßte in ihrer heiteren Art zur Geheimrätin, beherrschte aber die Feder und die ungeschriebenen Gesetze des gesellschaftlichen Umgangs sicherer, erriet gewandt Goethes Wünsche und lenkte Christiane taktvoll und unmerklich nach ihnen. Auf diese Weise schirmte Goethe seine Frau gegen die heimtückischen Versuche ab, sie zu provozieren und bloßzustellen.

Seine Badereisen, die ihn mit fremden Hoheiten und Staatsmännern, aber auch mit hübschen Mädchen und ihn umschwärmenden reizvollen Frauen in Kontakt brachten, behielt er sich weiterhin als persönliche Domäne vor. Gelegentliche Vorstöße der Geheimrätin, sich anschließen zu wollen, wurden überhört oder zurückgewiesen. Allerhöchstens durfte sie ihren Kuraufenthalt in Böhmen ein paar Tage vor seiner Abreise beginnen und sich noch eben an seiner Seite auf der Brunnenpromenade zeigen, bevor er davonfuhr.

So war diese Ehe ein Produkt von Goethes Lebenskunst, Christianes anhänglichem Gehorsam und gegenseitiger Dankbarkeit, aber keine jener Verbindungen, die sich zu echter Gemeinschaft geläutert und vertieft haben. – Das Paar lebte auf verschiedener Ebene und spielte, wenn es einmal zusammensaß, eine Partie Karten miteinander.

In den jüngstvergangenen Jahren hatte Frau Christiane auch ihre robuste Gesundheit eingebüßt. Sie kränkelte, war Stimmungen ausgeliefert und längst nicht mehr die schwer aus dem Gleichgewicht zu bringende Frohnatur von einst. Goethe ließ ihr nichts abgehen, vielmehr jede ärztliche Pflege angedeihen, doch zog er sich immer häufiger nach Jena zurück, ging immer lieber auf Reisen, der Frau aus dem Wege. Er suchte ihr alles zu ersparen, was ihr weh tun konnte, verschwieg oder verbarg, was zu wissen sie belastet oder gekränkt hätte. Diese Schonung glich nicht mehr der Liebe von einst, die für Christiane Vulpius, die Geächtete, Ausgleich für alles gewesen. Sie empfand dies wahrscheinlich, neigte zur Eifersucht, schloß kaum einen Brief ohne die ängstlich fordernde Bitte um Liebe und die drängende Versicherung der ihren.

Von Wiesbaden aus, ebenso von Frankfurt, sandte Goethe der in Bad Berka zur Kur weilenden Christiane gewissenhaft Berichte, die des vertraulichen, persönlichen Tones keineswegs entbehrten. Die gelegentliche Versicherung, daß er sie vermisse und zu sich wünsche, war allerdings eine fromme Lüge, und so wie er seine Briefe dem Diener Karl diktierte, antwortete Christiane durch die Hand Ulis. Dies waren nicht mehr Goethe und sein geliebter kleiner Haus- und Bettschatz, sondern die Eheleute Goethe, Geheimrat und Geheimrätin.

Goethe kehrte im Spätherbst 1814 wohl nach Weimar

zurück, nicht, wie in früheren Jahren, zu Christiane. Er lebte in seiner eigenen Welt.

Zu jenen Dingen, von denen seine Frau nichts wußte und nichts verstand, die Goethe jedoch schon seit bald einem Jahr beschäftigten, gehörten die persischen Dichter und Weisen. So sehr Goethe in Bonaparte das Genie erkannte und verehrte, so wenig fühlte er sich in dem Europa geborgen und heimisch, das Napoleon zur Einheit preßte und in immer neue Eroberungskriege verwickelte. – Politisch Lied ein garstig Lied, und so stimmte Goethe sein eigenes, schöneres an. Er suchte sich in die Welt des Islam einzuleben, nahm den Divan des Hafis in der Übersetzung Hammer-Purgstalls in sich auf, las im Koran. Er begleitete Chardin in Gedanken auf seiner persischen Reise, machte sich mit dem Leben Mahomets und dem epischen Werk Firdusis vertraut. Im Sommer, vor dem Aufbruch nach Wiesbaden und Frankfurt, schrieb er sein erstes Gedicht nach der Weise der östlichen Sänger nieder.

Voll Schrecken und Mitleid sah er zu Beginn des Jahres 1815 seine Frau halb gelähmt von einer Ausfahrt zurückkehren. Nur schwer und langsam erholte sie sich.

Zu den Aufregungen und Unruhen innerhalb seines Hauses kamen äußere. Bonaparte entwich von Elba und erfüllte den Wiener Kongreß, der gerade die Beute verteilen wollte, mit Entsetzen und Besorgnis. Weimars Anteil an den Befreiungskriegen war größer als derjenige am Fell des Bären. Der Herzog erhielt einen schmalen Streifen bitterarmen Landes zugesprochen und den Titel Großherzog. Gleichzeitig hieß es auch für ihn und seine Untertanen, erneut zu den Waffen greifen. Europa erbebte noch einmal unterm Schritt des Korsen, ein letztes Mal galt es, sich Bonapartes zu erwehren. Der Endkampf spielte sich nicht mehr auf deutschem Boden ab. Christianens Zustand deutete jetzt nicht mehr auf eine akute Lebensgefahr. Im Mai 1815 fuhr Goethe erneut dem Rhein, dem Main und Neckar entgegen. Was ihn in der alten Heimat erwartete, die Entscheidung, die er sich dort würde abringen müssen, könnte unter dem Motto des ergreifenden Gebetes aus den »Talismanen« des Divan stehen:

Mich verwirren will das Irren,
Doch du weißt mich zu entwirren.
Wenn ich handle, wenn ich dichte,
Gib du meinem Weg die Richte.

11. ORIENT UND OCCIDENT

Gleich einer Vorahnung entstanden im Reisewagen zwischen Ilm und Main die ersten Lieder, die Suleikas Namen tragen. Noch galt er einer erträumten Geliebten, keiner wirklichen Frau. Der Mann, der, im Gewand des persischen Dichters, Lebensweisheiten und Liebeslieder in bunter Folge in sich aufsteigen fühlte, war ja kein jugendlicher Ritter, der auszog, Abenteuer der Gefahr und der Leidenschaft zu suchen und zu bestehen. Es war ein alter Mann, gekrönt und beladen mit Ruhm, von vielen Lebensjahrzehnten beschenkt und verwundet. Es war der Mann in Amt und Würden, der Vater eines Sohnes Mitte der Zwanzig, der mit seiner Ehe bewußt dem Leben und den Seinen eine Schuld beglich. Ausschließlich der Dichter träumte sich aus den Banden der Gewohnheit, den politischen Wirren der Zeit hinweg in ein Land mit anderen Vorstellungen, mit dem Glauben ans Fatum. Der Frau seiner Träume gab Goethe den Namen Suleika.

Im Alten Testament trägt die grobflächig gezeichnete Verführerin, der Joseph widersteht und die sich dafür an ihm rächt, keinen Namen. In der arabischen Überlieferung heißt diese Frau Suleicha, aber der Versuch, den Gottgeliebten zu verführen, die Rache der Verschmähten sind nur einzelne Szenen der großartigen Geschichte von Jussuf und Suleicha. Sie beginnt ähnlich wie Kleists »Käthchen von Heilbronn«.

Suleicha, die mit allen Vorzügen des Geistes und des Körpers ausgezeichnete Königstochter, sieht im Traum den ihr von Allah bestimmten Geliebten. Er nennt ihr auf Befragen seinen Namen Jussuf und fügt hinzu, er sei ägyptischer Groß-Vezir.

Suleicha glaubt als Heidin nicht an Allah, der allein bestimmt, wann die Zeit reif ist. Ungeduldig und eigenmächtig greift sie in den Plan Gottes ein. Sie macht sich auf die Suche nach Jussuf, gelangt nach Ägypten und nimmt die Werbung des Groß-Vezirs an. Nach der Sitte des Orients sieht sie den Gatten erst bei der Vermählung von Angesicht zu Angesicht. Es ist nicht Jussuf, sondern ein Fremder.

Als Frau des ungeliebten Groß-Vezirs sieht Suleicha auf dem Sklavenmarkt den von seinen Brüdern verkauften Jussuf, erkennt in dem schönen Jüngling den Traumgeliebten und bestimmt den Gemahl, ihn zu kaufen. Nach dem Willen Allahs verweigert sich Jussuf der sinnlichen Begierde Suleichas, die ihn aus Rachsucht bei ihrem Gatten verleumdet. Der Groß-Vezir läßt Jussuf in den Kerker werfen.

Reue und Verzweiflung läutern die Gefühle Suleichas zu echter Liebe. Sie führt das Leben einer Büßerin und welkt früh dahin. In selbstgewählter Einsamkeit findet sie den Weg zu Allah.

Inzwischen wurde Jussufs Unschuld und Tugend erkannt. Zu höchsten Ehren erhoben, beruft er seinen Vater und seine Brüder zu sich und verzeiht diesen ihren Verrat. Durch die jubelnde Menge drängt sich, unansehnlich geworden und ergraut, in Lumpen gehüllt, die Büßerin Suleicha, um den Geliebten von fern zu sehen und zu segnen. Durch Allahs Gnade steht die Entsühnte in ihrer einstigen

Schönheit vor Jussuf, der sich mit ihr vermählt. Als Jussuf nach vielen glücklichen Jahren im Sterben liegt, erfüllt Allah Suleichas Bitte und gewährt dem Paar den gemeinsamen Einlaß ins Paradies. An die Suleicha der persischen Legende hat Goethe gedacht, als er der großen Liebenden des Divan den Namen Suleika verlieh. Wer sollte dem Dichter verwehren, sich die Fahrt mit Träumen zu verkürzen, Verse niederzuschreiben und Suleika zu huldigen?

Die Wirklichkeit machte ihre Rechte geltend, als Frankfurt erreicht war. Dort wurde, wiederum ohne die Freunde zu grüßen, übernachtet und dann gleich nach Wiesbaden weitergefahren. Man hatte Frankfurt zwar – nach dem Wunsche vom Steins – keinem Fürsten und keinem Lande zugeteilt, es zur Reichsstadt erklärt, jedoch nicht mehr zur selbständigen Stadtrepublik. Frankfurt war nunmehr Teil des Deutschen Bundes. Die neue Verfassung gestand Katholiken und Calvinisten die gleichen Rechte zu wie den Lutheranern, denen bisher eine Vormachtstellung zukam, denen die höchsten Ämter vorbehalten gewesen. Von den Juden sprach man nicht. Das Ghetto bestand nicht mehr, wohl aber die unsichtbare Mauer gesellschaftlicher Ächtung und geschäftlichen Mißtrauens. Die Gleichberechtigung der christlichen Konfessionen stand vorerst nur auf dem Papier. Die Bürgermeister, Ratsherren und Schöffen hießen weiterhin, wie sie eh und je geheißen. Bevor der konservative Frankfurter einen alten Zopf ablegte, änderte er höchstens die Farbe des Bandes.

Auch Johann Jakob Willemer war ein typischer Frankfurter: in der Theorie aufgeschlossen und seiner Zeit voraus, in der Praxis ein Hausvater von altem Schrot und Korn. Entweder man gehorchte und fügte sich oder man hatte unter seinem Dach nichts verloren. Daß die Jahre vergingen, nicht nur er, sondern auch seine Kinder älter wurden, begriff er nicht. Bramy verbrachte Jahre im Feld, war Offizier und an Selbständigkeit gewöhnt. Er schien sich alt und erprobt genug, sein Leben selbst gestalten zu dürfen. Wir wissen nicht, ob er im Militärdienst bleiben wollte und der Vater für ihn, mit ihm anderes im Sinne hatte. Wir kennen nur das, was Rosette ihrem Tagebuch anvertraute:

Ich hätte keine Linsensuppe für das Recht der Erstgeburt gegeben. Alles Unangenehme und Schwierige kommt an die Älteste, alles, was auszufechten und durchzuarbeiten ist . . .

Ist es möglich, das Herz eines Sohnes aufs Spiel zu setzen, weil man einer üblen Laune nicht gebieten kann? Ist es denn so schwer, erwachsene Kinder zu behandeln? Sollte man sich nicht weit eher an dem Aufblühen jugendlicher Kraft erfreuen als nur immer Maschinen in seinen Kindern behalten zu wollen? Es ist recht traurig, hier immer wieder am Anfang zu stehen, wenn man meint, einige Schritte getan zu haben.

Diese nicht für Fremde bestimmte Aufzeichnung beweist, daß die Spannungen zwischen Vater und Sohn, auch zwischen Willemer und Rosette, auf dem Generationsproblem beruhten. Marianne scheint sich, klug zurückhaltend, in keine Auseinandersetzung eingemischt, wohl aber ihren Einfluß auf Willemer genutzt zu haben, um zu vermitteln und auszugleichen. Was Bramy anbelangt, erreichte sie wenig. Der Vater versteifte sich, der Sohn mied ihn, ging seines Weges und suchte dort Geborgenheit, wo er sie zu finden glaubte.

Die Frankfurter Freunde erfuhren von Goethes Anwesenheit in Wiesbaden schnell, so daß von einem behaglichen Badeleben keine Rede mehr sein konnte. Ohnehin gedachte Goethe sich nicht auf Baden, Brunnentrinken, Ruhepausen und Spaziergänge zu beschränken. Er brachte in Wiesbaden seinen Vertrag mit Cotta unter Dach, der eine Gesamtausgabe seiner Werke plante, überarbeitete hierfür seine »Italienische Reise« und las des jungen Schopenhauers »Ideen über das Sehen und die Farben«.

Es fehlte, wie im Vorjahr, nicht an gesellschaftlichen

Verpflichtungen. Der Herzog von Nassau lud Goethe wiederum nach Biebrich ein. Reichsfreiherr vom Stein suchte ihn auf und bat ihn zu sich auf seine Stammburg Nassau. Goethe holte den alten Kämpen dort ab und fuhr mit ihm und Arndt stromabwärts nach Köln. Im Angesicht des Domes wanderten seine Gedanken zu Sulpiz Boisserée. Würde sich dessen Traum von der Vollendung des Bauwerkes je erfüllen? Der junge Freund wollte demnächst nach Wiesbaden kommen, Goethe über Mainz nach Frankfurt begleiten und ihn dann erneut nach Heidelberg in seine Sammlung entführen. Noch vor Sulpiz erschien Willemer in Wiesbaden, diesmal ohne Marianne. Wie schon so oft in seinem Leben sah Johann Jakob eine Möglichkeit, sich einen Großen durch erwiesene Dienste zu verpflichten. Wir kennen dies aus einem Briefe Goethes an seinen Sohn, worin es heißt:

Brentanos haben mich abermals besucht. Willemer auch, der Dich herzlich liebt. Er hat mir ganz von freien Stücken in Geldsachen seine Dienste freundschaftlichst angeboten. Da nun in Frankfurt das Abzugsgeld aufgehoben wird und wir die Kaution loskriegen: so würde er, wenn wir die Kapitale retirieren wollten, uns wahrhaft ersprießliche Hilfe ohne Risiko und Schaden leisten können. Ich rede vorläufig mit ihm ab.

Es handelte sich um die Transferierung des mütterlichen Erbteils von Frankfurt nach Weimar. Nachdem Goethe Willemers Hilfe angenommen, konnte er dessen Einladung, diesmal bei ihm auf der Mühle zu wohnen, nicht ausschlagen. Um Schlossers nicht zu verletzen, jede Rivalität auszuschließen, stellte er die Gastfreunde vom Vorjahr in einem höchst diplomatischen Schreiben vor eine vollendete Tatsache:

Da es aber billig ist, daß bei wiederholter Erscheinung in meiner Vaterstadt sich die Wohlwollenden in die Einquartierungslast liebevoll teilen, so habe nicht angestanden, schon früher das Anerbieten Herrn Geheimrat Willemer anzunehmen, da ich denn zu Ende dieser Woche glücklich auf der wohlgelegenen Mühle einzutreffen und von da meine teuren Frankfurter Freunde fleißig zu besuchen hoffe.

Willemer konnte zufrieden sein. Diesmal würde nicht das Schlosser'sche Haus, sondern sein eigenes zum Mittelpunkt. Geschickt hatte er dem Herrn Rat und seiner Frau den berühmten Gast weggekapert. Wenige Tage vor der Abreise von Wiesbaden heißt es kurz und bündig im Brief an August:

Meine Absicht ist, nächsten Sonntag den 6ten abzugehen. Bei Willemer auf der Gerbermühle denke zu logieren. Schreibe allenfalls nach Frankfurt, bei Christian Schlosser abzugeben.

Zwei Erwägungen mochten es für Goethe verlockend erscheinen lassen, außerhalb der Stadt zu wohnen. Man könnte die Geldfragen ungestörter und ruhiger mit Willemer überlegen und würde, da die Mühle minder leicht erreichbar war als das Schlosser'sche Haus, weniger überlaufen.

Boisserée stellte sich verabredungsgemäß ein und vernahm als Erster die neuentstandenen Divangedichte. Goethe hatte die großen Pläne des jungen Freundes nicht aus den Augen verloren. Da es geboten schien, einen größeren Kreis dafür zu interessieren, riet Goethe, eine deutsche Gesellschaft für Kunst und Altertum ins Leben zu rufen. Inzwischen war in Darmstadt eine Zeichnung entdeckt worden, die den Kölner Dom mit den geplanten Türmen darstellte. Goethe sah sein Gefühl bestätigt, er habe es bei Boisserée mit einem ernstzunehmenden Manne zu tun. Der Umgang mit Sulpiz war ihm angenehm. Sowohl als Sprechender wie als Zuhörer wirkte dieser anregend, überdies begegnete er Goethe ohne kriechende Vergötterung und ohne das eitle Bestreben, sich in seine Nähe zu drängen. Er gebot über den ruhigen Takt, dem fundiertes Wissen und alte Kultur zugrundelagen.

Obwohl Sulpiz respektlos vom »Alten« zu reden und zu

schreiben pflegte, bewahrte ihn die Ehrfurcht davor, den großen Mann zu belauern und indiskrete Aufzeichnungen zu machen. Trotz des erheblichen Altersunterschiedes verdient die Beziehung Goethes zu Boisserée vor derjenigen zu Willemer die Bezeichnung Freundschaft.

Als Goethe am 12. August 1815 von Mainz aus in Frankfurt anlangte, fuhr er, nach einem Rundgang durch die Stadt, zur Gerbermühle hinaus. Sein Begleiter Boisserée dagegen war im »Schwanen« abgestiegen und blieb in der Stadt. Dies ging auf einen Wunsch Goethes zurück: »Die Verhältnisse änderten ja immer, wie ein Dritter oder Vierter hineintrete, das möge er nicht.« Er hatte ausdrücklich von »Wahlverwandtschaften« gesprochen. Wenn man hieraus aber konstruiert hat, Goethe habe den attraktiven jungen Mann, als eine Art Rivalen, von Marianne fernhalten wollen, so können wir dem nicht folgen; schon weil eben damals, mit Wissen und Zustimmung Goethes, die Frankfurter Freunde an eine Verbindung Sulpizens mit Rosette Städel dachten. Goethe hat vermutlich bei seinem ersten Aufenthalt auf der Mühle alle von außen kommende Unruhe gescheut.

12. GAST AUF DER MÜHLE

Ohne es auszusprechen, lediglich durch sein Verhalten gab Goethe, wie im Vorjahr in Winkel, auch auf der Gerbermühle zu verstehen, daß man seine Gewohnheiten respektieren möge. Er fügte sich dem Tageslauf ein, forderte nichts, behielt sich jedoch die ihm notwendig scheinenden Freiheiten vor. Als Gastgeber räumte er einst einem seiner seltenen Logiergäste, Schiller, dies gleiche Recht ein. Auf der Mühle war es ihm Bedürfnis, über den Vormittag frei zu verfügen.

Goethe fand das Willemer'sche Haus in Trauer um ein

soeben verstorbenes Töchterchen der Andreaes. Das erste Gespräch galt diesem Verlust. Da sich gerade ein Gewitter über Frankfurt entlud, ließ sich nichts unternehmen. Wohl um die Familie abzulenken, den Gast zu erfreuen, begann Marianne zu singen. Auch am nächsten Tag blieb das Wetter ungnädig. Goethe verbrachte den Vormittag für sich und gesellte sich erst mittags zu Willemers. Am dritten Tage konnte Goethe endlich sein Versprechen, die Frankfurter Freunde aufzusuchen, einlösen. Willemer und Rosette fuhren mit ihm in die Stadt, wo er beim »Schwanen« ausstieg, um Boisserée zu begrüßen. Nach Besuchen bei Schlossers und der Tante Melber nahm man Boisserée abends mit hinaus auf die Mühle, von wo er spät in der Nacht, seinen Knotenstock in der Hand, stadtwärts wanderte.

Wenn der Dichter glaubte, auf der Mühle ein Buen Retiro gefunden zu haben, so täuschte er sich. Kaum vernahmen die Frankfurter Freunde von seiner Anwesenheit, als eine wahre Wallfahrt auf die Gerbermühle einsetzte. Der preußische Gesandte von Otterstedt fuhr vor, Frau Hollweg, geborene Bethmann ließ sich melden, Bürgermeister Guaita erschien mit den Seinen und Claudine Piautaz, dem guten Geist der Brentanos, ferner Fritz und Sophie Schlosser und schließlich Boisserée, alle am gleichen Nachmittag. Otterstedt kam dem Auftrag nach, im Namen des Herzogspaares von Cumberland anzufragen, ob für den Abend ein Besuch angenehm sei. Solche Anfrage hoher Herrschaften ließ sich um so weniger anders denn bejahend beantworten, als die Herzogin, eine Schwester der verstorbenen Königin Luise von Preußen, bei der Krönung Kaiser Franz II. von Österreich gemeinsam mit ihren Geschwistern im Hause der Rätin Goethe einquartiert gewesen war. Die Bewohner der Mühle waren infolge der vielen Gäste spät zum Abendessen gekommen und saßen noch bei Tisch, als der erleuchtete Wagen mit dem erlauchten Paar in der Allee auftauchte.

Hastig brach man von Tische auf und eilte den Fürstlichkeiten entgegen. Wohl um Willemers zu entlasten, verbrachte Goethe den andern Tag in Frankfurt.

Seit dem 18. August weilte, von Wien kommend, die seit einem Jahr mit Varnhagen von Ense vermählte glühende Verehrerin Goethes, Rahel Levin, in Frankfurt. Sie bezog Quartier bei einer Familie Valentin, die dem »Schwan« gegenüber wohnte. Vor Jahren begegnete Rahel Levin dem Dichter in Karlsbad, seither hatte sie ihn nicht wiedergesehen. Sie, die Frankfurt im Bewußtsein betrat, »Goethes Stadt und Goethes Wolken« zu sehen, vernahm mit Erregung, dieser sei anwesend. Sogleich teilte sie diese Neuigkeit ihrem weit jüngeren, geltungssüchtigen Manne mit. Varnhagen hatte von seiner ungewöhnlich gescheiten, exaltierten Frau, die in der Tat ein Phänomen eigener Art verkörperte, eine so hohe Meinung, daß er überzeugt war, Goethe könne nur Gewinn von einer erneuten Begegnung mit Rahel haben. Deshalb riet er ihr kurz und eindeutig an: »Sieh Goethe! Mit Gewalt!«

Die Verehrung Rahels für Goethe ging, wie das meiste bei ihr, über den Intellekt. Sie begriff mit Intensität alles, was sich an Goethe mit dem Verstand erfassen ließ. Diese Intensität nannte Rahel Liebe und Gefühl. Zu ihrem Unglück verwechselte sie in jüngeren Jahren die Intensität, mit der sie instinktlos weit unter ihr stehende Männer begehrte, mit Liebe, ohne daß sie die Partner für sich gewinnen konnte. Rahel vermochte über Goethe in dem für sie kennzeichnenden Stil sehr zutreffende und kluge Dinge zu schreiben. Die Weise, mit der sowohl ihr Mann wie sie selbst jedes Wort, jede Regung, jeden Gedanken Rahels wichtig nahmen, dürfte zwar den meisten Zeitgenossen auf die Nerven gegangen sein. Das Paar stellte jedoch eine nicht zu unterschätzende publizistische Macht dar. Rahels Vater war ein ungebildeter, tyrannischer Mann, neben dem eine kümmerliche Frau sich ängstlich duckte. Nicht ohne

Grund empfand sich Rahel als Ursprüngliches, das aus eigener Kraft, wider die Umstände, Rahel geworden. Dies Bewußtsein gab ihr vor sich selbst Gewicht, wurde von Varnhagen genährt und gesteigert.

Selbst die Bewunderung Rahels für Goethe ist erfüllt von Selbstbewußtsein und der Überzeugung, ihn tiefer als alle andern zu verstehen, ihm etwas geben zu können.

Was sie jetzt in Frankfurt hemmte, waren die äußeren Umstände. Um ihren Zauber üben zu können, hätte Rahel, wie damals in Karlsbad, fast zufällig in seine Nähe geraten, wiederum mit ihm allein sein müssen. Hier erschien dies ebenso unmöglich wie die Befolgung von Varnhagens Rat, ihn »mit Gewalt« zu sehen. Rahel wußte, daß Goethe bei Freunden auf der Gerbermühle wohnte und häufig bei Schlossers war. Rahels Freundin Dorothea Schlegel, die Firmpatin Sophie Schlossers, konnte Rahel den Weg in das Schlosser'sche Haus ebnen. In der Erwägung, daß dies einfacher und selbstverständlicher wirkte, lehnte sie Otterstedts Anerbieten ab, der Gattin Varnhagens dienlich zu sein und die Brücke zu Willemers zu schlagen.

Anfangs schien der Zufall Rahel günstig. Schon am zweiten Tage ihres Frankfurter Aufenthaltes fügte es sich, daß Rahel mit Valentins ausfuhr und das gleiche Ziel wählte wie das Ehepaar Willemer mit seinem Gast, Rosetten und den Scharffs. Als Rahel, Niederrad durchstreifend, zufällig in einen vorüberfahrenden Wagen blickte, dessen Pferde Willemer lenkte, entdeckte sie zwischen schwarz gekleideten Damen und einem Herrn ihren Abgott Goethe.

In diesem Augenblick zeigte sich Rahel ganz so wie sie war: – ungehemmt, unerzogen, völlig und ausschließlich der eigenen Intensität untertan. Es existierte auf der ganzen Welt nur noch sie, Rahel, der beschieden war, Goethe zu begegnen.

Nach ihrer eigenen Schilderung riß sie Frau Valentin mit dem Ruf: »Das ist Goethe!« mit, überholte rennend den

Wagen, machte kehrt und blickte nochmals hinein. Sie nannte es selbst »ihm eine Szene machen«, und diese Szene wirkte so grotesk, daß Marianne, Rosette und Meline sich nicht enthalten konnten zu kichern. Goethe barg, mehr peinlich berührt als amüsiert, sein Antlitz hinter einem Taschentuch und lächelte, nach Rahels kaum zutreffender Deutung, »wohlgefällig«. Weder er noch seine Begleitung ahnten, wer die Goethe-Verehrerin war, die sich so wenig damenhaft gebärdete. Es war ein komischer kleiner Zwischenfall, den man rasch vergaß.

Rahel, im ursprünglichen Sinn des Wortes eine Außenstehende, konnte nicht wissen, wie unwichtig sie für die Frankfurter im allgemeinen und für Goethe im besonderen in diesem Sommer 1815 war. Sie konnte sich immer nur selbst im Mittelpunkt des Geschehens sehen und hatte Varnhagen vermutlich nur aus dem Grunde geheiratet, weil er als einziger Mensch sie noch wichtiger nahm als sie sich selbst.

Den Frankfurtern lag die blaustrümpfige, übersteigerte Frau um so weniger, als sie selbst sich keineswegs aus Schöngeisterei um den weltberühmten Goethe scharten. Wenn sie ihn feierten und einluden, galt dies zugleich dem Jugendfreund, dem Verwandten, dem *Menschen*. Die Beziehung des Frankfurter Umkreises zu dem großen, weithin leuchtenden Gestirn, war eine andere, ja völlig entgegengesetzte als diejenige Rahels zu Goethe.

So wenig diesem daran liegen mußte, Leute zu vergrämen, die, wie die Varnhagens, sich voll Verständnis für sein Werk einsetzten, so wenig mochte er eine Repräsentantin der gewohnten, ihm oftmals so lästigen Umweltsbeziehung an sich heranlassen, die ihn als Schöpfer seines Werkes suchte, anstaunte ud verehrte. Goethe, die Berühmtheit, zu sein, schloß, wie die Stellung als Vertrauter des Großherzogs und Ministers, eine bestimmte Haltung ein. Es belastete ihn, machte ihn gelegentlich steif und grämlich, weil er wußte, daß jedes Wort aufgeschrieben und kolportiert würde.

In Frankfurt durfte er sagen: »Hier bin ich Mensch, hier darf ich's sein!« Für die Tante Melber war er der Neffe, für Riese der Jugendfreund, für Schlossers des Oheims ihnen von früh auf vertrauter Schwager, für Willemers ein geliebter Gast, der Rätin Goethe Sohn. Wohl waren all diese Menschen stolz auf ihn, aber sie teilten zugleich mit ihm das Herkommen aus dieser Stadt und ihre Sprache, Erinnerungen an ihm teure Menschen. Die Freunde spürten, wie er sich entspannte und verjüngte, wie er die Stadt durchstreifte gleich einem Fremden und doch zugleich ihre Atmosphäre einsog als Frankfurts Sohn. Sie ließen ihn nach Belieben kommen und gehen, allein sein, sobald ihm dies genehm erschien. Niemand drängte sich herzu oder ihm auf, trat er aber in ihre Mitte oder wünschte er Begleitung, so sah er die Gesichter aufleuchten.

Ohne es auszusprechen, *wollte* er keine Literaten, keinen Goethekult, keine gespitzten Bleistifte um sich haben, genoß er es dankbar, nicht immer auf sich achten und daran denken zu müssen, daß man lauerte, lauschte und in alle Winde schrieb, man habe Goethe gesehen und dies oder jenes von ihm vernommen.

Sein Wiesbadner Versprechen, er werde die Frankfurter Freunde von der Mühle aus fleißig besuchen, hielt er. Ebensowenig entzog er sich den Bekannten und Freunden der Willemers. Eifrig besuchte er die Besitzer von Privatsammlungen: den Bankier Städel am Roßmarkt, den Freiherrn von Holzhausen auf der Öde, den Juristen Grambs, den Medaillensammler Becker, den Freund Franz Brentano. Goethe besuchte Antiquitätengeschäfte und Buchläden, begleitete Rosette Städel zu ihrem Lehrmeister, dem Maler und Radierer Anton Radl. Auf einer Ausfahrt mit Willemers läßt er im erinnerungsreichen Offenbach den Wagen halten und betrachtet beim Arzt und Apotheker

Bernhard Meyer dessen Sammlung exotischer Vögel und Schmetterlinge.

Er hielt es keineswegs unter seiner Würde, Willemers Weinlieferanten Bansa, der vielleicht mit Willemers einstigem Schützling identisch war, auf die Mühle zu bitten und einen guten heimischen Tropfen für seinen Weimarer Keller zu bestellen.

Unter Goethes Notizen findet sich auch der Name »Rinds« verzeichnet und die Adresse des Trägers. Rinz ist der Name des Stadtgärtners, der als ausführende Hand des Bürgermeisters Guillolett an Stelle der niedergelegten Stadtmauern Anlagen entstehen ließ. Goethe, der Naturforscher und Mitschöpfer des Weimarer Parks, dem die Oberaufsicht über die botanischen Institute in Jena oblag, scheint Stadtgärtner Rinz besucht zu haben.

Die Abende verbringt Goethe im intimsten Kreis auf der Mühle. Dort kam inzwischen ein Hausgast aus Berlin an, der Goethe von Jena aus wohlbekannte Physiker Seebeck. Außer Boisserée erschien aus Frankfurt häufig ein Freund Willemers, dem Goethe als Student in Straßburg begegnet war: der mit dem Dichter gleichaltrige Arzt Johann Christian Ehrmann. Er war, gleich Willemer, ein vom Unglück verfolgter Mensch. Als Dreißigjähriger erhielt er die Bewilligung, in Frankfurt seine Arztpraxis zu begründen. Dalberg enthob den fanatischen Judenfeind des Postens als Spitalarzt, den Ehrmann damals innehatte. Ein Sohn starb als Kind. Zwei Jahre nach der Entlassung stand Ehrmann am Grabe seiner Frau. Nachdem ihm der letzte Sohn im Duell getötet worden, adoptierte Ehrmann einen Knaben. In manchen Frankfurter Familien als Hausarzt beliebt und hoch verehrt, wurde Ehrmann von andern wegen seiner Absonderlichkeit abgelehnt. Die Hausfrau Marianne gab zu bedenken, Ehrmann verdürbe dem verehrten Gast vielleicht durch seine Schrullen die Stunden; aber Goethe wünschte ihn wiederzusehen, und Ehrmann zeigte sich von der besten Seite. Von nun an tauchte er ebenso häufig auf der Mühle auf, wie dies als Willemers Freund seine Gepflogenheit war. Er hielt sich dabei an ein hergebrachtes Zeremoniell, das Goethe sogar zu Versen anregte. Bei jedem Besuch machte sich Ehrmann mit einem Pfeifchen aus dem die Mühle umgebenden Gebüsch heraus bemerkbar und trat nur ein, wenn Willemer seinerseits zurückpfiff. Blieb das verabredete Zeichen aus, so ging er wieder seines Weges. Goethe fand an dem wunderlichen Kauz Gefallen, so daß dieser gewürdigt wurde, Goethes Geburtstag auf der Mühle mitzufeiern.

Konnte der Weimarische Staatsminister durchreisenden Diplomaten oder Fürstlichkeiten nicht ausweichen, begrüßte er sie in Frankfurt. Die Gerbermühle blieb inmitten des Strudels sein abendliches Refugium, und wenn er einmal den ganzen Tag draußen verlebte, galt es als ungeschriebenes Gesetz, daß ihn nur die Nächsten dort aufsuchten. Ausnahmen allerdings, so den vierten Sohn seiner Wetzlarer Jugendliebe Charlotte Kestner-Buff, den Diplomaten und Kunstgelehrten Georg August Christian Kestner, konnte Goethe nicht abweisen lassen, als dieser sich auf der Mühle melden ließ.

Kestners Aufzeichnung über diesen Besuch – denn der Herr Legationsrat aus Rom hat selbstverständlich eine solche sogleich niedergeschrieben – bedarf keines Kommentars, beweist aber Goethes gute Gründe für gelegentliche Steifheit und abweisende Haltung.

Mittwoch, den 30. August 1815, war einer meiner merkwürdigsten Tage. Von Bruder Theodor hörte ich, daß Goethe wahrscheinlich nicht in Frankfurt, sondern auf der sogenannten Gerbermühle bei Oberrad auf dem Wege nach Offenbach bei seinem Freunde, dem Dr. Willemer, wohne. Es blieb nun, da er so entfernt von der Stadt und sein Herkommen unbestimmt war, nichts übrig, als ihn dort zu besuchen. Ich richtete daher mein Augenmerk auf meinen Freund

Christian Schlosser, den ich mich freute seit Rom wiederzusehen, und hoffte, bei ihm Hülfe zur Ausführung meines Plans zu finden. Ich traf ihn in seiner Wohnstube mit einem gewissen Dr. Seebeck, einem Physiker und Optiker. Um vier Uhr war der Wagen da, und wir fuhren nach Oberrad, wo wir an dem, nach der Gerbermühle führenden Wege zur Linken ausstiegen und an dem Main entlang sehr bald dort ankamen.

Der Bediente empfing uns an der Haustür. Wir baten, dem Herrn Geheimrat aufwarten zu dürfen. Der Bediente kehrte zurück mit der Nachricht: es wird Ihrer Exzellenz viel Ehre sein.

Durch eine dunkle Treppe wurden wir in seine Wohnstube geführt, die für eine Gartenwohnung sehr groß und lang war. Er kam uns von der entgegengesetzten Seite entgegen und schien im Nebenzimmer sich angekleidet zu haben. Sein Anstand war würdig mit Absicht, sein Benehmen sehr freundlich, ja zuvorkommend; er half selbst, die Stühle zusammen holen, indem er uns zum Sitzen nötigte . . .

. . . Nach einem kurzen Gespräch verschiedenen Inhalts nötigte er uns darauf in den Garten. Beim Hinabsteigen in den Garten wurde die Ältlichkeit seiner körperlichen Bewegungen sichtbar. Das schien ihm unangenehm; denn er nötigte uns, als wir zu beiden Seiten ihn aus der Stubentür begleiteten, die Treppe allein hinabzugehen, er werde folgen.

Der Garten bestand aus einem Boskett, an dem Main gelegen, und hier kamen wir zuerst durch einen Schattengang an einen freien Platz nah am Fluß, wo wir einen Kaufherrn, Herrn Nicolaus Schmidt aus Frankfurt, antrafen, den Goethe bewillkommnete und Du nannte; er wird ein Jugendfreund von ihm sein. Hier blieb er einige Augenblicke stehen und wies uns weiter zur Gesellschaft der Damen auf einem andern Platz, die zum Teil zur Willemerschen Familie gehörten, zum Teil zum Besuch da waren.

Nachdem wir uns vorgestellt hatten, kam Goethe uns nach und nahm sich so unserer Unterhaltung an, wie es dem gebührt, der Besuch bekommt. Er war dabei körperlich in einer beständigen Beweglichkeit und Unruhe, aber ohne schnelle Bewegungen. An-

fangs teilte dann und wann eine Dame das Gespräch; doch hörte dieses bald auf, und er ging zwischen uns auf dem von Bäumen umgebenen Platz, der nach dem Wege zu eine freie Seite hatte, auf und ab, oder blieb er mal eine Weile stehen, dann wiegte er doch den Körper auf den Füßen und lehnte sich zuweilen an einen Baum. Die Hände hatte er meistens eingesteckt, entweder in die Tasche seines dunkelblauen Überrocks, der ihm schon eine Zeitlang gedient haben mochte, oder in den Busen . . .

Seine Gestalt ist eher groß als klein, und soviel der zugeknöpfte Oberrock davon sehen ließ, von angenehmen Verhältnissen. Seine Stirn ist, wie die Abbildungen lehren, hoch, oben etwas zurückgehend und höchst bedeutend, die Nase im Verhältnis mit dem Oval des Gesichtes und den übrigen Zügen, der Mund geschwungen, wie ich es noch bei allen Künstlern gefunden habe, voll Seele und Gemüt, aber sehr verfallen durch die fehlenden Oberzähne. Der Mund ist nicht ohne Milde, aber diese scheint mit einem Widerstrebenden zu streiten. Man würde sagen, es läge Stolz darin, wenn nicht ein Druck in seinen inneren Augenhöhlen andeutete, daß eine Last auf seiner Seele zu liegen scheint.

Von solchen Lippen dringt das tief Empfundene hervor, solche Lippen schwellen den Lebensgenüssen entgegen.

Sein Merkwürdigstes sind die großen schwarzen Augen, aus denen gleich die gewaltige Fähigkeit entgegenleuchtet, ohne Anstrengung zu durchschauen, was ein Sterblicher vermag. Vielleicht sind sie jetzt auf dem Erdboden einzig in ihrer Art. So spricht alles in seinen Zügen die Bestimmung zu großen Fähigkeiten aus, aber trotzdem ist kein ungestörter und ungetrübter Eindruck von dem Bewußtsein so großer Fähigkeiten sichtbar. Nahe diesem durchdringenden Blicke ist in den Augenhöhlen und auf der Stirn nicht die Heiterkeit eines Menschen, der mit der Welt im klaren ist. Sein Blick, welcher forschend von einem Gegenstand zum andern sich bewegt, hat nicht die Ruhe und Befriedigung eines solchen und verweilte nicht, wenn ein anderer Blick ihm begegnet.

In seiner Miene und seinem Betragen war eine stete Beobachtung seiner selbst zu bemerken, und es fehlt die Unbefangenheit, welche notwendig ist, den Umgang und das Gespräch behaglich zu machen. Doch sind seine inneren Bewegungen schnell im Gesicht zu lesen, und ein Lächeln, wenn es auch mehr Teilnahme des Geistes als des Herzens bewies, stieg lebhaft und mit Schnelligkeit empor.

Legationsrat Kestner gehörte offensichtlich zu den Leuten, die einen Menschen, und sei es ein so vielschichtiger, ungewöhnlicher wie Goethe, nach einer Weile taktlos-bohrenden Angaffens zu »durchschauen« glauben. Gleich ihm haben auch wir vom Erleben Goethes auf der Gerbermühle und in Frankfurt bisher nur das gesehen, was er Außenstehenden zu sehen gab: – eine kunstvoll aufgeführte, geschickt abgedichtete Fassade. Hinter dem Pendeln zwischen der Mühle und Frankfurt, dem Besuchemachen und -empfangen, dem Durchstreifen von Stadt und Sammlungen barg sich das unzählige Male dargestellte Geschehen, das aus Marianne Willemer die Suleika Goethes werden ließ.

So sehr gehörte Goethe zur Familie, so unbedingt ist auch Rosettes Vertrauen zu ihm, daß sie mit ihm sogar über die Problematik Willemers innerhalb seines nächsten Umkreises gesprochen haben muß, über die Kluft zwischen seinem Wollen und seinem Können, seinen hochgemuten Idealen und der Unzulänglichkeit seines Verhaltens. »Ich bin ohne Erziehung aufgewachsen und habe nichts gelernt«, bekannte Willemer vor Jahren. Inzwischen privatisiert er, hat sehr viel Zeit, holt aber nichts nach, sucht sich nicht zu bilden, beschränkt sich nicht auf ein bestimmtes Gebiet. Willemer ist und bleibt Liebhaber des Schönen und Edlen, aber auch des Besitzes. Er verschafft sich keine noch so begrenzten, dafür fundierten Kenntnisse. Deshalb sagt Goethe im Gespräch mit Rosette über den Vater:

Wenn man diesen zur Erde haltenden Ballast hinauswirft, so gerät man in Gefahr, zu hoch in den Lüften zu schweben und muß am Ende gar, wenn man wieder heraus will, ein Loch in den Ballon schneiden. Darum treibe ich solche ernste wissenschaftliche Dinge neben der Poesie. Triebe dies Ihr Vater auch, neben seinem sonst liebenswürdigen Schreiben, so wäre er gerettet, so wäret Ihr alle gerettet!

Goethe, der von sich gesagt hat, wenn er seine Augen ordentlich auftue, sähe er, was irgend zu sehen ist, kann auch nicht blind dafür gewesen sein, daß Willemer im doppelten Sinne an Mariannen »hängt«. Er hängt sich zugleich an sie, läßt sich von ihr tragen und fordert, ohne es zu ahnen, von ihrer Schwungkraft und Vitalität das Äußerste. In Rosettes Tagebuch findet sich ein Ausspruch Goethes, der sich in die Form einer allgemein gültigen Lebensweisheit kleidet.:

Die Liebe in der Ehe ist nicht beschränkt, sondern konzentriert, denn konzentriert heißt was, wo der Mittelpunkt das Äußere an sich zieht, beschränkt etwas, das von außen zusammengeengt wird.

Willemers Liebe in der Ehe war eine beschränkte, einengende, bedürftige, keine konzentrierte. Marianne, die Reichere, vermochte kraft ihrer Substanz das sie Umgebende an sich zu ziehen, nicht nur den Ehepartner, und gab innerhalb der ganzen Familie den Konzentrationspunkt ab. Ihre Anhänglichkeit hängte sich nicht an die Menschen, war strömend und schenkend, nicht fordernd. Sie war dies auf höherer Ebene als Christiane, die viele Jahre lang selbstlos und hingebend gewesen.

13. SULEIKA

Nahezu einen Monat wohnte Goethe nun bereits draußen auf der Mühle, wo Marianne seit ihrem sechzehnten Jahr jeden Sommer mit Willemer und den Seinen verbrachte. Sie, anfangs das Pflegekind, war eines Tages Willemers Geliebte geworden und vor einem Jahr des Dreiundfünfzigjährigen Frau. – Aus dem Kreis der Pflegegeschwister, von denen eines zwei Jahre älter war als sie selbst, die andern um wenige Jahre jünger, sah sich die nun Dreißigjährige in eine andere Generation versetzt. Die jugendliche Geheimrätin mit den schmalen, schelmischen Augen besaß mit einem Male Töchter, Schwiegersöhne, die noch kurz zuvor in ihr das Familienzubehör »Marianne« gesehen. Die Kinder der Stiefkinder nannten sie nun Großmütterchen. Das alles vollzog sich still und selbstverständlich, denn Rosette, die Scharffs und die Andreaes liebten Marianne. Vor allen liebte Willemer sie mit einer rührend aus Väterlichkeit und Anlehnungsbedürfnis gemischten Liebe, die mit der ersten jugendlichen Glut seiner Liebe zu Maria Magdalena nicht vergleichbar war. Marianne erscheint als die in ihrer Vitalität Ungebrochene, Lebenssichere, er als der unzulänglich sich Mühende, wunderlich und bitter Gewordene, der sich auf sie stützt, sie nicht entbehren kann, sich von ihrer heiteren Wärme umfangen und tragen läßt.

Vielleicht träumte Marianne Jung allein oder mit Rosette einst von der Erfüllung in der großen Liebe zu einem auserlesenen Mann. Dies eigentliche Glück ausschöpfender Erfüllung konnte ihr die Ehe mit Willemer schwerlich vermitteln. Aber Marianne beschied sich lebensklug und selbstverständlich mit dem, was ihr zuteil geworden. Sie besaß einen zwar schwierigen, andererseits guten, für alles Große und Schöne empfänglichen Mann, der sich ihrer Gaben freute, dem sie viel Dank schuldete, den sie schätzte und mit dem sie ein seltenes Maß von Vertrauen verband. Sie fühlte sich nicht nur materiell gesichert, vielmehr auch in der Familie geborgen. Ihre Anpassungsfähigkeit, ihr Humor und die liebevolle Bereitschaft Rosettes, ihrer Schwestern und Schwäger, fanden sich im Bestreben, Mariannen den Schritt aus ihrer Mitte in die Rolle des Mütterchens zu erleichtern. Man räumte ihr die neuen Rechte gerne ein, man ließ sich, wenn man ins väterliche Haus kam, von der Frau des Hauses die Plätze anweisen, was so energisch geschah, daß Goethe sie bald den kleinen Blücher nannte.

Der Gast Goethe fand eine harmonische Gemeinschaft vor, die gemeinsam Willemers schwieriges, autokratisches Wesen trug. Er verwöhnte die Seinen, sah zugleich Unmündige in ihnen. Wer sich, wie Bramy, auflehnte, verfiel der Acht.

Niemand aus Willemers Familie ahnte, daß auch der große, milde und weise Goethe seinem Sohn gegenüber ein liebender Tyrann, ein tyrannisch Liebender war. Sie alle hätten sich diesen verständnisvoll-gütigen, über alle Maßen reichen Mann zum Vater gewünscht. Goethe glich dem Sonntagskinde aus alten Sagen: – was seine Hand berührte, wurde zu purem Gold. Alles von ihm Gesagte schien ihnen aus der Seele gesprochen, nur fühlten sie sich unfähig, es so auszudrücken. Wenn er auf etwas deutete, sei es die untergehende Sonne, ein Grashalm, eine Blume oder einen Vogel, glaubten sie alle, es noch nie gesehen zu haben. Nie zuvor waren sie so glücklich, gingen sie so leicht durch den Tag. Dem beseligten Einschlafen folgte ein erwartungsvolles Erwachen. Goethes Anwesenheit genügte, auch wenn er vormittags nicht erschien, um selbst Willemer zu verwandeln. Das Beste und Edelste seiner Natur dominierte, spiegelte sich in seinem Blick, auf seinem Antlitz. Er, der Autokrat, neigte sich demütig wie vor einer Gottheit vor dem von Jugend auf bewunderten Dichter.

Willemer hatte nie vermocht, die in Marianne liegenden Kräfte zu entbinden. Jetzt entfalteten sie in der Begegnung mit Goethe ihre rauschenden Schwingen. Sie sprühte und sprudelte von Einfällen, besonders wenn sie an seinen bevorstehenden Geburtstag dachte und daran, daß er ihn auf der Mühle begehen würde. –

Auch wer seit Tagen der Schulzeit keine Zeile von Goethe mehr gelesen, erinnert sich seiner Eigenheiten: daß er nicht gern vom Tode sprach, keine Toten sehen mochte, keine Hunde leiden konnte, und daß er seinen Geburtstagsfesten, wo immer dies möglich war, aus dem Wege zu gehen liebte.

Wie er es mit den Geburtstagsfeiern gehalten, ehe er so berühmt war, wissen wir nicht. Im Elternhaus dürfte auch bei dieser Gelegenheit neben den Gaben der Mutter, die deren kindlich-wärmende Heiterkeit spiegelten, des Vaters fordernder Lebensernst zutage getreten sein und es dem Knaben und Jüngling verwehrt haben, schlicht und einfach zu genießen.

Es ist ergreifend, wie Rat Goethe mehrfach den Tag, da ihm »das singuläre Wesen«, sein Guelfus, geschenkt wurde, durch Spenden an die Kirche verherrlichte, von denen seine Familie wahrscheinlich nichts erfuhr, weil er diesen dankbaren Stolz, diese stolze Dankbarkeit vor allem dem Sohn zu verbergen suchte. Dieser sah sich vielmehr gehalten, dem von der Mutter mit Leckereien versüßten Schritt ins neue Lebensjahr durch Rückblicke und Vorsätze Gewicht und Würde zu geben. Namhafte Geldzuwendungen des Vaters entwerteten, in dergleichen Ansprüche und Lehren gewickelt, dem ungestümen Sohn häufig die Gaben und den Festtag. In den ersten Weimarer Jahren holte Goethe das Versäumte nach. Sein fürstlicher Freund und Gönner feierte sein eigenes Wiegenfest nur wenige Tage später. Damals, auf der Jagd oder weiten Ritten, fern von allem Zwang öffentlicher Ehrungen, wird Goethe das Doppelfest der Dioskuren gern und freudig mitgefeiert haben. Seit vielen Jahren jedoch, ja seit Jahrzehnten, brachte sein Geburtstag vorwiegend Verpflichtungen mit sich, schien ihm das Private, Persönliche hinter den Formen des Zeremoniells so zu verschwinden, daß er es vorzog, auszuweichen. Er mußte ja alles, was dem Minister und Geheimrat zuteil wurde, seinen Liebsten und Nächsten entziehen. Ein Dutzend Jahre hindurch lag ihm an nichts mehr als an Gabe und Segen Charlotte von Steins, mit der den Tag zu verleben ihm oft versagt blieb. Später schloß man sein Liebchen und seinen Knaben aus, wenn man ihn feierte, suchte ihn dort festzuhalten, wo sein Herz darbte und fror. – Dies alles mag ihn bewogen haben, sich der Feier seines Wiegenfestes zu entziehen.

Am 28. August 1815, dem letzten in seiner Geburtsstadt verlebten und gleichzeitig seit Jahren schönsten Geburtstag, ließ er sich jedenfalls die Feier mit Wohlgefallen und Behagen bereiten. Willemers sorgten dafür, daß nur die Allernächsten teilnehmen würden, jedes Gepränge und alles Äußerliche vermieden würde. Es blieb bei Besuchen von Schlossers und Brentanos am Vortage, und als Goethe sich zeitig zurückzog, begannen Marianne und Rosette eifrig mit den Vorbereitungen für den kommenden Morgen. Sie haben lange vorher für den 28. August gearbeitet. Marianne nähte mit ihren geschickten Händen einen Turban aus Mousseline, um Hatem damit zu krönen. Verse von ihm rahmte sie auf eine besondere Weise ein: – mit einem Kranz getrockneter, winziger Blumen, deren natürliche Farben sie zu bewahren wußte. Mit Geschmack und Farbensinn entwickelte Marianne diese anmutige Fertigkeit so weit, daß kleine Kunstwerke daraus wurden. Zu malen verstand Rosette, Anton Radls Schülerin, besser als die Freundin. Sie bannte den Blick aus Goethes Fenster von der Mühle auf Frankfurt in zarten Tönen auf ein Blatt. Eifrig trugen die Frauen Schilf herbei, um es im Gartensaal zu Häupten von Goethes Sitzplatz als Palmenersatz zu einem riesigen Fächer zu ordnen und an der Wand zu befestigen. Schon war der Tisch festlich gedeckt, an dem morgen außer Willemers und Rosette nur Boisserée, Christian Schlosser und Doktor Ehrmann mit dem Gefeierten tafeln würden. Später erst sollten Scharffs und Andreaes sich einstellen. Während Marianne und Rosette fleißig die Hände regten, mag Willemer hin und wieder gegangen sein, das entstehende Werk kritisch und bewundernd zu begutachten, wohl ohne preiszugeben, welche Überraschungen er selbst im Schilde führte.

Zur selben Stunde durchstreifte Freund Boisserée die Winkel und Gassen Frankfurts auf der Suche nach Lorbeerzweigen, die schließlich von Erfolg gekrönt war. Mit Eichenlaub, Lorbeer und Glücksklee gedachte er die anmutige Heilige von van Eyck, sein Geburtstagsgeschenk für Goethe, zu zieren. Sogar zu Versen verstieg sich der gute Sulpiz!

Die einzige etwas konventionelle Idee stammte von Frau Hollweg aus dem Hause Bethmann und war, gut gemeint, nicht abzuweisen gewesen. Bei Tagesgrauen stiegen Musiker des Theaterorchesters in der Stadt in Boote, ließen sich zur Mühle rudern und eröffneten das Fest mit einem Ständchen. Goethe mag befürchtet haben, daß es doch zu unerwünschter Anteilnahme eines größeren Publikums käme, denn er soll etwas ängstlich gelauscht und nicht eben beglückt gesagt haben: »Ei ei, da kommen ja sogar Musikanten.« Die Ausführenden brachten stolz und mit Hingabe dem großen Dichter ihr Morgenständchen und fühlten sich tief gekränkt und verletzt, als der Diener Karl erschien und ihnen im Auftrag seines Herrn ein Geldgeschenk überbrachte.

Der weitere oft geschilderte Verlauf des Geburtstages wurde von Freunden auf der Mühle zu einem ganz persönlichen Fest gestaltet. Willemer rankte seine Tischrede um die Flasche Wein aus Goethes Geburtsjahr, die zu ergattern ihm gelungen. Als weit besser erwies sich jedoch der Achtzehnhundertelfer, mit dem gestärkt sich auch Ehrmanns skurrile Späße ertragen ließen. Aus allem, was diese unvergeßlichen Stunden brachten, sprach für Goethe die überströmende Zuneigung Mariannens, die ihm aus ihren Augen entgegenstrahlte. Wohl können die Späteren aus Aufzeichnungen genau rekonstruieren und verfolgen, was sich an diesem Tage abgespielt. Was fehlt, ist das Rauschen und Murmeln des Mains, in dem die Sonne ihren strahlenden Glanz während des hohen Tages spiegelte, den sie, untergehend, mit vielfach schimmernden Farben verklärte. Es fehlt das sanfte Licht der Kerzen, die in den Gartensaal gebracht wurden, der Duft der sommerlichen Nacht mit ihren Geräuschen und ihrer erquickenden Kühle. Es fehlt die Stimmung, von der klugen Sprache als »gehoben« bezeichnet, und die lebendige Ausstrahlung Goethes, die wir uns nicht zu vergegenwärtigen vermögen. Unter dem schimmernden Bogen der unausgesprochenen Liebe zwischen Hatem und Suleika saßen die Beteiligten gleich zu den Göttern Entrückten.

Vielleicht trat Goethe einmal hinaus auf den Altan, die liebevoll als Nichte bezeichnete Rosette am Arm, neben sich die glückselig an ihn geschmiegte Marianne.

Während sich so die Willemers mit den Goethe Genehmen verbanden, ihm sein schönstes, unvergeßlichstes Geburtstagsfest zu bereiten, lesen wir merkwürdige Dinge in den Briefen Rahel Varnhagens an ihren Mann. Sie verbrachte den 28. August mit dem Gesandten Otterstedt und dessen Frau, redete in aller Bescheidenheit und Zurückhaltung, die sie ständig im Munde oder in der Feder führte, so viel von Goethe, daß der Diplomat sich schließlich erbot, »er wolle hin (auf die Mühle) und ihn schaffen«, was sich Rahel »verbat«. Sophie Schlosser habe ihr angeraten, einfach mit Otterstedt hinaus zur Mühle zu fahren, um Willemers zu besuchen. »Das fehlte mir!« bemerkt Rahel, spürbar stolz auf soviel Takt. Wenn Sophie Schlosser tatsächlich diesen Vorschlag machte, kann sie nur beabsichtigt haben, Rahel aufs Glatteis zu locken. Man spürt aus Rahels Briefen deutlich die Ablehnung ihrer Persönlichkeit von seiten der in ihren Gefühlen sehr ausgesprochenen Sophie Schlosser. Ähnlich wie Fanny Mendelssohn war sie auf für nicht Betroffene geradezu belustigende Weise unfähig, ihre Antipathien zu verbergen. Obwohl Dorothea Schlegel mit beiden Frauen befreundet war, forderte Sophie Schlosser Rahel niemals auf, sie zu besuchen. Daß man Rahel dem Kreis, in dem sich Goethe bewegte, fernhielt, mag seine Gründe gehabt haben.

Bei aller Anerkennung ihres Verstandes und ihrer treffenden Urteile entbehrte Rahel Varnhagen aller Eigenschaften, um deretwillen ein Mann wie Goethe auch Frauen von Geist gelegentlich huldigte. In diesen Frankfurter Wochen wollte er keine noch so gescheiten Monologe über eigene oder fremde literarische Erzeugnisse anhören und niemanden um sich haben, der in seinem Kreise ein fremdes, ihm ohnehin suspektes Element verkörperte: – das literarische Berlin.

Er lebte in einer fernen, verzauberten Welt, im Orient, als eine Wiedergeburt des persischen Hafis – fühlte sich zugleich als Kind dieser lieblichen, beglückenden Landschaft. Es hält schwer, sich den ungestauten Main zu vergegenwärtigen, der noch klar und strömend durch unverbaute, sich weithin dehnende Felder und Wiesen floß. Italien war so viel schöner, die Schweiz so viel großartiger. Mit Vergleichen und dem Verstande läßt sich nicht erfassen, was Goethe damals auf der Mühle verjüngte und berückte.

Wer könnte den Zauber einfangen, der für den altgewordenen Mann von der heimatlichen Erde ausging? Hatte er sich nicht vor einem Jahr beim ersten nächtlichen Gang durch die Stadt auf den Diener Karl stützen müssen? Wenig später stieg er in Christian Schlossers Gesellschaft auf den Turm der Katharinenkirche und bedauerte, daß seine Mutter nicht von ihrem Fenster aus den soeben einziehenden Landsturm sehen konnte. Er war aller Bürden und Würden ledig, weder Geheimrat noch Minister oder zu Haltung verpflichtete Berühmtheit, sondern ein Frankfurter inmitten seiner Landsleute, ein Freund unter Freunden, Suleikas geliebter Hatem, umhegter Gast auf der Mühle.

Max Hecker erhebt in seiner Einleitung zum Briefwechsel zwischen Goethe und Marianne die Frage, »wie sich Goethe, der Hundefeind, zu Pazzarello gestellt hat und zu dem andern Getier, das Willemer um sich zu versammeln liebte.« Nun, man darf Mariannen wohl zutrauen, daß sie imstande gewesen wäre, das kluge, von ihr so oft besungene »pudelnärrisch Tier« (Pazzarello = Närrchen), wenn es denn den verehrten Gast inkommodiert haben sollte, diesem außer Sicht- und Hörweite zu halten. Überdies hätte es Goethe auf dem Lande, wo Getier hinpaßt und das Leben bereichert, kaum gestört, wie dies eingesperrte oder angebundene Hunde durch ihr entnervendes Gebell in einer Stadt gelegentlich tun.

Wir dürfen zudem einen für Goethe bezeichnenden Wesenszug nicht außer acht lassen: daß er beinahe immer die gesamte Umwelt eines geliebten Menschen in seine Neigung einschloß. In Wetzlar schenkte er den vielen Geschwistern Lotte Buffs etwas von der ihr gewidmeten Liebe. In die Liebe zu Frau von Stein und die Verbundenheit mit Herder sehen wir die ganze Familie mit einbezogen. Daß er die ihm so wenig gemäße Umwelt Lili Schönemanns nicht mitzulieben vermochte, bewirkte den zermürbenden inneren Widerstreit, trieb ihn schließlich zur Flucht.

Auch auf der Gerbermühle wurde ihm alles, was Marianne angehörte, allein dadurch lieb und teuer. Wir finden diese Vermutung in einem von Divan-Erinnern durchwehten, 1820 in Karlsbad entstandenen Gedicht »Anklang« bestätigt, einem der Wechselsänge zwischen Dichter und Huri, durch deren verklärte Gestalten diejenigen Hatems und Suleikas hindurchschimmern. Der Dichter, ein Neuling im Paradiesesgarten, wird von der Huri, die auf Erden einst Suleika hieß, empfangen und belehrt:

Wir paradiesische Genossen
Sind Wort und Taten reinen Sinns geneigt.
Die Tiere, weißt du, sind nicht ausgeschlossen,
Die sich gehorsam, die sich treu erzeigt.

So untrennbar gehörten Tiere zu Suleika, zur Mühle, zu Mariannens Welt, daß Erinnern an sie Goethe Verse eingibt, die im gesamten Werk sich nicht wiederholen. Selbst Tiere waren aus der Gemeinschaft nicht ausgeschlossen, in der Goethe gleich einem Verzauberten alles vergaß, was nicht zum Bereich Marianne-Suleikas gehörte: die Zeit und Weimar, die Wirklichkeit.

An den Abenden sang Marianne, mit Vorliebe Kompositionen nach Goethes Gedichten. Goethe soll Marianne gebeten haben, das Lied vom Gott und der Bajadere nicht wieder zu singen, angeblich, weil sie Mariannens eigenes Schicksal spiegle.

Die Ballade Goethes erzählt von einer dem verachteten Stand der Bajaderen angehörigen Frau, die in der Begegnung mit einem Gott echter Liebe fähig wurde. Als der Gott, um sie zu prüfen, in ihren Armen zu sterben scheint und man ihr das Recht der Witwe, dem Gatten in den Tod zu folgen, verweigert, nimmt sie sich dieses Recht selbst und stürzt sich in die den Leichnam verzehrenden Flammen. Durch diesen Liebesbeweis überzeugt, zeigt sich der Totgeglaubte in seiner Göttlichkeit und trägt die entsühnte Bajadere mit sich empor in himmlische Bereiche.

Unmöglich läßt sich zwischen dem Schicksal Mariannens und demjenigen der Bajadere eine Identität sehen. Goethes Erregung und Erschütterung mochten dem Gefühl entstammen, daß die liebende Suleika in dem Himmel, der sich ihr in diesen Wochen aufgetan, nicht würde verbleiben dürfen und daß derjenige, der sie einem fragwürdigen Schicksal einst entriß, alles andre gewesen als ein Halbgott.

Ihn selbst, Goethe, mußten die Freunde als einen solchen

empfinden, wenn er mit seiner sonoren Stimme, die Charlotte von Schiller die schönste ihr bekannte Stimme genannt, seine Gedichte, besonders gern für den Divan bestimmte, vorlas. Es kam allen so vor, als sei diese Zusammengehörigkeit von jeher gewesen, als könne sie niemals enden. Goethe ließ es sich wohl sein und tat allen wohl, die ihn umgaben.

Am beschwingtesten war Marianne. Fühlten sich die andern über sich hinausgehoben, so war an ihr, in ihr alles gesteigert und erhöht. Ihre Anmut wurde zur Schönheit, ihr Humor zum Esprit, ihr Gesang zur künstlerischen Höchstleistung. In der Begegnung mit Goethe, von ihm ans Herz genommen, von ihm ausgezeichnet, erreichte sie die Verwirklichung aller in ihr ruhenden Möglichkeiten, erschien sie so schön und begnadet an Leib und Seele, daß Goethe sie hingerissen mit dem Namen krönte, unter dem Marianne unsterblich wurde: Suleika.

14. DER HOLDE WAHN

Eines Tages kamen Briefe von Großherzog Carl August, der in Baden-Baden in Gesellschaft seiner Geliebten, der zur Freifrau von Heygendorff erhobenen Hofschauspielerin Karoline Jagemann, die Kur gebrauchte; und von Frau Christiane, die sich, mit ihrer neuen Gesellschafterin Madame Kirsch von einem Badeaufenthalt in Böhmen heimgekehrt, darüber beunruhigte, zuhause keine Nachricht von Goethe vorzufinden. Diese Briefe mahnten an Pflichten und Verpflichtungen, daran, daß diese glückliche Zeit sich unerbittlich dem Abschluß näherte. Er würde sich binnen kurzem von Suleika und der Mühle losreißen müssen.

Eben da ihm dies bewußt wurde, mag er gemerkt haben, wie sich zur Neigung bereits die Gewohnheit zu gesellen drohte. »Wurzelnd allmählich«, war sie dem täglichen Zusammenleben mit der von höchstem Glück erfüllten und getragenen Marianne, der gestaltgewordenen Suleika, entsprossen.

»In jeder großen Trennung liegt ein Keim von Wahnsinn.« Der Erfahrene wollte sie so behutsam wie möglich vollziehen.

Er nahm seine Wanderungen durch Frankfurt wieder auf, besuchte tagsüber Freunde, Sammlungen, Buchhandlungen und Antiquitätenhändler. Er unternahm Spazierfahrten und fand sich doch jeden Abend wieder in der weltverlorenen Oase der Mühle, im Banne der dunklen Schelmenaugen Suleikas, die bei seinem Erscheinen aufleuchteten. »Und an einem Zauberfädchen, das sich nicht zerreißen läßt« mag es ihm durch den Sinn gegangen sein. So war ihm vor vielen, vielen Jahrzehnten zumut gewesen, in der leidvollen Liebe zu Lilli, die sich hier, in dieser Stadt, in diesen Gassen abgespielt, in jenen Häusern, an denen er nun, ergraut, vorüberschritt. Die Ahnung hatte sich erfüllt, die ihm auf der Fahrt südwärts die Worte eingegeben:

Sind gleich die Haare weiß,
Doch wirst du lieben.

Von dem ehrgeizigen Varnhagen gedrängt, entschloß sich Rahel schließlich doch, eine Begegnung mit Goethe zu suchen. Ein Vorwand war schnell gefunden. Ihr Mann hatte zu Beginn des Jahres einem durchreisenden Kaufmann eine Sendung für Goethe mitgegeben, deren Empfang durch diesen nie bestätigt wurde. Vermutlich kam sie gerade während Christianens schwerer Erkrankung in Goethes Hände und geriet später in Vergessenheit. Rahel schrieb nun, auf diese Sendung Bezug nehmend, einen ebenso kurzen wie schwülstigen Brief an ihr Idol, fuhr selbst hinaus zur Mühle, wo ihn ein Bedienter Willemers mit der Zusicherung in Empfang nahm, ihn Exzellenz, die den ganzen Tag in Frankfurt sei, zu übermitteln. Vergebens wartete Rahel auf eine Antwort oder ein Zeichen, sie fühlte sich beunruhigt und beschämt. Von den Gründen für Goethes Verhalten konnte sie nichts ahnen.

Der Entschluß, nicht mehr länger auf der Mühle zu wohnen, war in ihm herangereift und bewog Goethe, Boisserée zu bitten, daß er eine passende Unterkunft in Frankfurt suchen möge. Selbständig handelnd sprach dieser mit Willemer und gab den gleichen Grund an, der ihm selbst gesagt worden: daß Goethe auf die Dauer das Hin- und Herfahren allzu anstrengend fände. Willemer bot Goethe daraufhin an, in seinem Stadthaus »Zum Roten Männchen« einige Zimmer zur Verfügung zu stellen. Die Entwöhnung wurde somit nicht ganz so spürbar, wie Goethe dies vermutlich gewünscht. Aber die abendliche Fahrt hinaus zur Mühle, die immer mehr einer Heimfahrt geglichen, unterblieb nun doch. Statt des Kreises, der im Tagebuch »die Familie« heißt, umfing ihn abends die Stille eines nur von ihm und Karl bewohnten Hauses.

Goethe mußte sich nach den Wochen auf der Mühle, wo man nachts nichts als das Rauschen des Wassers und der Baumwipfel hörte, erst wieder an die Stadtgeräusche gewöhnen. Es war wiederum Messezeit, ein Drängen und Treiben in allen Gassen. Früh drang der Lärm der Schiffer und Marktleute herauf, die am Main ihre Waren ein- und ausluden. Noch stärker als die gewohnte Ruhe entbehrte er die Gegenwart Mariannens.

Was mochte für diese das abendliche Ausbleiben von Goethes Wagen, sein leerer Platz am Tisch, das Bewußtsein, er wohne nicht mehr mit ihr unterm gleichen Dach, bedeuten! Der hohe Gast hat die Mühle verlassen. Plötzlich war alles wieder alltäglich und öde. Diesem Gast war kaum minder wund und weh zumut, als er, in ungewohnter Umgebung erwachend, statt der Stimme Suleikas unvertraute Laute vernahm. Aber er setzte sich gegen das aufsteigende Gefühl, das dem Heimweh seltsam glich, entschieden zur Wehr, überdachte den Tagesplan und tat als erstes das Lästigste ab: den Besuch bei Frau von Varnhagen. Er mochte nicht unhöflich sein, noch weniger einen Brief diktieren und wählte den Kompromiß, sich zu einer Stunde melden zu lassen, in der er sicher rechnen durfte, nicht angenommen zu werden. Man machte auch im Jahre 1815 vor zehn Uhr vormittags keine Visiten. Frau Varnhagen hatte sich eben erst erhoben, befand sich noch, wie sie später schrieb, »in ihren Flanellen« und ganz nach Goethes Berechnung außerstande, Besuch zu empfangen. Aber sie stürzte sich in einen Morgenrock und ließ bitten. Unmöglich ausschauend, redete sie aufgeregt auf ihn ein, erwähnte sogar die peinliche Geschichte in Niederrad und sah sich sehr schnell wieder allein. Immerhin: Goethe hatte sie besucht, und sie zog sich ihm zu Ehren an diesem Tage besonders sorgfältig und schön an, weil sie diesen Besuch als ein Adelsdiplom empfand.

Erst was man ausspricht, wird durch die Magie des Wortes lebendige Wirklichkeit. Hätte Goethe jetzt unterdrückt und verschwiegen, was ihn bewegte, so könnten Sittenrichter und Moralisten zufrieden mit ihm sein. Es wäre Mariannen verborgen geblieben, wie es mit ihm stand, der Gleichmut der in Willemers Obhut heiter Geborgenen wäre nie gestört worden. – Von leiser Wehmut abgesehen, hätte sie die Trennung bald verwunden und, wie zahllose Frauen an der Seite weit älterer Männer, weiterhin den übernommenen Pflichtenkreis treulich ausgefüllt. Weder glücklicher noch unglücklicher als sie alle wäre Marianne durch ihre besondere Art zufriedener gewesen. Sie würde sich zeitlebens daran erinnert haben, daß Goethe einmal wochenlang auf der Mühle gewohnt und daß der Abschluß dieser reichen und glücklichen Zeit sie sehr traurig gemacht habe. Eines Tages wäre der Briefwechsel des großen Alten mit den

Freunden auf der Mühle sanft eingeschlafen. Wahrscheinlich hätte Marianne auch noch gestanden, daß sie, ohne die Sterne zu begehren, damals eine Schwäche für Goethe gehabt. Aber außerhalb ihres Umkreises hätte das niemanden interessiert und wohl kaum jemand davon erfahren. Alles wäre so bürgerlich-bieder geblieben wie es die recht bürgerlichen Verse Goethes im Vorjahr nach den ersten Besuchen bei den soeben Vermählten auf der Mühle besangen:

Goldner glänzten stille Fluten
Von der Abendsonne Gluten,
Goldner blinkte Wein zum Schalle
Glockenähnlicher Kristalle.

Weisen Freundes goldne Worte
Lispelten am Schattenorte,
Edler Kinder treu Bekenntnis,
Elterliches Einverständnis.

Goldnes Netz, das euch umwunden!
Wer will dessen Wert erkunden?
Wie dem heil'gen Stein der Alten
Muß sich Golde Gold entfalten.

Aber die Erbaulichkeitsfanatiker können mit dem weiteren Verlauf der Dinge weniger zufrieden sein. Am 12. September 1815 schrieb Goethe, nachdem er mehrere Sammlungen durchstreift, mittags im »Schwan« gespeist und abends ein »Komödienschrecknis« über sich hatte ergehen lassen, an seine Frau:

Gegenwärtig bin ich in der Stadt, allein, in Willemers Wohnung, deren unschätzbare Aussicht Du kennst. Von Morgens bis Abends ists unter meinen Fenstern lebendig; tags laufe in der Stadt herum, Menschen und Sammlungen zu sehen. Frankfurt stickt voller Merkwürdigkeiten.

Seebeck war hier und wohnte mit mir auf der Mühle, Boisserée ist noch hier, Schlossers sind förderlich und liebreich. Wie gerne gönnt ich Dir nur vierzehn Tage in dieser unendlich schönen Gegend! . . .

Das seiden Zeug ist gekauft, es gefällt jedermann. Manche Kleinigkeit bring ich mit; denke, wem man eine Artigkeit erzeigt? . . .

Wegen meiner Rückkehr folgendes: da es in vielem Betracht so schicklich als rätlich ist, daß ich dem Großherzog unterwegs begegne, so halte ich mich hier so lange auf, bis er zurückkehrt und sehe ihn wahrscheinlich in Heidelberg und kehre über Würzburg zurück . . .

Und nun lebe wohl, meine herzlich Geliebte, und denke auf Unterhaltung für den Winter.

Goethe legte schon an diesem Tage zwar noch keinen Termin, wohl aber die Rückreiseroute fest: von Heidelberg über Würzburg nach Weimar.

Am gleichen Tage, vermutlich mit derselben Feder, schrieb Goethe an Marianne und fachte das in ihr glimmende Feuer zur lodernden Flamme an durch sein Geständnis:

Nicht Gelegenheit macht Diebe,
Sie ist selbst der größte Dieb:
Denn sie stahl den Rest der Liebe,
Der mir noch im Herzen blieb.

Dir hat sie ihn übergeben
Meines Wertes Vollgewinn,
Daß ich nun, verarmt, mein Leben
Nur von Dir gewärtig bin.

Doch ich sehe schon Erbarmen
Im Karfunkel Deines Blicks,
Und erfreu' in Deinen Armen
Mich erneuerten Geschicks.

Der Brief an Christiane, der viel erzählte und viel verschwieg, galt einer schonungsbedürftigen, eben erst dem Tode entronnenen Frau, die ein unverbrüchliches Anrecht auf seine Dankbarkeit besaß, an die lange Gewohnheit ihn band. Das Gedicht an Marianne, – unter Willemers Dach, wenngleich nicht unterm selben mit Suleika niedergeschrieben – ist unbestreitbar eine Liebeserklärung und ward auch von jeher als solche aufgefaßt. Der des Wortes mächtige Magier gestand einmal von Mann zu Mann einem seiner Hausfreunde: »Ich mag meine Schnöckerei um die Weiber, die mir gefallen, nicht ablegen, ob ich gleich weiß, daß sie zu nichts führen kann und mir auch sonst schädlich ist.« Gehört das Gedicht an die junge Frau des Gastfreundes in das bedenkliche Kapitel »Schnöckerei um die Weiber, die mir gefallen«?

Das Gedicht ist zwar ein Liebesgedicht, zugleich das für einen Dichter erstaunlich ehrliche Bekenntnis eines alten Mannes, der nur noch einen Rest an Liebe zu vergeben hat. Man liest so leicht darüber hinweg, und auch Marianne hat das getan. Gar zu gerne möcht' sie glauben, denn ihr Dasein ist, von einem Unzulänglichen in Besitz genommen, unausgeschöpft. Deshalb strömt jetzt alles Unerfüllte unbedingt und bedenkenlos dem Einen, Goethe, entgegen:

Hochbeglückt in Deiner Liebe
Schelt' ich nicht Gelegenheit;
Ward sie auch an Dir zum Diebe,
Wie mich solch ein Raub erfreut!

Und wozu denn auch berauben?
Gib Dich mir aus freier Wahl;
Gar zu gerne möcht ich glauben:
Ja ich bin's, die Dich bestahl.

Was so willig Du gegeben,
Bringt Dir herrlichen Gewinn;
Meine Ruh, mein reiches Leben
Geb ich freudig, nimm es hin!

Scherze nicht! Nichts von Verarmen:
Macht uns nicht die Liebe reich?
Halt ich Dich in meinen Armen,
Jedem Glück ist meines gleich.

Mit diesem Beginn des großen Wechselgesanges zwischen Hatem und Suleika hat der Dichter durch sein Handeln alles aufgehoben und zunichte gemacht, was der weise und erfahrene alte Mann erwog, bedachte und zu vermeiden trachtete. Er lieh dem Gefühl Worte, daß er dem Vollgewinn seines Lebens, der wahrhaft Ebenbürtigen, begegnete und fühlte sich zugleich, wie jeder echte Liebende, arm vor ihr.

Daß dies hohe Gestirn sich zu ihr, vor ihr neigt, erfüllt Marianne mit einem nie gekannten Gefühl, für das sie ein der deutschen Sprache neues Wort findet: »Hochbeglückt«. Es ist das beseligte Bekenntnis einer schöpferischen Frau, die weiß, welch reiches Leben sie als Gegengabe darzubringen hat.

Marianne vergißt im Überschwang des Glücks, daß weder sie noch Goethe über ihr Leben frei verfügen können. Die Verzauberte fragt nicht, auf welche Weise Erfüllung und Verwirklichung ermöglicht werden können. Sie liebt, natürlich und ohne Vorbehalte, mit einem Herzen, das nicht allein reich, das unerfahren und unverbraucht ist. Sie liebt in ihrem dreißigjährigen Dasein zum ersten Mal, den Einen, der gleich einem Sturm in ihr rührendes Sichbescheiden gefahren: Goethe.

Für dessen weitgereistes Herz ist Marianne »ein süßer Traum, der zu tausend Himmelsliedern begeistert«. Er, der bereits die Rückreiseroute festgelegt, blieb sich bewußt, daß dies niemals Wirklichkeit werden kann. Mariannens ganzes Sein strebt zu Goethe hin, dessen Auflodern zum Liede wird. Hier schon schürzt sich der tragische Knoten, nicht anders wie bei Gretchen, denn jede liebende Frau wünscht der Liebe Dauer und weiß: »Ihr Ende würde Verzweiflung sein.«

Ein ganzes Leben lang wiederholt sich dies bei Goethe: daß sein Herz sich kurz in Glück und Qual verliert, sich im schöpferischen Akt befreit und heilt und, schuldlos-schuldig, Leiden verursacht. Sein Werk ist so unerschöpflich reich und lebendig, weil es wirklich Herzblut trank: sein eigenes und fremdes. Nur zwei Frauen, Charlotte von Stein und Christiane Vulpius, vermochten ihn lange an sich zu binden, die eine, weil sie keine Verwirklichung suchte, die andere, weil ihr eine im Doppelsinn des Wortes beschränkte Erfüllung Genüge tat.

In allen andern Beziehungen trug Goethes Genius die Züge des Dämon. Goethe selbst glaubte, wie die Geliebte, an die Dauer seines Gefühls. Von der Liebe zu dieser einen Frau erfüllt, fand er unverwechselbare Töne und Worte, die noch für die Nachgeborenen ausschließlich und unverkennbar dieser einen Frau angehören. Das Lied, nicht sein Dichter blieb für alle Zeiten mit ihr verbunden. Die schöpferische Kraft teilte Goethe mit keinem sterblichen Geschöpf. Sie trieb ihn immer wieder zur Flucht, belud ihn immer wieder mit Schuld und münzte auch Schuld und Reue in unsterbliche Gestalten und schmerzlich erkaufte Lebensweisheit um. Goethes Schaffen hat Menschenopfer gefordert. Niemand hat erbarmungsloser mit ihm gerechtet als er selbst dies getan.

Daß sich böswillige oder moralistische Kritiker immer wieder mit dieser »Unzulänglichkeit in Goethes Charakter« auseinandersetzten, ist nicht weiter verwunderlich. Es gibt im Chor dieser Stimmen sogar eine, die Rahel Varnhagen gehört, der Verehrenden, Liebenden. Tiefer als andere Zeitgenossen glaubt sie ihren Abgott zu verstehen. Im Oktober 1815 schrieb sie aus Frankfurt an ihren Mann, daß sie eine Herzschwäche gehabt.

Gestern, und das war eigentlich die erste Veranlassung zu der Herzschwäche, hab ich so über Goethe geheult, weil mir das Herz borst. Ich nahm ein Bändchen Lieder zu Hand, weil es mir an einem Buche gebrach, und las manches Lied, mit großem neuem Anteil, weil mir sein Leben, welches ich gestern hier wieder ausstudiert hatte, ganz gegenwärtig war; und ich las bis ich an das kam: »Mit einem gemalten Bande«. Ich freute mich, weil er selbst schrieb, er habe das Band gemalt und der Tochter in Sesenheim geschickt; ich kannte das Gedicht sehr gut; doch war mir nicht alles und nicht das Ende gegenwärtig. Und so endet's:

Fühle, was dies Herz empfindet,
Reiche frei mir deine Hand,
Und das Band, das uns verbindet,
Sei kein schwaches Rosenband!

Wie mit verstarrendem Eis auf dem Herzen blieb ich sitzen! Einen kalten Todesschreck in den Gliedern. Die Gedanken gehemmt. Und als sie wiederkamen, konnt' ich ganz des Mädchens Herz empfinden. Es, er mußte sie vergiften. Dem hätte sie nicht glauben sollen? Die Natur war dazu eingerichtet. Und wie muß es gewesen sein, er Goethe, hübsch wie er war! Ich fühlte dieser Worte ewiges Umklammern um ihr Herz; ich fühlte, daß sie sich lebendig nicht wieder losreißen; und wie des Mädchens Herz selbst klappte meins krampfhaft zu, wurde ganz klein in den Rippen; dabei dacht' ich an solchen Plan, an solch Opfer des Schicksals; und laut schrie ich, ich mußte, das Herz wäre mir sonst tot geblieben. Und zum erstenmal war Goethe feindlich für mich da. Solche Worte muß man nicht schreiben; er nicht. Er kannte ihre Süße, ihre Bedeutung; hatte selbst schon geblutet. Gewalt antun ist nicht so arg.

Goethe kannte nicht allein Bedeutung und Süße seiner Worte, er wußte um Schuld und Verschulden. Aber auch für ihn galt das »Gesetz, wonach er angetreten«, dem er nicht zu entfliehen vermochte. Nichts warnte ihn, als er jetzt, im siebenundsechzigsten Jahre, noch einmal der trügerischen Lockung der Liebe, des Glücks, erlag und sich für kurze Tage auf die Mühle, in den Bannkreis Suleikas begab. Er scheint sie seit seiner Übersiedlung ins »Rote Männchen« nur am 13. September wiedergesehen zu haben, als Willemers in die Stadt kamen und man gemeinsam bei Andreaes speiste. Marianne, im Gewühl der Messe mit dem Geliebten zusammentreffend, dekorierte ihn mit dem an einer Bude erstandenen, als Sonne-Mond-Orden bezeichneten phantastischen Gebilde, das im »Divan« zu hohem Symbol erhoben wurde. Glückselig ging sie an seiner Seite zwischen Fahr- und Schaumaintor hin und wider. Am gleichen Tage bestimmte Goethe den 17. September als den Tag seiner Abreise mit Boisserée nach Heidelberg. Dann begann er, gewissenhaft Abschiedsbesuche bei allen Freunden und Bekannten zu machen und die Geschenke für Weimar zu besorgen, die er noch von Frankfurt aus in einem Kistchen voraussandte. Zuletzt kaufte er einen kostbaren orientalischen Schal, die Abschiedsgabe für Suleika. Am 15. September fuhr er, diesmal mit Boisserée, mainaufwärts der Mühle entgegen.

Am Morgen des 16. blieb Goethe nach seiner Gewohnheit allein, arbeitete am Divan und besprach vor dem Mittagessen mit dem bei ihm eingetretenen Sulpiz die Pläne zur Begründung der rheinischen Altertumsgesellschaft. Zu Tisch erschien Ehrmann »en belle humeur«, und abends kam Elias Mieg, nunmehr Hofmeister beim Fürsten Ysenburg, und erregte durch seine lange Verbundenheit mit Willemers und die Vertrautheit mit Marianne Goethes eifersüchtiges Unbehagen. Gegen Abend unternahm man eine »herrliche Fahrt nordostwärts«, wohl noch einmal zum

»Willemerhäuschen«, dem Türmchen im Rebgelände, und beendete den Tag im Gartensaal, wo Marianne, einen Turban auf den Locken, in Goethes Abschiedsgeschenk gehüllt, für ihn sang. Als wolle man sich selbst täuschen, flüchtete man in gesellige Heiterkeit, verbrachte diesen letzten Abend kaum anders wie viele zuvor, nur daß man ihn länger ausdehnte. Willemer schlief daher für einen Augenblick ein und wurde weidlich geneckt.

Marianne suchte, als man endlich zur Ruhe ging, diese heitere Stimmung festzuhalten, den Gedanken an Goethes Abreise zu verscheuchen. Aber es zog sie doch noch einmal ans Fenster der ehelichen Schlafstube, um zu den erleuchteten Goethes hinüberzuschauen, die morgen im Dunkel liegen würden. Zu ihrer Verwunderung stand der geliebte Gast mit Boisserée auf dem Altan. Der volle Mond beleuchtete die beiden Männer, von denen der Ältere dem Jüngeren etwas zu zeigen schien: farbige Schatten, wie wir heute wissen. Damals entstand jene heute verschollene Scherzzeichnung Mariannens, auf der Goethe mit einer Kerze den Mond beleuchtete. Sie ist ein Zeugnis für Mariannens Bemühen, Wehmut durch Übermut abzuwehren und Trost in der Gewißheit zu finden, daß Goethes Liebe ihn, so wie diesmal, immer wieder auf die Mühle locken würde. Mochte er auch morgen nach Heidelberg fahren und später nach Weimar, er gehörte von nun an ihr. Stärke und Tiefe dieses Bewußtseins gaben ihr Kraft und fast übermütige, strahlende Sicherheit. Goethe würde wiederkommen, spätestens im nächsten Jahr. Er hatte sich ihr und der Mühle mit den Versen angelobt:

Mich vermählst du deinem Flusse,
Der Terrasse, diesem Hain.
Hier soll bis zum letzten Kusse
Dir mein Geist gewidmet sein.

Auch dies Gelöbnis ist, wie das Liebesbekenntnis, das ihr den Rest der Liebe, die er noch im Herzen trug, zusprach, das Gelöbnis eines alten Dichters. Er widmet der dreißigjährigen Frau, die ihn mit Leibe und Seele umfassen möchte, weder sein Herz noch sein Leben – sondern seinen Geist.

Am letzten Vormittag auf der Mühle unternahm Goethe allein einen Spaziergang, wurde aber von Willemers aufgespürt und feierlich eingeholt. Zu Tisch erschienen nur Rosette und Boisserée, um mit Goethe und Willemers zu speisen. Später auftauchende Gäste scheint man zum Gehen bewogen zu haben, indem man eine Ausfahrt vortäuschte. Goethes Tagebuch erwähnt eine »Scheinfahrt«. Als dann um fünf Uhr wirklich der Reisewagen vorfuhr, Goethe und Boisserée einstiegen, verbarg Marianne Erregung und Schmerz hinter hausfraulicher Betriebsamkeit, sah nach, ob nichts vergessen worden, und zeigte Eile, daß die Abfahrt pünktlich erfolgte. Man verabredete, daß Willemers und Rosette nach dem Besuch des Großherzogs nach Heidelberg fahren, Goethe Lebewohl sagen und endlich den Bildersaal kennenlernen sollten. So trennte man sich heiter rufend und winkend in der Gewißheit, sich in wenigen Tagen am Karlsplatz in Heidelberg wiederzusehen. Vorerst fuhren Goethe und sein Begleiter durch einen herrlichen Abend mit Vollmondaufgang bis Darmstadt. Nichts verrät uns, wie es im Herzen Hatems aussah, es sei denn die knappe Tagebuchnotiz »Allein zu Nacht essend«.

Marianne konnte sich nicht zurückziehen. Sie mußte ihren gewohnten Pflichtenkreis vollenden. Wie viel kälter und leerer war es auf der Mühle geworden als an jenen Abenden, die Goethe im »Roten Männchen« verlebte! Man rückte näher zusammen, sprach von dem Einen, der Marianne alles, Willemer so viel bedeutete, den Rosette lieben und verehren gelernt.

Am Tage nach Goethes Abreise ließen sich Otterstedts

und Frau von Varnhagen melden. Man gab Bescheid, Goethe sei abgereist, Willemers wären nicht zuhause. Im vermutlich richtigen Gefühl, Willemers hätten sich verleugnen lassen, schrieb Rahel bitter an ihren Mann: »Frankfurter Leute bitten einen nicht; besuchen einen auch nicht wieder; denn wenigstens Frau von Otterstedt hätten Willemers schon besuchen sollen.«

Rahel ahnte nicht, wie gleichgültig gesellschaftliche Verpflichtungen den Willemers in diesen Tagen waren, wie ungelegen sie gekommen, und daß Marianne am wenigsten jemanden empfangen mochte, dem Goethe nach Möglichkeit ausgewichen. Die beiden so verschieden gearteten Frauen hätten schwerlich den Weg zueinander gefunden. Rahel, von Varnhagen in dieser Überzeugung bestärkt, war sich bewußt, Goethes Werk wie wenige Zeitgenossen zu verstehen. Marianne erfaßte den Menschen und alles von ihm Geschaffene durch das Medium der Liebe. Rahel besaß keine »Naivetät« in Goethes Sinn, auch nichts von Mariannens unverbrauchter Empfindungsfähigkeit. Ihre Leidenschaften, deren Objekte ihr nicht gemäß gewesen, zerstörten sie innerlich. Marianne ließ sich nie mit ihrer Liebe zu einem Geringeren herab, erhob sich vielmehr als Liebende zu dem Einen.

15. HEIDELBERG

Goethes Tage in Heidelberg verliefen nicht viel anders als jene in Frankfurt. Er arbeitete am Divan, besuchte Bekannte, machte unter Leitung des berühmten Theologen und berüchtigten Aufklärers Paulus arabische Schreibübungen. In dessen Sohn glaubte er den jugendlichen Schenken aus dem Divan ebenso leibhaft vor sich zu sehen wie in Marianne die Suleika.

Im Mittelpunkt standen die Bilder der »Gesellen«, Bertrams und der Brüder Boisserée, stand das unbehagliche Warten auf den Großherzog, der nicht kam.

Nicht Goethe rief verabredungsgemäß die Bewohner der Mühle an den Karlsplatz. Vielleicht, sogar wahrscheinlich, wäre es bei dessen freier Entscheidung gar nicht zu dem Heidelberger Wiedersehen gekommen. Der Lebenserfahrene mußte schon beim Abschied von der Mühle in endgültiger Trennung den einzig möglichen Ausweg aus der Verstrickung erkennen, und Goethe hat das Unvermeidliche, Unabwendbare immer entschieden und unwiderruflich verwirklicht. Vermutlich hätte er sein Versprechen, Willemers in Heidelberg nochmals zu begegnen, so wenig gehalten wie das in Heidelberg gegebene, über Frankfurt statt Würzburg nach Weimar zurückzukehren. Leid und Bitterkeit des Verzichts durch Wiederholung des Sichlosreißens zu vergrößern, zu vertiefen, lag nicht in Goethes Art.

Boisserée rief, als sich des Großherzogs Ankunft immer wieder verzögerte, die Freunde nach Heidelberg und lud sie für den 24. September dorthin ein. Wäre es nach Mariannens Wünschen gegangen, wäre man sogleich nach Erhalt von Boisserées Brief aufgebrochen. Wenigstens einen Tag früher erfolgte die Abfahrt, am 23., so daß auch Sulpiz sie an diesem Tage nicht erwartete.

Wenn man Mariannens erstes großes Gedicht liest, fällt einem unwillkürlich Goethes Wort aus seinem »Götz« ein: »So fühl' ich denn in dem Augenblick, was den Dichter macht, ein volles, ganz von einer Empfindung volles Herz.« Freudige Ungeduld erfüllte die Liebende mit einer einzigen Empfindung, aus ihr heraus entstand das Lied an den Ostwind.

Es ist das Gedicht einer auf eigene Weise unberührbaren Frau, einer mädchenhaften Natur, deren tiefste Leidenschaft sich noch scheu verhüllt. Wenn etwas, so widerlegt die Sprache dieses Gedichts jede Vermutung, es könne zwischen Willemers Gast und seiner jungen Frau in den

Wochen auf der Mühle eine Schranke gefallen sein. Die gemeinsame Fahrt nach Heidelberg erschiene als etwas Unbegreifliches, wenn zwischen Marianne und Willemer, zwischen ihr und Rosetten eines nicht unangetastet fortbestanden hätte: – das Vertrauen.

Was bedeutet die Bewegung?
Bringt der Ostwind frohe Kunde?
Seiner Schwingen frische Regung
Kühlt des Herzens tiefe Wunde.

Kosend spielt er mit dem Staube,
Jagt ihn auf in leichten Wölkchen,
Treibt zur sichern Rebenlaube
Der Insekten frohes Völkchen.

Lindert sanft der Sonne Glühen,
Kühlt auch mir die heißen Wangen,
Küßt die Reben noch im Fliehen,
Die auf Feld und Hügel prangen.

Und mich soll sein leises Flüstern
Von dem Freunde lieblich grüßen;
Eh noch diese Hügel düstern,
Sitz ich still zu seinen Füßen.

Und Du magst nun weiterziehen!
Diene Frohen und Betrübten.
Dort, wo hohe Mauern glühen,
Finde ich den Vielgeliebten.

Ach, die wahre Herzenskunde,
Liebeshauch, erfrischtes Leben
Wird mir nur aus seinem Munde,
Kann mir nur sein Atem geben.

Goethe hat dieses Gedicht, als er es in seinen »Divan« aufnahm, verändert und vergröbert. Daß Suleika in seiner Fassung vom Wiedersehen mit Hatem »tausend Küsse« erhofft, paßt zum orientalischen Kolorit besser als zu Mariannen und streift der Strophe den zarten Schmelz ab. Jede andere Verseschmiedin hätte tausend Grüße auf tausend Küsse gereimt, einzig für die Dichterin Marianne wird es zum lieblichen Grüßen. Ihre verehrende Liebe empfindet Genügen in der Erwartung, still zu Goethes Füßen sitzen zu dürfen.

Während Willemer mit Frau und Tochter Heidelberg entgegenfuhr, war dort Großherzog Carl August eingetroffen. Er eilte nach seiner spontanen Weise sogleich zum Karlsplatz, wo sich Goethe, ins Anschauen vertieft, vor den Bildern im Bildersaal aufhielt. Zur großen Enttäuschung von Sulpiz bewirkten die religiösen Sujets keine Bekehrung des »alten Heiden«, wenngleich dieser die Ausdruckskraft empfand und bewunderte, mit der sie aufgefaßt und dargestellt waren. Goethe sah sich durch das plötzliche Auftauchen seines Souveräns gestört, zugleich zurückversetzt in die Welt, der er seit Monaten entwöhnt. Sein Herr war gekommen, er konnte nicht mehr, wie bisher, frei über sich verfügen.

Bertram überliefert, mit welcher Geschwindigkeit Hatem sich in den Hofmann verwandelte, mit welcher Gewandtheit er zu Diensten stand, ohne sich lange in Anspruch nehmen zu lassen. Er sagte zu Bertram:

Den überlassen Sie nur mir! Haben Sie nicht ein recht altes, aber merkwürdiges Bild? Es wurde eins aus der Rumpelkammer herbeigeholt; das hing Goethe gerade über der Tür des Bildersaales auf. Als der Großherzog erschien, unterhielt sich Goethe mit ihm über die Sammlung, rühmte besonders die geschichtliche Folge und Übersicht und machte dann, um dies mit Beispielen zu belegen, zunächst auf das alte Bild über der Tür aufmerksam. Aber während er noch sprach, war der Großherzog mit einem Mal zur Tür hinaus, man wußte nicht wie. Das Bild hatte seine Wirkung getan, sagte Goethe, der dem Fürsten nachgeeilt war, als er zu den Freunden zurückkam.

Weit weniger gefaßt und wendig nahm Goethe die Ankunft Willemers und dessen Botschaft, Marianne und Rosette warteten im Gasthof, auf. Erregt unterbrach er die Mahlzeit mit den Gastfreunden, um Sulpiz anzutreiben, die Frauen eiligst herbeizuholen. In die freudige Überraschung mischte sich spürbar das Erschrecken des ungewappneten Herzens. Er spürte: – Mariannens unbedingte, rückhaltlose Liebe hatte sie bewogen, dem Rufe Boisserées zu folgen, ohne Goethes Einladung abzuwarten. Diese Tatsache sprach aus, was ihre Lippen verschwiegen. Wohl empfand Hatems Liebe dies als ein beglückendes Geständnis. Aber das am Tage nach Mariannens Ankunft niedergeschriebene Gedicht »Wiederfinden« hat eine erste Strophe, die man nicht überlesen sollte:

Ja, du bist es, meiner Freuden
Süßer, lieber Widerpart!
Eingedenk vergangner Leiden
Schaudr' ich vor der Gegenwart.

Für Goethe war kein Gefühl mehr neu, erstmalig und ursprünglich wie für Marianne. Die Bezeichnung »Stern der Sterne« erinnert unwillkürlich an die Lida vergangener Jahre, an Frau von Stein. Länger als ein Jahrzehnt hatte er zu ihr aufgeschaut als zu einem milden, richtungweisenden, geheimnisvoll verschwisterten Gestirn, bis dieser Stern der Sterne, vom Himmel fallend, gleich einem stürzenden Kometen ein fahles, böses Licht ausstrahlte. Alle vernarbten Wunden seines erfahrenen Herzens, alle Trennungsschmerzen und »vergangenen Leiden« eines langen, voll ausgeschöpften Lebens brennen in diesem überwältigenden Bekenntnis.

Aus den Augen Suleikas, in deren Aufblick zu ihm jetzt Glück und Liebe strahlen, und die sich – das weiß er! – binnen kurzem um seinetwillen mit Tränen füllen werden, schaut ihn die alte, schicksalhafte Schuld an, die Schuld an Lili, an Friederike, an Silvie von Ziegesar. Das Gesetz, wonach Goethe angetreten, kennt auch mit Marianne kein Erbarmen.

Am andern Morgen überquert Goethe den Karlsplatz und steigt langsam hinauf zu den Schloßruinen inmitten des alten Parks. Auf der sogenannten Terrasse hoch über dem anmutigen Neckartal, mit dem Blick über Stadt und Fluß hinweg ins weite Land, läßt er sich nieder. Um sich und über sich schauend empfindet sein Genius als Wunder, was gewöhnliche Sterbliche als Selbstverständliches längst nicht mehr wahrnehmen. Wie jeder Liebende spricht er zur Geliebten, als sei Suleika gegenwärtig, denn wie jeder Liebende trägt er sie im Herzen. Volksliedhaft schlicht, erfüllt von der frommen Ehrfurcht des Weisen ist das Gedicht, das sein Stift festhält. Das Vergängliche wird ihm zum Gleichnis.

An vollen Büschelzweigen,
Geliebte, sieh nur hin!
Laß Dir die Früchte zeigen,
Umschalet stachlig grün.

Sie hängen längst geballet
Still, unbekannt mit sich;
Ein Ast der schaukelnd wallet,
Wiegt sie geduldiglich.

Doch immer reift von innen
Und schwillt der braune Kern;
Er möchte Luft gewinnen
Und säh' die Sonne gern.

Die Schale platzt und nieder
Macht er sich freudig los;
So fallen meine Lieder
Gehäuft in Deinen Schoß.

Hatem ist nicht mehr der Sänger jugendlicher Liebeslieder, er ist bereits zum Schauenden gereift, der die geheimnisvolle Verbindung zwischen dem Sichtbaren und dem Unsichtbaren aussagt, »des ewigen Sinnes ewige Unterhaltung«. Ein Deutender, Hinweisender spricht zu der jungendlichen Geliebten. Fern liegt die Zeit, da er auf dem Rücken der zärtlich umschlossenen Christiane das Maß der Verse abgezählt, und wenn Hatem noch einmal »Frühlingshauch und Sommerbrand« fühlt, ist es die Wirkung von Mariannens Gegenwart. Seine Liebe gewann ihre Intensität vom Wissen um die begrenzte Frist, die Unwiederholbarkeit des Augenblicks wie der Stunde, die bittere Notwendigkeit, sich loslösen zu müssen. Die Geliebte ist eine eben erst voll erblühte Frau. Er selbst fühlt sich bereits in Sichtweite des letzten Zieles. Sein Verzicht steht im unerbittlichen Zeichen des »Zu spät«. Die ein Leben hindurch ersehnte Ebenbürtige, mit Fülle der Seele und des Gemüts, mit soviel weiblicher Anmut begabt, begegnet dem Geheimen Rat und Minister, dem Gatten und Vater in seinem siebenundsechzigsten Jahr. Als Gegengabe vermochte er der liebenden Suleika nichts zu geben als Worte und Lieder. Hinter diesen Worten und Liedern steht die magische Gewalt seiner Persönlichkeit, wird zugleich der ganze Jammer dieser Liebe spürbar. Das Wiedersehen mit der Frau, die sich zu Recht als die ihm Bestimmte, ihm Gemäße empfand, verschärft für den zum Verzicht Entschlossenen die Pein des »unglücksel'gen Glücks«.

Für Marianne bedeutet Heidelberg den Höhepunkt ihres Daseins. Völlig von ihrem Gefühl erfüllt und getragen, denkt sie über Tag und Stunde nicht hinaus. Weder Willemer noch Rosette haben ihr dieses Erlebnis verkümmert. Goethe stand ihnen zu hoch und sie waren nicht gering genug, um anders denn mit hochgemutem Vertrauen und Stolz sein Wohlgefallen an Marianne zu beobachten. Ihnen mag dies alles als beglückendes Spiel erschienen sein, das Spiel von Hatem und Suleika.

Am letzten Tag des Zusammenseins stieg Goethe mit den Willemers in größerer Gesellschaft noch einmal den Schloßberg hinan. Beim gemeinsamen Durchwandern des Parkes blieb Goethe mit Marianne zurück, setzte sich auf den Rand des Brunnens und zeichnete mit den von Paulus erlernten arabischen Buchstaben den Namen Suleikas in den Sand. Die Chiffer

Dem Staub, dem beweglichen, eingezeichnet,
Überweht sie der Wind; aber die Kraft
Besteht, bis zum Mittelpunkt der Erde
Dem Boden angebannt.

Mit dieser magischen Kraft schlug Goethe Mariannens Seele für immer in Bann, verlieh er dieser Stätte bis ans Lebensende für sie ihren Zauber.

An dieser Stätte empfing die einunddreißigjährige Frau den einzigen Kuß, den nicht ein lediglich Liebender, den ein Geliebter, *der* Geliebte, ihr auf die Lippen drückte. Im Tagebuch Goethes heißt es: »Der junge Russe. Der Schenke (der junge Paulus). Die Gesellschaft.« Das Auftauchen Dritter wandelte Hatem und Suleika in Goethe und Frau Willemer. Hier, auf der Terrasse des Heidelberger Schlosses, erneuerte das Paar das auf der Mühle ausgetauschte Gelöbnis, bei Vollmond an einander zu denken. Ihre Augen würden sich begegnen – in der Unendlichkeit.

Am Abend saß man ein letztes Mal am Karlsplatz zusammen. Im Tagebuch heißt es: »Musik. Gespräch. Abschied.« Am nächsten Tage, dem 26. September, verließen

Willemers und Rosette Heidelberg, wahrscheinlich vom Gasthof aus, ohne Goethe nochmals zu sehen. Er verzeichnete im Tagebuch: »Abreise der Freunde. Divan. Blieb zu Hause.«

Wir wissen nichts von den Gedanken und Empfindungen, die Willemer und seine Tochter auf der Rückfahrt nach Frankfurt angesichts der schweigenden Marianne bewegten. Von deren herzzerreißendem Schmerz kündet das schönste und zarteste Liebesgedicht einer Frau in deutscher Sprache:

Ach, um deine feuchten Schwingen
West, wie sehr ich dich beneide:
Denn du kannst ihm Kunde bringen,
Was ich durch die Trennung leide!

Die Bewegung deiner Flügel
Weckt im Busen stilles Sehnen;
Blumen, Augen, Wald und Hügel
Stehn bei deinem Hauch in Tränen.

Doch dein mildes, sanftes Wehen
Kühlt die wunden Augenlider;
Ach für Leid müßt ich vergehen,
Hofft' ich nicht, wir sehn uns wieder.

Geh denn hin zu meinem Lieben,
Spreche sanft zu seinem Herzen;
Doch vermeid' ihn zu betrüben
Und verschweig' ihm meine Schmerzen.

Sag ihm nur, doch sag's bescheiden:
Seine Liebe sei mein Leben;
Freudiges Gefühl von beiden
Wird mir seine Nähe geben.

Obgleich er bereits fest entschlossen war, dies nicht zu tun, erleichterte Goethe sich selbst und der geliebten Frau den Abschied durch das Versprechen, über Frankfurt nach Weimar zu reisen. Er ertrug es nicht, Zeuge ihres Trennungsschmerzes zu sein, an dem sie wahrhaft zu vergehen drohte, suchte sich und ihr durch eine fromme Lüge zu helfen. Daß er nicht käme, wagte er Mariannen nicht zu schreiben. Sie würde es durch Willemer, durch Rosette erfahren. Wahrlich »jeder Scherz, der mich ergetzte, wird nun schuldenschwer und teuer«. Goethes Leid linderte dasjenige Mariannens nicht, war überdies, wenngleich durch Schuldgefühle beschwert, minder tief. »Der beinah ergraute Dichter«, der Mann, wußte aus Erfahrung, die für ihn Gültigkeit besaß, daß Herzenswunden vernarbten, daß er und Suleika beide weinen, beide verwinden würden. Wäre es möglich gewesen, um Mariannens willen, die leidende Christiane zu verstoßen, August zuzumuten, eine Fremde an der Mutter Platz zu sehen? Der kunstvolle Bau seiner »Daseinspyramide« müßte unter dem Gewicht getanen Unrechts einstürzen. Er mußte entsagen, Suleika zwingen, es ihm gleichzutun.

Er wollte nicht sehen, daß diese Frau noch nie geliebt hatte, daß keine Erfahrung ihr helfend und bewahrend zur Seite stand. »Nimmer will ich Dich verlieren!« diese Verszeile Mariannens war ein elementarer Aufschrei der Verzweiflung, die sich in die Überzeugung rettete: »Liebe gibt der Liebe Kraft.«

Der bürgerlich umhegte Garten ihrer Ehe mußte ihr als Einöde erscheinen, seitdem sie, von Goethe geliebt, an seiner Seite das gelobte Land der Erfüllung vor Augen gesehen. »Liebe gibt der Liebe Kraft.« Diese Kraft würde ihnen ermöglichen, dorthin zu gelangen. Einzig diese Hoffnung hielt sie in den Tagen nach der Trennung aufrecht.

Goethe, den der Reisewagen Weimar entgegentrug, wußte, daß Marianne das Land der verheißenen Seligkeiten niemals betreten würde.

16. »Einen Abschnitt macht die Trennung«

Gleich nach der Heimkehr auf die Mühle brachte Rosette der Freundin einen Brief des Geliebten, der noch ganz vom Glück der Nähe und Gegenwart erfüllt war. Es ist ein Brief, in dem fast jedes Wort in seiner Bedeutung doppelsinnig und nur den beiden Freundinnen verständlich ist: Suleika und Rosetten, mit deren Namen Goethe vielsagend spielt. Max Hecker wies auf »sub rosa« als Symbol der Verschwiegenheit hin. Spielend versiegelt Hatem der Tochter Willemers die Lippen.

Vor dem Abschied brach er im Schloßpark von einem Gingo biloba-Baum ein Blatt und gab es der Geliebten. Goethes erster Brief auf die Mühle enthielt die großartige Deutung dieses seltsam gestalteten Blattes als ein Symbol der Zweieinheit von Hatem und Suleika:

Dieses Baums Blatt, das von Osten
Meinem Garten anvertraut,
Gibt geheimen Sinn zu kosten,
Wie's den Wissenden erbaut.

Ist es Ein lebendig Wesen?
Das sich in sich selbst getrennt;
Sind es Zwei, die sich erlesen,
Daß man sie als Eines kennt?

Solche Frage zu erwidern
Fand ich wohl den rechten Sinn;
Fühlst du nicht an meinen Liedern,
Daß ich Eins und Doppelt bin?

Die Deutung des Blattsymbols mußte Marianne als Sinnbild unlösbaren Einanderangehörens beseligen. In Rosettens Antwortbrief legte sie ein Symbol ihrer Liebe, das nicht bekannt ist. Notwendigerweise würde sich an dies Vorspiel Goethes erneutes Auftauchen auf der Mühle, eine erlösende Entscheidung schließen müssen.

Statt dessen kam Goethes kurzer, erregter Brief, den er unmittelbar vor der Abfahrt geschrieben, der die Mitteilung von der direkten Rückfahrt nach Weimar enthielt:

Nun kommt's aber! und ich eile über Würzburg nachhause, ganz allein dadurch beruhigt, daß ich, ohne Willkür und Widerstreben, den vorgezeichneten Weg wandle und desto reiner meine Sehnsucht nach denen richten kann, die ich verlasse.

Wie muß der Schluß dieses Briefes im Augenblick der schmerzlichen völlig unerwarteten Enttäuschung Marianne berührt haben: »Wie denn billig diese Worte an die Zwei gerichtet sind, die man beneidenswert glücklich verbunden sieht.«

Der Brief war an Willemer gerichtet. Nur er und Marianne, nicht Marianne und Rosette können mit den zwei beneidenswert glücklich Verbundenen gemeint sein.

Goethe unternahm den verzweifelten Versuch, sich selbst und Mariannen glaubhaft zu machen, es könne durch seinen Verzicht alles wieder werden wie zuvor. In den allerersten Wochen vermochte Marianne noch nicht zu erfassen, was ihr geschehen war. Auch Willemer begriff nicht, daß sie, vom langen Blick in die große Sonne geblendet, zurückblieb, und es ihm erging wie einst Goethes Schwager Schlosser, als er die Parabel schrieb:

Ich hatte ein Schaf, das lag in meinem Schoß, trank von meinem Becher, aß mein Brot und wandelte mit mir auf der Weide. Es kannte keinen Trank als meinen, keine Speise als meine, ging nicht schneller als ich und war glücklich bei mir.

Da kam ein Mann und lehrte es fliegen. Es trank Ätherluft, speiste Morgentau und flatterte um die Sonne. Ich sitze seitdem allein und weine. Es schwebt über mir, sieht mich weinen, bedauert mich, kann aber nicht mehr gehn meinen Gang, nicht mehr essen meine Speise und ekelt vor meinem Trank.

Auch Goethe mußte sich, zu Christiane zurückgekehrt, an dem genügen lassen, was er besaß. Sie hat er einst geliebt, und wenn gleich die Flamme längst zum Herdfeuer geworden, ist diese nicht, wie Mariannens Beziehung zu Willemer, von jeher ohne Glut gewesen. Überdies blieb Marianne in den gewohnten Kreis ihres Alltags gebannt, während Goethe sogleich in Hoffestlichkeiten hineingezogen wurde. Die Mutter der Weimarer Erbgroßherzogin, Zarin Maria Feodorowna von Rußland, weilte zu Besuch bei ihrer Tochter. Von den Repräsentationspflichten bei Hof erholte sich Goethe zu Jahresende im stillen Jena.

Selbst der nahe, vertraute Freund Heinrich Meyer bemerkte nichts von den hinter Goethe liegenden schweren inneren Kämpfen. Er fand den Heimgekehrten »munter, froh und wohl, wie ich ihn seit zehn und mehr Jahren nicht gesehen«.

Ablenkung, räumliche Entfernung und das Wesen des Mannes ließen die Pein von Entsagung und Abschied verebben. Schon glitt das eben noch mit Tränen Durchlittene sanft und unmerklich für Goethe ins milde Reich des Erinnerns.

Er mag sich damit getröstet und beschwichtigt haben, daß auch Marianne sich und ihre Seelenruhe wiedergefunden. Jedenfalls bat er in einem Brief an Willemer »die liebe Kleine«, dem Gesang und der Zither ein Viertelstündchen zu entwenden und »von Zeit zu Zeit etwas von sich sehen zu lassen«. In einem nicht erhaltenen Brief muß Willemer geantwortet haben, Marianne musiziere nicht mehr und sei nicht mehr heiter. Bestürzend hilflos schreibt Goethe: »Die liebe Kleine nicht am Klavier denken zu können, ist mir sehr peinlich. Wie glücklich sind Sie, zu ihrer Erheiterung allerlei Liebes und Gutes anwenden zu können.« An letzteres glaubt Goethe so wenig wie an Mariannens beneidenswert glückliche Verbundenheit mit Willemer. Nicht Liebe, bittere Gewissensnot verrät sich in Goethes drängender Frage an Willemer zu Jahresende: »Bitte um Nachricht, ob Marianne wieder singt? Ich mag sie mir an den langen Winterabenden gar nicht stumm denken.«

Marianne schweigt. Sie schweigt aus der Lauterkeit ihres Gemütes heraus, leidvoll enttäuscht und durch soviel Unredlichkeit tief verstört und verwirrt. Goethes Briefe geben ihr Steine an Stelle des Brotes, Willemers dargebotenes Brot ist ihr zu Stein geworden. Sehnsucht und Entbehren, das Gefühl für die Unzulänglichkeit der Welt, in der sie leben muß, vermag sie nur zu beschwichtigen und einzulullen, wenn sie die Hoffnung auf Goethes Wiederkehr bewahrt.

Zu Beginn des Jahres 1816, da ihm sein Fürst und Herr den Hausorden des Weißen Falken an die Brust heftet, wendet sich Goethe in der Tat dem Rhein und dem Maine wieder zu – aber nur in Gedanken.

Er befaßt sich mit Fragen der Kunstpflege in den heimatlichen Gefilden. Im Mai finden wir ihn in Jena, von wo er, selbst nicht wohl, in den ersten Junitagen durch einen Boten zurückgerufen wird. Seine Frau ist erneut erkrankt. Die noch nicht zweiundfünfzigjährige, einst so robuste Christiane hat kein leichtes Ende. Auch wenn Goethe, fiebernd, nicht am Sterbebett weilte, konnte er schwerlich Ohren und Herz vor den Lauten verschließen, die in solchem Fall nicht nur die Stube, in der ein Mensch mit dem Tode ringt, erfüllen. Wir dürfen gegen viel zitierte Worte nicht abstumpfen. Hinter Goethes Tagebucheintrag vom letzten fürchterlichen Kampf der Natur Christianens und der eintretenden Totenstille nach dem Ende steht eine schauerliche Realität. Wie muß er in den letzten Tagen mit und für seine Frau gelitten haben! Wie schwer legt sich das Schweigen, das sich auf das Haus gesenkt, auf sein Herz! Seine Trauer konnte nicht frei sein von Versäumnis und

Verschulden. Ein Leben, das bei aller Unzulänglichkeit ihm, ausschließlich ihm gehörte, hat geendet. Christianens Verlust bedeutet Vereinsamung in einer Sphäre, die niemand von denen, die auf sie herabsahen, je mit ihm geteilt. Seit Jahrzehnten mußte er sich um das nicht mehr kümmern, was Christiane ihm abnahm, woran sie gedacht. Die kleine Welt des Hauses lief, um ihren Herrn sich drehend, unter Christianens Augen lautlos und sicher durch die Jahre. Er, Goethe, der ihr nichts vorenthalten, war ihr viel schuldig geblieben. Er hatte sie in den letzten Lebensjahren oft allein gelassen, seine Liebe einer andern Frau geschenkt. Zeitgenossen bezeugten verwundert den Jammer des Witwers, Nachgeborene staunen über den Vers:

Du versuchst, o Sonne, vergebens,
Durch die finstern Wolken zu scheinen.
Der ganze Gewinn meines Lebens
Ist: ihren Verlust zu beweinen.

Ein Goethe weint um die »dicke Hälfte«, trauert um eine Christiane. – »Ihr laßt den Armen schuldig werden, dann überlaßt Ihr ihn der Pein.«

In der Pein dieser persönlichen Katastrophe, deren Ausmaß man in Weimar weder begreift noch versteht, bewährt sich der Sohn als Halt und Stütze. Von innen her gesehen ist ein Lebensabschnitt beendet. Äußerlich dokumentiert sich das durch die Veränderungen, die Goethe in seinem Hause anordnet. Er verläßt das Zimmer mit dem ehelichen Alkoven und zieht sich in die Eremitenklause neben dem Arbeitszimmer zurück, in der er sechzehn Jahre später den letzten Atemzug tun wird. Knapp vierzehn Tage nach Christianens Tod begibt sich der Witwer nach Jena. In seiner Begleitung befindet sich der Freund, der Christiane am besten kannte, die glücklichste Zeit von Goethes Gemeinschaft mit ihr als Hausgenosse erlebte, ihr immer zugetan blieb: – Heinrich Meyer, der mittelmäßige Maler und erlesene Mensch.

Meyers Kunstauffassung ist von Rom, von Goethe geprägt. Wenn dieser von Boisserées Sammlung erzählt, bekennt, welch starken Eindruck er empfangen, dann hört Heinrich Meyer aufmerksam zu und bezweifelt nicht, daß etwas an der Sache sei. Ihm selbst werden die Kunstwerke schwerlich viel zu sagen haben. Darum ist ihm an der Reise nach Heidelberg, auf der er den großen Freund begleiten soll, wenig gelegen. Er gedenkt sie in Kauf zu nehmen, denn für ihn ist einzig entscheidend, daß Goethe jetzt seiner bedarf. Er sieht mit Beruhigung, daß Goethe sich Wolkenstudien zuwendet und sein Gleichgewicht zurückzugewinnen sucht.

Beabsichtigt er wirklich, dies Gleichgewicht durch ein erneutes Begegnen mit Suleika aufs Spiel zu setzen? Oder fühlt er sich bereits so unanfechtbar geworden, daß es kein Wagnis mehr bedeutete, sie wiederzusehen? Würde Marianne etwa von dem Witwer Goethe einen Schritt zur Verwirklichung ihrer Gemeinschaft erwarten?

Es steht fest, daß Goethe eine Kur nach Baden-Baden mit einem Besuch der Heidelberger Sammlung in Meyers Gesellschaft zu verbinden dachte. Irgendein Beweis dafür, daß er einen Besuch auf der Mühle oder ein Wiedersehen mit Willemers plante, ist nicht vorhanden. Eindeutig heißt es vielmehr in einem Brief an die Großherzogin, der gegenüber kein Versteckspiel notwendig erscheint:

Nächsten Sonnabend gedenke nach Baden am Rhein abzugehen. Cottas wiederholte dringende Einladung war kaum abzulehnen und den Gebrüdern Boisserée leuchten so glückliche Sterne, daß ich mich nicht enthalten kann, in die Konstellation mit einzutreten. Meinen Weg werde über Würzburg nehmen, um das uneinige Frankfurt in diesem Augenblick nicht zu berühren.

Frankfurt kämpfte damals um eine neue Verfassung, die eine Gleichberechtigung der christlichen Konfessionen verbürgen und verwirklichen sollte, und um die Aufhebung der den Juden von Dalberg zugestandenen Rechte. In diese Streitfragen, die den Frankfurter Freundeskreis in einander befehdende Gruppen verwandelt hatten, mochte Goethe nicht hineingezogen werden.

Ihr wertes Schreiben, schrieb er an Seebeck, *trifft mich gerade in dem Augenblick, da ich mich zu einer Reise nach Baden am Rhein bereite. Mehr Anstoß und Einladung als innerer Trieb bestimmt mich zu diesem Schritte, der denn doch am Ende, wie die Freunde glauben, mir heilsam sein kann.*

Im Mai 1816, vor der Abreise nach Jena, legte er in eine an Ehrmann adressierte Sendung für Rosette Städel die Verse:

Was mit mir die Freunde wollen,
Will mir noch nicht glücken;
Was ich hätte bringen sollen,
Muß ich leider schicken.

Schon hier wurde nichts vom eigenen Wunsch, Frankfurt und die Freunde wiederzusehen, laut, lediglich der Wunsch der Freunde ist betont. Goethe sandte damals an Ehrmann mehrere für die Familie Willemer bestimmte Ringe. Der Sitte entsprechend, wählte er die Steine so, daß die Anfangsbuchstaben ihrer Namen denjenigen des Trägers ergaben. Rosettes Ring zeigte Rubin, Opal, Saphir, Emeraude, Türkis, Topas und nochmals Emeraude. Die Steine auf dem für Marianne bestimmten Ring dürften »Suleika« ergeben haben. Ehrmann erwähnt zwar nur die Freude, mit der sich die schönen Empfängerinnen die Ringe an die Fingerchen gesteckt, es erhielt sich in der Familie Willemer aber auch ein solcher Freundschaftsring aus Goethes Hand, der dem Schwiegersohn Scharff gehörte. Jedenfalls mußte Suleika diese Gabe mit vielen Familienmitgliedern teilen. Dies läßt nicht auf Goethes Absicht schließen, die Liebe Mariannens zu nähren.

Goethe wußte aus Erfahrung um die Unwiederholbarkeit besonderer, überhöhter Begegnungen und Stunden. Er hätte sich überdies vom Gedanken an die tote Christiane noch weniger lösen können als im Vorjahr von demjenigen an die lebende. Es lag nie in Goethes Natur, sich der Zuspitzung unausbleiblicher Konflikte unter Schmerzen und Leiden zu entziehen, um sich ihnen später erneut auszusetzen. Vielleicht ist der ganze Reiseplan 1816 wirklich nur dem Drängen der Freunde und der mangelnden Widerstandskraft Goethes zuzuschreiben. Erwiesenermaßen ergriff er gern und entschieden eine Gelegenheit, die einen plausiblen Vorwand, die Reise zu verschieben, bot. In Wirklichkeit gab er die Reise auf.

Zwei Stunden hinter Weimar stürzte der Reisewagen um, die Achse brach, und Meyer wurde ganz leicht an der Stirne verletzt. Solch Mißgeschick war damals keineswegs so selten. Es war Goethe auch 1815 auf der Rückfahrt von Würzburg nach Weimar zugestoßen. Damals wanderte er unbekümmert und rüstig bei Mondschein eine halbe Stunde bis zur nächsten Stadt. Diesmal kam ihm der Unfall gelegen, auf eine Reise zu verzichten, die für ihn Komplikationen mit sich bringen konnte und an der Meyer ohnehin wenig lag.

Zur Zeit, da diese für Marianne schwerwiegende Entscheidung in Thüringen gefällt wurde, weilte sie mit Willemer, der dort die Kur gebrauchte, im Taunusbad Soden. Dazumal das Modebad der begüterten Frankfurter, wurde es von Willemers skurrilem Witz als »Soden und Gomora« bezeichnet. Mit seinen verqueren Buchstaben schrieb Willemer nach Weimar:

Kommen Sie nach Baden, so wünsche ich, daß das schöne milde Wasser Ihnen besser bekomme wie uns das rauhe, vor allen Dingen aber, daß der Rückweg an der Gerbermühle vorbeiführe, doch kein Wort mehr von diesen Wünschen – es tut zu weh, wenn sie unerfüllt bleiben. Glauben Sie, teurer Freund, wir lieben Sie unaussprechlich, darum Ihr Wille geschehe und nicht der unsere.

Für Goethe klang das, was Willemer aus Frankfurt berichtete, wenig einladend:

Unsere Landsleute sind, wie ich höre, alle verrückt geworden und werden nicht eher ruhen, bis Einer kömt und dem Wortkram ein Ende macht, ich habe Gottlob nichts dabei zu tun und lasse mich, seit ich das Theater los bin, auf nichts mehr ein. Drückt mich der Patriotismus, so schreib ich – nur schade, daß es niemand liest.

Goethe hat für dieses Jahr auf jede größere Reise verzichtet und sich mit Meyer in das nahegelegene Bad Tennstedt begeben. Als der Philologieprofessor Friedrich August Wolf wenige Tage vor Goethes Geburtstag zu Besuch kam, glaubte Meyer wohl, dem trauernden Freunde einen Dienst zu erweisen, als er, den 28. August ignorierend, Wolf einen Wink gab, dies gleichfalls zu tun. Die Tennstedter ließen es sich nicht nehmen, dem berühmten Gast zu huldigen, und Goethe gestand andern Tages dem guten Sulpiz:

An meinem gestrigen Geburtstag ging Geheimrat Wolf und Hofrat Meyer zufällig morgens ab, da ich denn den ganzen Tag meinen Grillen überlassen blieb und mich an die Eyckische Heilige, die mousselinenen Tulbände, Mainansichten, Pfirsiche und Ananas halb traurig erinnerte. Doch müßte ich undankbar sein, wenn ich die schönen Efeubogen, die sich selbst in Heidelberg zeigen dürften, die reichen Blumenkränze, Brezeln und Nachtmusiken nicht rühmen wollte.

Willemer folgte nach der Rückkehr von Soden dem ärztlichen Rat, bei der ungewöhnlichen Kälte des Sommers 1816 nicht gleich nach der Kur auf die Mühle zu ziehen. Erst kurz vor dem 28. August vertauschte man das »Rote Männchen« mit dem Sommersitz, der diesmal erst als Herbstaufenthalt zu Ehren kam. Marianne empfand an Goethes Geburtstag noch stärker als sonst Heimweh nach dem Entschwundenen. Willemer schrieb zum 28. August an diesen:

Seit drei Monaten zog jeder Tag mit einer schönen Hoffnung an uns vorüber, aber der Tag verging und der Freund blieb aus. Ich habe darum zu hoffen aber nicht zu lieben aufgehört.

Marianne, deren Nervenkraft von diesem täglichen vergeblichen Warten aufgezehrt zu werden drohte, fügte diesen Worten hinzu:

Mit unsern Wünschen und Entbehrungen gibt Willemer zugleich seine Resignation zu erkennen, und so sehr ich mit der Auslegung unserer Empfindung im Ganzen zufrieden bin, so weich ich doch in einem Stücke von seiner Ansicht ab, in dem ich weder zu hoffen noch zu lieben je aufhören werde.

In den Zeilen der Rosette Städel lag ein behutsamer, zarter Hinweis auf die Leiden der jungen Stiefmutter:

Wenn gerade in den Tagen so vielfacher schöner Erinnerung sich dem äußern Sinn die Wiederholung des Lieben und Vertrauten darstellt, verknüpft mit Neuem, Herrlichem und heimlich Vorgestelltem, wer kann da der Sehnsucht verargen, wenn sie doppelt wehmütig in der Vergangenheit sucht, was die Gegenwart ihr versagt. Ihr bleibt nur – zu gedenken.

Rosette erinnerte Goethe mit diesem letzten Satz an sein erstes Mondlied für Marianne, das er im Dezember 1815 in einen Brief an Frau Städel mit der Überschrift: »An Marianne« eingelegt.

Mir will es finster bleiben
Im vollsten Mondenlicht,
Ich mag nicht singen, schreiben
Und trinken mag ich nicht.

Wenn Sie mich an Sich lockte
War Rede nicht im Brauch
Und wenn die Zunge stockte,
Stockt nun die Feder auch.

Nur zu! geliebter Schenke!
Den Becher fülle still.
Ich sage nur GEDENKE!
Man weiß schon was ich will.

Von Tennstedt zurückgekehrt, sah sich Goethe auf weit peinlichere Weise aufgefordert, zu gedenken, als dies von der Mühle aus geschah. Die Jugendgeliebte Lotte Buff aus Wetzlar, das Urbild von Werthers Lotte, war, nunmehr eine Matrone von 63 Jahren und verwitwete Hofrätin Kestner, in Weimar erschienen und bei ihrer Schwester, Kammerrätin Riedel, abgestiegen. Sie erwartete vom großen Goethe selbstverständlich einen Tribut, und ihre gleichnamige Tochter Lotte achtete strengen Blicks darauf, ob der berühmte Mann ihrer Mutter genügend Ehre erwies. Der weltgewandte, höfliche alte Herr, außerstande, die vor ihm stehende Dame mit der Lotte seiner Jugendjahre zu identifizieren, erinnerte sich dankbar ihrer vielen Geschwister und Kinder, nach denen zu fragen einigen Gesprächsstoff ergab, und lud die beiden Damen in seine Loge ein. Die Damen Kestner ahnten nicht, daß Goethe gerade in diesen Tagen den geliebten Berliner Freund Zelter in seinem Hause mit der Nachricht vom Tode seiner jüngsten Tochter hatte empfangen müssen, konnten nicht ermessen, wie weit für Goethe seine Wertherzeit zurücklag. Sie begriffen nicht, wie wenig dem Manne an fremden Gästen gelegen sein konnte, der eben von der Kur in sein verwaistes Heim zurückgekehrt war.

Den Willemers bekannte Goethe in seiner Antwort auf deren Geburtstagsbrief, daß es mit seiner Stimmung nicht zum besten stehe und nur seine bewährte Medizin, Tätigkeit, ihn nach innen und außen hin lebendig erhalte. Als dieser Brief auf der Mühle eintraf, hat der Empfänger soeben den Adelstitel empfangen, um den er am Kaiserhofe in Wien gebeten. Weniger für seine Person als trotz der Entfremdung für den einzigen Sohn lag dem ehrgeizigen Willemer an dieser Erhebung. Er selbst machte selten davon Gebrauch, – noch seltener seine Frau. Dieser gab man im Oktober 1816 zu verstehen, daß man ihr das Frankfurter Bürgerrecht nicht gewähren könne, da die letzte Frist zur

Beibringung der erforderlichen Papiere ungenutzt verstrichen sei. Erst jetzt mag Marianne der Verdacht gekommen sein, daß mit ihrer Herkunft irgend etwas nicht stimme. – Aber sie war, wenngleich nicht Frankfurter Bürgerin, jetzt doch Geheimrätin von Willemer. Ein Stachel dürfte dennoch zurückgeblieben sein, denn als es um Gewährung des Bürgerrechts an die Frankfurter Juden ging, war Marianne entschieden dagegen, im Gegensatz zu Willemer, der als Politiker Demokrat im besten Sinne war. Er empfand es als Unrecht, daß man den Hinweis der Juden auf die von Dalberg teuer genug erkauften Stettigkeitsrechte von oben herab mit der Spitzfindigkeit abtat, die Abgabe sei dem Großherzog Dalberg und nicht der Stadt zugute gekommen, folglich bestünde kein Recht auf den Bürgerbrief. Diesen enthielt man übrigens auch der Landbevölkerung vor.

Obgleich Willemer an Goethe geschrieben, er werde es bei der Schriftstellerei bewenden lassen, ergriff er die erste Gelegenheit, sich wieder ins politische Getümmel zu stürzen. Sie bot sich 1817, als die Gesetzgebende Körperschaft des Senats gebildet und Willemer gewählt wurde. Diese Körperschaft des Senats ersetzte, wie dieser selbst, nach der neuen Verfassung den früher allmächtigen Rat der Freien Reichsstadt. Man wollte den Privilegierten und den selbstbewußten Frankfurter Bürgern durch solche Änderungen zu verstehen geben, daß die Stadt nicht mehr Freie Reichsstadt im hergebrachten Sinn sei. Sie beherbergte jetzt den Bundestag in ihren Mauern, in den alle deutschen Kleinstaaten, vor allem aber Preußen und Österreich, ihre Gesandten delegierten. Vom Bundestag aus drängte man die Frankfurter zur neuen Verfassung und vor allem zur Aufhebung alter Rechte und Vorrechte gewisser Konfessionen und Familien. Jetzt konnten Bürger und Handwerker in den Senat gewählt werden, dem auch die Richter angehörten. Da aber die Angehörigen des Patriziates und der

Zünfte in Frankfurt von altersher Lutheraner waren, machten sie es den Katholiken und den Reformierten gemeinsam nach Kräften schwer, die ihnen in der Verfassung garantierten Rechte in der Praxis auszuüben. Daran hinderte der Eid wenig, mit dem man im Oktober 1816 die neue Verfassung feierlich beschworen hatte.

War man zum Senator gewählt, so blieb man dies auf Lebenszeit. Unter den Senatoren wählte man alljährlich im Turnus den Älteren und den Jüngeren Bürgermeister durch Ballotage mit silbernen Kugeln und einer goldenen. Die gewählten beiden Bürgermeister standen an der Spitze der Regierung, wie einst der Stadtschultheiß, und bekamen eine Schildwache vors Haus. Bei Ausfahrten stand ihnen die Stadtkarosse zur Verfügung. Zu solchen Ehren brachte es Willemer nie, aber er spielte mit Freude wiederum unter den Senatoren den Hecht im Karpfenteich. Welche Ideen propagierte er in einer Epoche, da Feudalherrschaft und Patriziat eben erst in ihrer unumschränkten Macht etwas eingeengt wurden! Die Sitzungen des Senates sollten öffentlich sein, der Presse volle Freiheit garantiert werden. Jede Senatssitzung sollte protokolliert und dies Protokoll gedruckt werden. Die Reichen sollten die Hauptlast der Steuern zu tragen haben, weil nur Gesinnungsadel, nicht aber Geldadel des Menschen Rang bestimme.

Niemand dachte daran, solche Forderungen zu erfüllen. Es war den Privilegierten und Lutheranern schon fatal genug, daß man die Vorschriften der neuen Verfassung nicht ganz umgehen konnte. Rat Schlosser, der sich persönlich für die Gleichberechtigung der Konfessionen so sehr eingesetzt, durfte damit rechnen, nun endlich Senator zu werden. Aber man fürchtete seinen Renegateneifer und seine proösterreichische Gesinnung und wählte lieber den maßvollen, bewährten, vernünftigen Franz Brentano. – Nicht nur einen Katholiken, auch einen nicht zum Patriziat Gehörenden mußte man wohl oder übel in den Senat aufnehmen. Als wolle man die eigne Aufgeschlossenheit unter Beweis stellen, entschied man sich für den Mann, der eben erst das wählbare Alter erreicht hatte und vom andern Mainufer, aus Sachsenhausen, stammte.

Der 1785 nach dem Tode seines Vaters geborene Gerhard Thomas war ein Jahr jünger als Marianne und in seinen Ansichten weit traditionsgebundener, im Wesen viel ausgeglichener als Willemer. Bei diesem wurden die Beobachter den Verdacht nie los, es spiele bei seinen Neuerungsvorschlägen außer der idealistischen Überzeugung etwas Querulantentum mit, das sich auf solche Weise ein legitimes Ventil verschaffe. Jeder Eingeweihte schüttelte den Kopf über den reichen Bankier, der gegen Wucher und Besteuerung der Armen zu Felde zog. Und wie sah das Verhältnis zwischen Willemers Kindern und dem Vertreter der Erziehungsgrundsätze eines Pestalozzi, eines Fichte, eines Goethe aus?

Eingeweihte wußten, daß sich die Spannungen zwischen dem tyrannischen Familienvater und den Seinen vertieft hatten, seitdem Marianne ihre Fähigkeit, auszugleichen, mit ihrer Heiterkeit und ihrem jugendlichen Schwung eingebüßt. Sie zehrte sich im vergeblichen Hoffen und Warten auf Goethes Wiederkehr, die sie bis in die Träume hinein beschäftigte, auf. Sie vermochte Willemers Launen und seinen Starrsinn nicht mehr abzufangen, bevor er auf den Anspruch der längst erwachsenen Kinder, als solche behandelt zu werden, prallte. Rosette entzog sich der väterlichen Vormundschaft durch eine Kur in Ems, Meline Scharff weilte in Pyrmont, Maxe Andreae schützte eine erneute Schwangerschaft vor, um seltener beim Vater zu erscheinen. Marianne blieb in Willemers Umkreis gebannt, von Tag zu Tag, von Monat zu Monat, ja bereits von Jahr zu Jahr vergeblichem Warten ausgeliefert. Sie krankte an zweifelnden Fragen, die manchmal bis zur Verzweiflung quälten. Wenn Goethe sie liebte, weshalb kam er nicht wieder? Was hielt ihn fern von ihr, in seinem »einsamen Witwerhaus«? Marianne, für die am Tage des Abschieds in Heidelberg die Zeit still stand wie für eine Verzauberte, begriff dies nicht.

Entrückt und unerreichbar glich Goethe einer Gottheit, und wie einer Gottheit bereitete man ihm Feste des Andenkens, sandte man Bitten und Opfergaben. Die Sehnsucht rief ihn sich immer wieder vor Augen und zugleich zurück. Es gab für Marianne auf der Mühle und in Frankfurt keine lieberen Plätze als Orte und Räume, die Goethe durch seine Gegenwart geweiht, und als Sulpiz 1817 zu Willemers kam, berichtete er nach Weimar:

Auf der Mühle fand ich die liebenswürdige Müllerin mit ihrem Diogenes, der sich hat bewegen lassen, das Dickicht seiner Pflanzungen einigermaßen auszulüften und der sich deshalb trotz aller Lobeserhebungen einen Saturn schilt. Der kleinen Frau besonders machte es herzliche Freude, sich der glücklichen Tage des Jahres 1815 zu erinnern, so gedachten wir einer Menge einzelner Umstände, wodurch wir uns jene Zeit wieder einen Augenblick vergegenwärtigten.

Zwar versetzte sich Sulpiz gerne in den Sommer 1815 zurück, aber für ihn waren inzwischen zwei Jahre vergangen, und er weilte nicht in Frankfurt, um mit Marianne von Willemer Goethe-Erinnerungen neu zu beleben und auszutauschen. Sein Sorgen und Mühen galt der Zukunft seiner Sammlung. –

Der große Kunstsammler Städel war kürzlich gestorben und hatte der Stadt Frankfurt beträchtliche Mittel hinterlassen, damit man seine Sammlung übernehmen und der Öffentlichkeit zugänglich machen könne.

Die alte Handelsmetropole, nunmehr Sitz des Bundestages, nahm auch kulturell einen Aufschwung. Sie besaß ein naturwissenschaftliches Forschungszentrum, das den Namen des Stifters, des großen Arztes Senckenberg, trug, nunmehr trat die Städel'sche Stiftung in Kraft. Boisserée hoffte, der Zeitpunkt sei günstig, den Frankfurtern die eigene Sammlung anzubieten. Wenn Frankfurt sie erwürbe, könne man sie geschlossen der Städel'schen Galerie eingliedern. Solange das gesamte Vermögen seines Bruders und Bertrams wie sein eigenes in der Sammlung steckte, konnte Boisserée, der heimlich mit Mathilde Rapp in Stuttgart verlobt war, nicht heiraten. Man mußte erst die in der Sammlung investierten Mittel wieder flüssig machen, die Kunstwerke unter günstigen Bedingungen verkaufen und zugleich verhüten, daß sie wieder zerstreut würden. Die Museumsfreunde setzten sich denn auch eifrig für den Ankauf der kostbaren Sammlung ein, die für Frankfurt und sein Ansehen ein Gewinn wäre und gut der Städel'schen Stiftung einverleibt werden könnte. Außer Willemer und Schlosser ist vor allem Senator Thomas von diesem Plan erfüllt. Er möchte die alte Handelsstadt zum Kulturzentrum machen. Gemeinsame Ziele und Bestrebungen führen Thomas immer häufiger in Willemers Haus. Eines Tages ist der ebenfalls früh verwitwete Gerhard Thomas mit der drei Jahre älteren Rosette verlobt. –

Alles ringsum ändert und wandelt sich: nur Marianne verändert sich nicht. Sie wartet auf Goethe, wenigstens auf Briefe von ihm. Sie vergißt, daß auch am Frauenplan die Zeit nicht still gestanden.

Im Sommer 1817 war Ottilie von Pogwisch als August von Goethes junge Frau in den Oberstock des Hauses eingezogen. Goethe nannte die jungen Eheleute in einem Brief an Sulpiz »das eigenste Paar, das es vielleicht gibt und . . . für einander prädestiniert«. Die zierliche, kluge, gewandte Ottilie brachte Leben ins Haus. Sie gehörte wie ihre Großmutter, Mutter und Schwester zur Weimarer Hofgesellschaft. Jung und temperamentvoll, lud sie als Dame des Hauses ihre zahlreichen Freundinnen in ihr kleines Heim, das Goethe als das Schiff bezeichnete. Es erschienen die Gräfinnen Karoline und Julie von Egloffstein, die

Goethe. Nach dem von Schadow 1816 genommenen Abguß der verlorenen, 1807 von Weisser hergestellten Lebendmaske

Marianne von Willemer. Nach de Loose, 1809

Johann Jakob von Willemer. Nach Anton Radl, 1819

Rosette Städel

Marianne als Großmütterchen im Todesjahr 1860

Die Gerbermühle zur Zeit Goethes

Das Willemerhäuschen

Das »Haus zum roten Männchen«

Ansicht des Heidelberger Schlosses. Aquarellierte Zeichnung von Goethe

Ältere eine hübsche, sanfte Hofdame im Dienst der Erbgroßherzogin, die Jüngere eine blendende Schönheit und begabte Malerin, Hofdame der Großherzogin Louise. Fast täglich kam Ottiliens beste Freundin, die so häßliche wie gescheite Adele Schopenhauer. Goethe, den Ottilie mit liebevollem Stolz Vater nannte, ließ es sich gefallen, auch für ihre Freundinnen der Vater zu sein, besonders gerne dann, wenn die Töchterchen so schön waren wie Julie von Egloffstein und Jenny von Pappenheim. Unter allen Töchterchen war ihm die Tochter Ottilie in ihrer Schmiegsamkeit die liebste Gesellschafterin. Sie ließ sich belehren, las, was er ihr empfahl, vertiefte sich in seine Werke und trieb allein oder mit ihm gemeinsam Sprachstudien. Sie verscheuchte die Leere und Kälte, die sich nach Christianens Tod in dem großen Haus eingenistet. Vor Ottilies lebendiger Gegenwart wurden die Tage auf der Mühle für Goethe immer mehr zur holden Erinnerung. Das Glück vermochte er sich noch dankbar zurückzubeschwören, das Leid war verwunden und verschmerzt. – Seine seltenen Feierstunden erfüllte nun dies neu erblühende, seinen Jahren gemäße Familienglück. Seine Briefe an Willemers, an Suleika, wurden seltener, und im Oktober 1817 kam – der Freudenfeuer von 1814 eingedenk – für lange Zeit der letzte Brief aus Weimar. Für Marianne begann eines ihrer bittersten Jahre.

17. »ACH, VOR LEID MÜSST' ICH VERGEHEN –«

Im Schweigen Goethes versank Mariannens Herz wie in einer unbarmherzigen Flut, die zuerst ihre Hoffnungen und Erwartungen, dann ihren Frohsinn, schließlich ihr seelisches Gleichgewicht und ihre Gesundheit zerstörte. Zu Beginn des Jahres 1818 schrieb sie einen Brief an Goethe, der nicht erhalten ist. Marianne muß ihn Willemer gezeigt, in ihrer Verzweiflung und innerlichen Not Zuflucht bei dem Beschützer und Freund ihrer Jugendjahre gesucht haben. Willemer, der ihre Liebe nie besaß, ihr Vertrauen nie verlor, erwies sich ihres Vertrauens wert durch die wahrhaft würdige, selbstlose Art mit der er den Brief kommentierte und absandte.

Ihrem Scharfblick, teurer Freund, wird nicht entgehen, daß unsere gute Marianne kränkelt, daß sie leidet und es nicht mehr ist, wie es war! Die frische Blüten unbefangener Jugend sind entflohen und haben ein verwundetes Herz zurückgelassen! Das alles kann sich wieder geben und wird sich geben, (denn ich besitze Mignons volles Vertrauen) wenn nur fortgehendes Wechseln zwischen Freud und Leid die Reizbarkeit der Nerven nicht auf einen Grad gesteigert hätte, der furchtbar ist. Warum mußten wir so lang getrennt sein, es wär außerdem so weit nicht gekommen. Doch ich weiß nicht ob den Meister das alles noch interessiert. Die Götter in ihrem Grimm werden am End der Sterblichen mit ihrem Leid und ihrer Freude überdrüssig. Zwischen uns soll es verhoffentlich nicht dahin kommen – und so send ich Ihnen Mariannens Brief wie er ist. Ich füge hinzu, daß dieser Winter sich besser anläßt wie der vorige war. Und somit Gott befohlen, ich ehre Sie, lieben Sie mich.

Willemer

Wer nicht wüßte, in welchem Verhältnis der Schreiber zu Marianne stand, würde dies für den Brief eines Vaters halten. In der Tat ist es, als habe der Gatte, der Liebende, vermocht, sich in den Pflegevater von einst zurückzuverwandeln, Mariannen in ihrer Herzensnot zu geben, was sie annehmen konnte, ja was sie brauchte. Er stand ihr als Freund und Vertrauter zur Seite, vermochte unüberhörbare Vorwürfe bei aller Ehrfurcht vor Goethe nicht zu unterdrücken. Es hieße, Leben und Wirklichkeit verfälschen, wenn wir Größe und Güte, die Willemer in dieser Prüfung aufbrachte, verleugnen oder abstreiten wollten, daß sich

Goethe benahm wie irgendein Mann, dem etwas peinlich, quälend, unangenehm geworden ist. Er hüllte sich in Stillschweigen, überließ es Mariannen und Willemer, sich zurechtzufinden und durchzukämpfen. Er hatte mit solch langer Nachwirkung der Suleika-Zeit nicht gerechnet und konnte das einzige wirksame Heilmittel: – Gegenwart des Liebenden, nicht geben.

Für Willemer bedeutete das leibseelische Siechtum Mariannens eine doppelte Belastung, weil es mit zunehmender Spannung zwischen ihm und Bramy zeitlich zusammenfiel, er einer Stütze mehr als je bedurfte.

Des Vaters früh verwundeter Ehrgeiz erwartete vom Sohn, daß dieser alles ihm Verwehrte erreichen würde: eine gesellschaftlich hochangesehene Stellung, die Heirat mit einer Tochter aus dem Patriziat. Zur Enttäuschung nicht allein Willemers, sondern auch seiner Halbgeschwister und Miegs, hatte Bramy sein Herz an eine verwitwete Frau Geist von Beeren, geborene Eyssenberg, in Berlin gehängt, die ihm an Jahren, wohl auch an Erfahrung überlegen war. Wir wissen wenig von dieser Frau. Höchstwahrscheinlich glaubte er bei ihr die mütterliche Wärme zu finden, die er von jung auf entbehrt. Mieg schien dies bezweifelt zu haben, denn er schrieb an Maxe Andreae-Willemer: »Er dauert mich, aber ich glaube nicht, daß ihm anders als von der Zeit die Augen aufgetan werden, dann wird er allerdings sagen müssen: ›Dandin, tu l'as voulu‹, was freilich eine verdammte Phrase ist.«

Während seiner Verlobungszeit sah Bramy sich von einem jungen Leutnant von Bockum-Dolfs beleidigt, ob im Zusammenhang mit seiner Braut, ist nicht bekannt. Willemers Sohn glaubte der Überlieferung nach, er habe die Ehre des ganzen preußischen Offizierskorps zu verteidigen, und forderte den Gegner auf Pistolen. Er scheint geahnt zu haben, daß er fallen werde, und versuchte alles, den Vater mit seiner Beziehung zu Frau von Geist auszusöhnen. Er bat Willemer in herzbewegenden Worten um Verzeihung und darum, seinen gesamten Nachlaß der Geliebten zu überlassen. Willemer erfüllte diese Bitte, scheint jedoch die erbetene menschliche Beziehung zu der Dame nicht aufgenommen zu haben.

Bramy hielt, als Dolfs den ihm ritterlich zugestandenen ersten Schuß auf ihn abgab, das Bild der Geliebten in seiner linken Hand. Es erwies sich nicht als Talisman, denn Bramy stürzte tödlich verwundet zu Boden, und während sein Sekundant und der Arzt ihm zu Hilfe eilten, suchte von Bockum-Dolfs zu fliehen. Erst auf den Anruf des sich nochmals aufraffenden Gegners blieb er stehen und wurde von der Hand des wunden Bramy leicht verletzt. Nun flüchtete Dolfs wirklich, und Bramy, den man nicht mehr wegtragen konnte, wurde auf die Erde gebettet, wo er nach einiger Zeit verschied.

Savigny, der Schwager von Bettine und Clemens Brentano, mußte es übernehmen, seinem Schwager, Senator von Guaita, die Hiobspost vom Tod des jungen Willemer zu schreiben, und am 26. Juni 1818 überbrachte Guaita sie dem Vater. Der württembergische Bundestagsgesandte von Wangenheim und Senator Thomas begleiteten Guaita auf diesem bitterschweren Gang. Willemer war, als er die furchtbare Botschaft empfing, allein. Er hatte die kränkelnde, auch seelisch zusammengebrochene Marianne mit Rosette Städel nach Baden-Baden geschickt, als glaube er an die Heilkraft der dortigen Quellen für ein leidendes Gemüt. Jetzt brach der zutiefst getroffene Vater ebenfalls zur Reise nach Baden-Baden auf, die einer Flucht zu der ihm unentbehrlichen Marianne glich.

Die nun vierunddreißigjährige Frau konnte ihm keine Stütze sein, keinen Halt geben. Sie hatte »weder zu lieben noch zu hoffen« aufgehört und war vom vergeblichen Hoffen und Warten zermürbt. Sie nahm, unfähig, eigene Worte für das Weh zu finden, in das Goethes Stillschweigen sie gestürzt, Zuflucht zu Hammer-Purgstalls Hafis-Übersetzung, zu einer Abrede mit Goethe in den Tagen des Glücks. Damals verabredeten die Liebenden, sich durch Chiffren zu verständigen, die aus Seiten- und Zeilenzahlen aus diesem Buche bestanden. Jetzt las Goethe, die von Marianne angegebene Seite des Hafis aufschlagend und die Zeilen zählend: »Lange hat mir der Freund schon keine Botschaft gesendet,/Lange hat er mir Brief, Worte und Gruß nicht gesandt.« Oder: »Beglückt der Kranke, welcher stets/Von seinem Freunde Kunde hat.« Und schließlich: »Hundertmal schrieb ich, allein es hat mir der Führer der Reiter/Keinen Boten geschickt, keine Begrüßung gesandt.« Goethe ließ sich durch keine Beschwörung zu einem Briefe bewegen. Diese harte Konsequenz mochte ihm schwerfallen, schien ihm offenbar die einzige Möglichkeit, Mariannens Lieben und Hoffen zu ersticken. Sie jedoch, unverbrüchlich liebend und wartend, vermochte für dies Schweigen jeden andern Grund zu finden außer dem einen: – Goethe könnte aufgehört haben, zu lieben.

An jedem Vollmondabend schaute Marianne empor zu dem stillen Gestirn, ohne zu zweifeln daß sie dort, in der Unendlichkeit, dem Blick des Geliebten begegnen würde. Wirklich ohne zu zweifeln? Zweifeln und verzweifeln wäre für Marianne dasselbe gewesen; deshalb gestand sie sich keinen Zweifel zu, wandte sie ein Unvorstellbares an seelischer Kraft daran, zu lieben und zu hoffen. Die Folge dieser übermenschlichen Anstrengung waren nervöse Herzbeschwerden und Atemnot. Bezeichnenderweise steigerten sie sich in Vollmondnächten zu Krisen. In einem Briefe aus Baden-Baden erzählt Marianne selbst davon:

(Wir gingen) in der letzten schönen Vollmondnacht mit unserer Hausfrau nach der Promenade und setzten uns auf den Hügel vor ein Hüttchen, wobei man die herrlichste Aussicht hat. Die Fensterladen waren angelehnt und wir saßen davor; das Zauberlicht lockte mir die Stimme aus der Brust und ich sang nach anderen

Liedern den »Fischer«: bei den Worten, hinauf in Todesglut' öffnete sich leise der Fensterladen hinter mir, und ich erschrak so sehr, daß ich in Tränen ausbrach und mich lange nicht fassen konnte, obschon ich mich selbst überzeugte, daß es der Abendwind getan. Sind das nicht bedenkliche Zustände? Soviel ist gewiß, an einer Sucht scheine ich allerdings zu leiden, aber weder an Wasser-, Schwind-, Lungen-, Milz- noch Leber-, aber wohl an Sehnsucht. Und ich weiß nicht, ob es nicht die schlimmste von allen Süchten ist.

Diese, nicht an Goethe gerichteten, Zeilen verraten sowohl den überreizten Zustand Mariannens und ihren niemals schlummernden Glauben an das große Wiedersehen, das Wunder, sie bezeugen, daß Mariannen der Gott fortan versagte, im Gedicht für das, was sie litt, Linderung zu finden. Sie besang den Ostwind und den Westwind, nicht mehr den Nachtwind, der ihr vortäuschte, der ersehnte Freund sei leise hinter sie getreten.

Trotz Mariannens »bedenklicher Zustände« behielt sie diese und sich selbst unter Kontrolle.

Auch das beweist der von Hans-J. Weitz im Frankfurter Hochstift aufgefundene, oben angeführte, seit Jahrzehnten unbeachtet gebliebene Brief Mariannes an den befreundeten Arzt Dr. Passavant aus dem Sommer 1818.

Der Kampf um ihr inneres Gleichgewicht, das ihr von Natur zu eigen, war der Verzweiflung Willemers über Bramys Tod nicht zu vergleichen. Willemer neigte zu Depressionen, blieb immer unharmonisch. Gestörtes Gleichgewicht ließ sich wiederfinden, Willemers Charakter vermochte es niemals zu erringen. Deshalb brauchte er Marianne, deshalb ging er, ein bedürftiger Bettler, vor dem unermeßlich reichen Goethe mehr als einmal in die Knie. Marianne besaß die Fähigkeit, im Stirb und Werde zu reifen, zu wachsen. Willemer blieb immer der trübe Erdengast, schwankte immer zwischen Anläufen zum Übermenschen und dem Zurücksinken in Unvermögen und Schwäche.

Erstaunlich klar und nüchtern fand Rosette ihren Vater kränker als ihre Stiefmutter. Sie wollte mit dieser Tagebucheintragung wohl sagen: – unheilbar. Diese Aufzeichnung machte Rosette Städel nicht lange nach Bramys Tod:

Der Vater und mütterliche Großvater meines Vaters hatten dieselbe Gemütsart wie er, dasselbe unruhige Treiben, denselben grenzenlosen Ehrgeiz. Diese Erbsünde mit allen Anlagen des Vaters trug auch mein armer Bruder in sich und schwere Kämpfe standen ihm im Leben bevor. Gottes Gnade hat ihm diese mit ihrem ungewissen Ausgang erspart und so abgeschnitten die Reihe von Jammer und Schmerz, die über der Familie waltete, denn kein männlicher Erbe trägt nun weiter in sich den Irrtum und die Verkehrtheit alle, die sich wie eine Lawine fortwälzte durch die unselgen Gemüter . . .

. . . So sendet nun Gottes Huld hier das Ende seiner Heimsuchung bis ins dritte und vierte Glied und meines Vaters Zustand hat nur noch auf ihn selbst Einfluß . . .

Rosette fragte sich, ob sie still duldend dies Wesen Willemers ertragen oder in einem aufrichtigen Gespräch ein ernstes Wort sagen, seine Einsicht zu wecken suchen solle. Der Kondolenzbrief Christian Brentanos hatte Willemer in sehr weiche Stimmung versetzt und schien Rosette ein Stichwort zu geben. Denn dieser Brief, der auf Mariannens Krankheit Bezug nahm, enthielt einen Hinweis auf die heilende Kraft der Selbstlosigkeit. Daß diese Bemerkung dem egozentrischen Willemer galt, nicht Mariannen, erriet Rosette. So wagte sie, dem Vater zu gestehen, wie sehr seine Ichbezogenheit und sein Unvermögen, die Dinge vom Standpunkt der Seinen zu sehen, auf diesen laste, daß er ihr kränker erscheine als seine Frau. »Es ging an des Vaters Seele vorüber wie ein Schatten über bewegtes Wasser . . . es war wie in fremder Sprache geredet.« So scheinbar unzugänglich und starr gab sich Willemer seiner Ältesten gegenüber. Deshalb zog Rosette den Schluß:

Dem zufolge ist mein Wohnen bei meinem Vater von keinem Zweck mehr und ich muß es abstellen. Es fehlt mir an Kraft, die Aufgabe, die ich klar erkenne, bei immerwährendem Anblick der unheilbaren Krankheit auszuführen, wohl aber kann ich es bei einzelnem Zusammenkommen. Dies ist also das Rechte und jenes würde mich selbst in Gefahr bringen, in meinem Innern zu verderben. Auch Mariannen kann ich mehr sein, wenn ich nicht täglich um sie bin und von dem Übel, das sie zu tragen hat, doch nichts abwenden.

Die Wohngemeinschaft Rosettes mit ihrem Vater löste sich auf friedliche Weise durch ihre 1818 erfolgte Heirat mit Senator Thomas. Auf seine Art nahm sich der Vater insgeheim doch zu Herzen, was sie ihm gesagt. Er stellte die eigne Person, die eignen Wünsche in den Hintergrund und suchte sich bei Marianne in selbstloser Freundestreue zu bewähren. Goethe gegenüber leitete ihn das gleiche Bestreben. Es bedeutete für Willemer eine harte Prüfung, daß auch Bramys Tod kein Wort aus Weimar bewirkte. – Der Ehrgeizige trug Goethes Freundschaft wie eine Krone. Nun drohte ihm diese Zierde verloren zu gehen.

Nüchtern betrachtet, war Marianne 1818 für Goethes Freundschaft noch nicht reif; Willemer besaß sie nie. Vermochte der große alte Mann der sehnsüchtigen Liebe Mariannens, die in ihm noch immer den Hatem des Jahres 1815 sah, allein aus diesem Grunde nicht zu antworten, barg auch sein Schweigen auf Willemers Klage um den Sohn grausame Redlichkeit. Es fehlte Willemer, im Gegensatz zu Marianne, jener Wesenszug, den in späteren Jahren die Goethe zunächst Stehenden ausnahmslos ihr eigen nannten, mochten sie im übrigen noch so verschieden sein. Goethe gab sich nur wirklich lauteren Naturen während seiner zweiten Lebenshälfte wahrhaft anheim, erschloß sich niemandem sonst in echter Freundschaft. So nobel Willemer sein konnte, so redlich bemüht sein Streben: ein Blick auf Zelter, Meyer und später Sulpiz Boisserée und Eckermann zeigt, daß Willemer kein lauterer Mann gewesen. Goethe fragte nicht nach Bedeutung und Berühmtheit, er wählte seine Freunde nach dem Charakter, Lauterkeit zog ihn an, hielt ihn fest. Hier blieb eine Schranke zwischen ihm und Willemer, die ihm verbot, jene hinreißende Geste zu wiederholen, mit der er den seines Sohnes beraubten Zelter mit dem Du gekrönt. Da ihm verwehrt war, Willemer tröstend auf solche Art ans Herz zu nehmen, blieb ihm nur das Schweigen.

In dies Schweigen hinein ergoß Willemer hemmungslos seinen Vaterschmerz, um Goethe mit dem Versprechen erneut einzuladen, er werde dann weder klagen noch weinen. Überdies ließen sich Friedrich und Meline Scharff am Frauenplan melden und überbrachten verspätet das Hochzeitsgeschenk der Willemers für August und Ottilie: eine prächtige Teemaschine. – Nach der Opfergabe folgte, Monate später, die Beschwörung der Gottheit. Im Oktober 1818 schrieb Willemer an Goethe:

Teuerster Freund!

welch ein feindlicher Genius (ob ein Dämon der Gleichgültigkeit oder der Abneigung) ist Ursach, daß von Ihnen kein freundliches Wort mehr zu uns gelangt! . . .

Und doch bedarf das Haus, das Sie kannten, und liebten, eines freundlichen Zuspruchs – Marianne kränkelt – . . . hat keine Stimme – ich litt drei Wochen an schrecklichen Gichtschmerzen und leide noch – der Sohn liegt im Grab – so verspielt der Mensch sein Dasein an ein trübes Geschick. Aber eben darum daß so viele Fäden reißen, sucht man die alten zu erhalten und will sich nicht gestehen, daß sie vielleicht schon durchgeschnitten sind.

Das Musenkind aus den glückseligen Sommern 1814 und 1815, der Divan, stand vor der Veröffentlichung, als diese nicht länger zu überhörenden Geschenke und Worte zu Goethe drangen. Das erleichterte ein Wiederanknüpfen nach der langen Pause und einschneidenden Ereignissen. Goethe sandte die ersten Druckbogen, bat um Geheimhaltung und fand dann für »unsere geliebte Marianne« poetische Worte des Gedenkens. »Möge die Freundin, den vorüberfließenden ewigen Fluß betrachtend, auch der beharrlichen Bächlein gedenken, die schweigsam, ohne Rauschen, sich immer um sie her schlängeln.« Es war wie ein liebevoll-erinnerndes Winken aus großer Ferne und unterschied sich kaum von den Worten an Rosette: daß der muntere Hausgeist Ottilie, gleichfalls eine »tätige Vereinerin«, sich gut mit ihr vertragen würde. Über den Verlust Bramys glitt Goethe hinweg. Der mächtige Beherrscher des Wortes wußte wohl, daß solch herzzerreißendes Geschehen einzig zu beschweigen war. Ihn befremdete Willemers laute Klage, sein ungehemmtes Jammern.

Marianne konnte auf diesen Brief, der sie aus ihrem Dornröschenschlaf riß, erst spät antworten. Für sie stand die Zeit seit der Trennung still, all ihre Kräfte und Fähigkeiten konzentrierten sich auf Warten und Hoffen. Wie tief muß es die Hellhörigkeit ihrer Liebe getroffen haben, zu lesen: »Und so erwachen, wenn man nur erst die Erinnerung wieder anregt, hundert Verhältnisse des Zusammenlebens auch in der Ferne.« Suleikas Hatem lebte als Vater, Großvater und Hofmann seine Weimarer Existenz und vermochte sich dessen, was ihres »Lebens Leben« bedeutete, nur noch zu erinnern. Nicht allein die Zeit, die Spanne zwischen dem großen Mann von siebzig Jahren und der erst vierunddreißigjährigen Marianne wirkte sich aus.

Als Goethe im Herbst 1818 erstmals wieder von sich hören ließ, riet Willemer, Marianne möge mit der Antwort warten, bis der erneute Besuch der russischen Kaiserin bei ihrer Tochter Maria Paulowna vorüber sei. Sie selbst mochte es für klüger halten, nicht spontan zu antworten, ihr aufgewühltes Empfinden sich erst zur sanften Klage läutern zu lassen.

Seit Christianens Tod und Augusts Verheiratung war Goethe dem Hofe wieder näher gekommen. Er nahm sogar bereitwillig sein Amt als Hofpoet wieder auf, entwarf und dichtete zur Unterhaltung der Zarin einen der damals beliebten Maskenzüge, ein großartiges Schauspiel für Auge und Ohr. Der Dichter, zugleich Regisseur und Berater in Kostümfragen, hatte viel Arbeit, bevor die Huldigung für den hohen Gast vonstatten gehen konnte. Sämtliche »Hofverwandte«, auch Mitglieder des gehobenen Bürgerstandes, waren aufgeboten, denn außer Gestalten aus seinen und Schillers Werken sollten auch Sinnbilder für die Landeserzeugnisse und allegorische Figuren an den Hoheiten vorüberziehen. Wer besonders begabt, flink und ehrgeizig genug war, erschien in anderem Gewande als eine andere Gestalt zum zweiten oder gar dritten Male. Nach wochenlangen Vorbereitungen und Proben sah sich »der Vater« belohnt.

Verführerisch schön zeigte sich August als Mephistopheles. Adele Schopenhauers »Tragödie« glich ihre Häßlichkeit durch kluge Diktion aus. Eine majestätische Augenweide schritt Gräfin Julie als »Nacht« vorüber und deutete dem in ihren Arm geschmiegten Schlaf, der erblühenden Tochter Schillers, die Träume. »Adelma« aus »Turandot« warf dem Vater aus Ottiliens Augen einen schelmisch-zärtlichen Blick zu. Es war ein anderes, junges Geschlecht, aber ein dem Siebzigjährigen verbundenes: seine Kinder und deren Freunde.

Das Fest verrauschte, Goethe wandte sich den Studien des Korans und des Matthäus-Evangeliums zu, zog sich in seine Eremitenklause zurück. Die ausgefüllten Tage reihten sich allzu schnell aneinander an der Schwelle seines achten Jahrzehnts.

Sehr fern mag die liebe Stimme Mariannens mit ihrer wehmütigen Klage aus dem Brief vom Jahresende 1818 an sein Ohr gedrungen sein:

Ihr freundlicher Brief und die ihn begleitenden Blätter haben mich wieder ganz in die Zeit versetzt, in der ich so glücklich, ja ich darf wohl sagen: jugendlich-heiter war. Wenn ich mir jetzt jenen Zustand vergegenwärtige, so möchte ich wohl nicht ganz mit Unrecht mich einem Baum vergleichen, dem ein schöner Herbst neue Blüten entlockt: die alles belebende Sonne schmückte mich noch einmal mit dem Kranze der Jugend; es war mein letztes Glück! Der Ernst tritt in mein Leben wie ein kalter Winter, die Blüte fällt ...

Doch wem Erinnerung so viel Herrliches bietet, darf mit der Gegenwart nicht rechten ...

Als ich diesen Sommer Heidelberg wieder sah, habe ich alle Orte besucht, die mir wert sind, und ihre Wirkung auf mich war unbeschreiblich wohltuend ... Nur jene Lettern, fein gezogen an des lustgen Brunnens Rand, hatte die Hand der Zeit verwischt; für ihre Unsterblichkeit ist gesorgt. Möge der Wunsch, den sie aussprachen, mein kurzes Leben ausfüllen! ...

Wie gerne machte ich die Bekanntschaft des muntern Hausgeistes, den mir Meline so hoch gepriesen; wohl ihm, daß er in Ihrer Nähe ... wirken kann!

Obgleich dieser Brief stilisiert wirkt, an Goethes Altersstil sich anlehnt und nichts Spontanes hat, verrät er unverwundenes Leiden, Lieben, Hoffen. Sie hat einen Ton angeschlagen, der Goethe belastet und in Verlegenheit setzt. So schweigt er erneut. Diesmal wurde dies Schweigen für Marianne beredt. Wie jede Liebende vermochte auch sie nicht zu fassen, daß seine Liebe der Vergangenheit anheimgefallen. Aber Mariannens Verstand, ihr Takt sagten ihr, daß dem so sei. Wie nah hatte sie Goethe eine Einladung gelegt. Er schwieg, und Marianne begann zu begreifen. Heilsam für ihren Zustand war dies nicht. – Da raffte Willemer sich auf, Klarheit zu schaffen, dem zermürbenden Hoffen und Warten Mariannens so oder so ein Ende zu machen.

Wennschon er Rosettens Vorhaltungen wegen seiner Ichbezogenheit scheinbar unberührt zugehört, müssen sie doch stark nachgewirkt haben. Als Willemer von der Verurteilung von Dolfs zu zwanzig Jahren Festung vernahm, sah er eine Möglichkeit, seine selbstlose Noblesse vor aller Welt zu beweisen.

Zwanzig dem brutalen Duellgegner Bramys geraubte Jugendjahre gaben dem Opfer das Leben nicht zurück. Willemer empfand keine Befriedigung bei der harten Strafe. Er entschloß sich vielmehr, nach Berlin zu fahren und für von Dolfs beim König um Gnade zu bitten. Diese Reise ermöglichte ihm zugleich, ohne Aufsehen und Anmeldung in Weimar vorzusprechen.

In welcher Verfassung muß Marianne sich befunden haben, wenn sie Willemer auf dieser bitter schweren Reise nach Berlin nicht begleitete! Hat Willemer es nicht gewünscht? Fehlte ihr der Mut? Oder verschwieg Willemer ihr gar sein Vorhaben, Goethe aufzusuchen?

Er muß dem Herzeleid seiner Frau ein beredter Anwalt gewesen sein. Vermutlich sagte der »Herzenskündiger« Ähnliches, wie es kurz darauf ein Brief an Goethe äußerte: Marianne sei von Schwermut bedroht und würde dem geheimen Kummer, sofern nicht bald Hilfe käme, erliegen. Sie habe sich ihm, Willemer, ohne Rückhalt anvertraut. »Ich spiele mit meinem Schmerz, ohne ihm zu erliegen, so etwas versteht sich übrigens in meinen Jahren von selbst.« Es folgte die Bitte, erneut auf der Mühle einzukehren und des Hauses Schwelle wiederum zu heiligen.

Wie in Heidelberg stand Willemer unerwartet vor Goethe. War Marianne mitgekommen, harrte sie, wie damals, im Gasthof? Goethe behauptete, in diesem Augenblick der Überraschung »recht gefühlt zu haben, daß er ihr noch immer angehöre«. Sicher hätte solch Wiederbegegnen auch ihn zutiefst erschüttert, aber nicht ausschließlich aus einer Aufwallung des Gefühls. Die hilflose Verzweiflung darüber, nicht mehr geben zu können, was man ersehnte und erhoffte, würde dominiert haben.

Gab es wirklich für Marianne keine Hilfe, keine Rettung? – Ihr Erfüllung zu schenken, blieb unmöglich. Würde sie sich mit dem, was er zu geben hatte, abfinden können? Goethe sah sich gezwungen, die schwerste und höchste Forderung an Mariannens Liebe zu stellen: – sich mit seiner Freundschaft zu begnügen.

Der erfahrene alte Mann wußte: noch nie vermochte eine einst geliebte Frau, die nicht aufgehört, ihn zu lieben, ihm reine, nichts mehr fordernde Freundschaft zu gewähren, Entsagung ohne Bitterkeit.

Vergebung war ihm geworden, beim letzten, versöhnlichen und versöhnenden Begegnen mit Friederike, beim fernen Grüßen der zu hohen Maßen gereiften Lilli. Entfernung hatte sich in beiden Fällen als milde Göttin mit heilenden Kräften erwiesen, denn in der Nähe, das hatte Charlotte von Stein ihn gelehrt, hörte solche Wunde nie auf zu eitern und zu brennen.

Marianne lebte nicht in Weimar. Sie würde es leichter haben als Frau von Stein, deren Eifersucht täglich neue, die Seele vergiftende Nahrung gefunden. Marianne, räumlich von ihm getrennt, wie dies Friederike und Lilli geblieben, könnte ihm vielleicht mehr bewahren.

Würde es gelingen, aus ihrer Liebe, seiner Freundschaft und dem gemeinsamen leuchtenden Erinnern an die Suleika-Zeit Dauerndes zu schaffen? Er wollte versuchen, ihr aus der Fülle und Dankbarkeit seines Herzens und der reifsten Frucht seiner Menschlichkeit: der Güte, zu helfen.

Nach der Rückkehr fand Willemer Marianne unverändert: krank, traurig und unerfüllt. Diesmal schickte er sie allein zur Kur nach Baden-Baden. Rosette, nunmehr Frau Senator Thomas, konnte die junge Stiefmutter nicht begleiten. Ihr war zuteil geworden, wonach Marianne sich vergebens sehnte: Erfüllung an der Seite des überlegenen Geliebten. Allein, nur von ihrer Jungfer und einem Diener begleitet, reiste Marianne ab.

Willemer half sich mit Schreibtischarbeit. Er setzte sich dafür ein, daß die jungen Männer künftig ihre Händel, statt mit der Waffe in barbarischen Duellen, vor Ehrengerichten austragen sollten. Solch weise Vorschläge kamen aus einem verwundeten Vaterherzen, denn im übrigen blieb Willemer ein grauhaariger Feuerkopf. Als nach der Ermordung Kotzebues durch Sand die Reaktion überall Rebellion witterte und der große Joseph Görres durch seine Schrift »Deutschland und die Revolution« den Preußen mißliebig wurde, wollte man ihn in Frankfurt verhaften lassen. Der preußische Geheimrat von Willemer besann sich keinen Augenblick, ihm zur Flucht zu verhelfen und seinem Schwiegersohn, Polizeisenator Thomas, die unrühmliche Aktion zu ersparen. – Sein Frankfurter Verleger Andreae bekam gleichfalls zu spüren, wie eigenwillig und unbequem Willemer sein konnte. Er fand sich durch das Ansinnen, des Anverwandten neueste Streitschrift zu verlegen, entschieden überfordert. Willemer stand nicht an, das, was die Gesetzgebende Körperschaft sein sollte und könnte, hart mit dem zu konfrontieren, was sie leistete und war. Eigentlich sollten Parteien und Fraktionen über die Einführung von Gesetzen entscheiden, nicht der Senat! Wie weit war Johann Jakob von Willemer seiner Zeit voraus!

Marianne verbrachte in Baden-Baden ebenfalls stürmische Tage, ihre Kämpfe spielten sich im eigenen Innern ab. Es blieb viel zu verarbeiten, zu überwinden. Rosette durfte nach vielen Leiden und Prüfungen den ihr gemäßen Mann finden, würde nun in einem neuen Umkreis ihr eigenes Leben führen. Auf sie, Marianne, wartete nichts mehr als das langsame Altern an Willemers Seite. Sie mußte dem ins Auge sehen lernen, es ertragen.

Sie neigte nicht dazu, sich selbst zu bemitleiden. Das Auf-sich-selbst-Angewiesensein schreckte sie nicht, denn sie befand sich nicht auf der Flucht vor sich. Dank der durch die Kur bedingten Regelmäßigkeit im Tagesablauf und der lieblichen Landschaft lichteten sich die lastenden Schatten auf ihrem Gemüt. Sie erkannte allmählich, wieviel Kraft es gekostet, sich an Wünsche und Hoffnungen zu klammern, die sich nie erfüllen würden. Diese Kräfte könnten wieder frei werden, wenn sie endlich den Verzicht anzunehmen versuchte.

So mit sich ringend, schrieb Marianne während der Kur nicht nach Weimar, bis zuletzt doch ein Brief an Goethe das Resultat aller Erwägungen und Bemühungen war. – Diesmal trug dieser Brief keine Nachschrift Willemers, er würde ihn nicht lesen; aber er hätte jede Zeile lesen können. Der Brief verzichtete darauf, Goethe mit Gefühlen zu bestürmen, zu bedrängen. Die seinen zu überschätzen, nennt sie eine »angenehme Täuschung«. Marianne täuschte sich nicht mehr unbewußt oder im verzweifelten Bemühen, den Tatbestand nicht zu sehen. Sie wußte von nun an, daß sich die Liebe zwischen Hatem und Suleika in für Goethe »abgelebten Zeiten« abgespielt, und als sie dem Briefe ihre Adresse beifügte, glaubte sie nicht daran, eine Antwort zu erhalten. Überrascht, ja bestürzt mag sie den Brief des Geliebten, des Freundes empfangen haben, der wider Erwarten eintraf:

Nein, allerliebste Marianne, ein Wort von mir sollst Du in Baden nicht vermissen, da Du Deine lieben Lippen wieder walten lässest und ein unerfreuliches Stillschweigen brechen magst. Soll ich wiederholen, daß ich Dich von der Gegenwart des Freundes unzertrennlich hielt und daß bei seinem treuen Anblick alles in mir rege ward, was er uns so gern und edel gönnt? Ob Du gleich schwiegst, hatte ich allerlei zurecht gelegt, der Rückkehrende vermied uns und es blieb liegen.

Nun da Du sagst, und so lieblich, daß Du mein gedenkst und gern gedenken magst: so höre doppelt und dreifach die Versicherung, daß ich jedes Deiner Gefühle herzlich und unablässig erwidre. Möge Dich dies zur guten Stunde treffen und Dich zu einem recht langen

Kommentar über diesen kurzen Text veranlassen. Wäre ich Hudhud ich liefe Dir nicht über den Weg, sondern schnurstracks auf Dich zu. Nicht als Boten, um mein selbst willen müßtest Du mich freundlich aufnehmen. Zum Schluß den frommen liebevollen Wunsch*

Eja, wären wir da! G.

Diese zierlichen Zeilen stammten nicht mehr von Hatem, sie atmeten nicht mehr den heißen Hauch später Leidenschaft wie die Worte an Suleika. Es sind anmutig gesetzte Worte eines zärtlichen alten Herrn an die ihm durch liebe Erinnerungen verbundene Frau. Daß Marianne von Willemer nun die Kraft zur Einsicht gefunden, ihre Liebe zu Goethe sei fortan auf sich selbst gestellt, und daß sie mit sicherem Instinkt aus dieser Erkenntnis heraus handelte, beweist die vornehm-stolze, unnachahmliche Weise ihrer Antwort:

Die freundlichen und herzlichen Worte, die ich in Baden erhielt, haben ihre Wirkung nicht verfehlt. Ich hatte vieles, Bekanntes und Neues, zu erwidern. Zudem war durch Sulpiz Boisserée, der kurz vor meiner Abreise eintraf, durch Gespräch und Mitteilung die vergangene Zeit fast zur Gegenwart geworden. Dies alles wollte ich Ihnen schreiben so gut ich es vermochte, Sie hätten das Fehlende wie immer ersetzt, und ich hätte mich wie immer verwundert, daß ich mich so gut auszudrücken weiß. Meine Abreise, die früher erfolgte als ich anfangs glaubte, und eine nicht ganz unbedeutende Unpäßlichkeit nach meiner Ankunft in Frankfurt verhinderte meine Absicht, und nun weiß ich nichts mehr zu sagen, als daß Ihr Wohlwollen mich innig gerührt und erquickt und mir ein Bewußtsein verleiht, das mich zu gleicher Zeit erhebt und demütigt.

Als Mensch gerührt und erhoben durch Goethes Du und den gütigen Ton, fühlte die liebende Frau sich von der gedämpften Zärtlichkeit und dem mitschwingenden Erbarmen gedemütigt. Sie nahm dieses Du des Mitleids nicht auf, aber den Ton maßvollen Empfindens. Unter Tränen lä-

* der Wiedehopf, in Persien der geflügelte Liebesbote

chelnd gestand sie: »Ich lebe stets der Hoffnung, Sie zu sehen.«

Trotz dieser Versicherung wußte Goethe: – Marianne von Willemer hatte die Prüfung bestanden.

18. GROSSMÜTTERCHEN UND FREUNDIN

Zum vierten Male seit den hohen Tagen von 1815 nahte Goethes Geburtstag, nunmehr der siebzigste. Trotz Mariannens lockenden Schilderungen hat der Freund nicht Baden-Baden, sondern Karlsbad gewählt, als er unmittelbar vor seinem Wiegenfest zur sommerlichen Badekur aufbrach. Er wollte den in Weimar zu erwartenden besonderen Feierlichkeiten entgehen und befand sich am 28. August in besinnlich-nachdenklicher Stimmung auf der letzten Wegstrecke zwischen Asch und seinem böhmischen Reiseziel.

Er ahnte nicht, daß zum erstenmal in weiteren Kreisen seines Geburtstags gedacht wurde, besonders die Frankfurter Freunde ihn festlich begingen. Diesmal fand die Feier nicht innerhalb der Willemer'schen Familie auf der Mühle statt. Am Vorabend hielt die Museumsgesellschaft eine Goethe gewidmete Sitzung ab, am Tage selbst kam man im »Weidenbusch« auf der Zeil zu festlicher Tafel zusammen. Ausschließlich Männer, 180 an der Zahl, saßen um den Tisch, an dessen Kopfende zwischen Lorbeerbäumen Goethes Büste stand: gekrönt von einem Lorbeerkranz mit goldenen, edelsteingeschmückten Blättern. Aus besonderem Grund waren Boisserée und Bildhauer Thorwaldsen anwesend. Sulpiz schlug in seiner Rede vor, dem Gefeierten von Thorwaldsens Hand ein Denkmal in seiner Geburtsstadt zu errichten. Im Hochgefühl der Stunde nahmen die Anwesenden den Gedanken begeistert auf. Die von Freiherrn vom Stein ins Leben gerufene Gesellschaft für ältere

Geschichtskunde ernannte Goethe zum Ehrenmitglied, und sämtliche Teilnehmer an der Feier hatten durch ihr Scherflein eine besondere Huldigung für den Dichter ermöglicht: 18 am gleichen Tage geborene Arme erhielten ein festliches Mahl und eine Geldspende.

Frauen waren von dieser ersten öffentlichen Goethe-Geburtstagsfeier ausgeschlossen. Man darf annehmen, daß Marianne und Rosette den Tag des Erinnerns gemeinsam verbrachten, wahrscheinlich draußen auf der Mühle.

August von Goethe meldete dem Vater nach Karlsbad die Ankunft des kostbaren Lorbeerkranzes aus Frankfurt und ließ sich dafür loben, ihn in Gewahrsam genommen und nicht der Post anvertraut zu haben. Der goldene, edelsteinverzierte Kranz muß eine seltsame Anziehungskraft für August besessen haben, denn er konnte sich erst auf wiederholtes, nachdrückliches und schließlich ungeduldiges Drängen des Vaters entschließen, sich davon zu trennen.

Von August wenig beachtet, erwartete Mariannens Gabe den Heimgekehrten. Sie hatte für den geliebten Freund einen Spazierstock aus Stechpalmenholz anfertigen lassen, auf dessen Griff ein zierlicher Wiedehopf kauerte. Goethe besah sich die Fülle der Geschenke und wohlgemeinten Reimereien, nahm dann den Spazierstock und stellte ihn in Griffweite in eine Ecke des Arbeitszimmers, wo er noch heutigen Tages steht.

Seit Empfang der Druckbogen hatte Marianne immer befürchtet, andere Freunde Goethes könnten vor ihr in den Besitz des fertigen »Divan« gelangen. Jetzt hielt sie beglückt ein eigens für sie gebundenes Exemplar in Händen, Goethes Dank für ihr Geburtstagsgeschenk. »Demütig und stolz, beschämt und entzückt« fand sie ihre eigenen Gedichte in das »Buch Suleika« hineinverwoben. Ahnte Marianne von Willemer, daß der entschwundene Halbgott sie auf diese Weise in den Himmel der Unsterblichkeit trug? –

Wenn diese Ahnung sie angerührt hat, kam es Mariannen nicht auf die Unsterblichkeit an, wohl aber auf die unlösbare Verbundenheit mit Goethe. Im Wechselgesang zwischen Hatem und Suleika vollzog sich, was sich in der Wirklichkeit nie erfüllen würde. Als könne das Mysterium, zerredet, seine geheimnisvoll tröstende und stärkende Kraft einbüßen, verbarg Marianne ihren Anteil am »Buch Suleika« vor der Welt.

So sehr sie sich mühte, die Jahre zu vergessen, Goethes siebzigster Geburtstag ließ sich nicht ableugnen, die Familie, von der er in Weimar umgeben war, ließ sich nicht wegdenken. Seit zwei, drei Jahren blickten ihr zwischen den Zeilen von Goethes Briefen die lieblichen Blondköpfe der Enkel entgegen. Goethe unterschied sich in seinem Stolz, seinen liebevollen Beobachtungen und seinen Zukunftsträumen keineswegs von allen Großvätern aller Zeiten.

Marianne besaß seit dem dreißigsten Jahre die Würde des »Großmütterchens«, denn sie heiratete Willemer im Großvaterstande. Die ältesten Enkel, Röschen Scharff und Jean Andreae, bewahrten noch eine Erinnerung an Goethes Besuch auf der Gerbermühle, inzwischen hatte die Enkelschar sich um viele Köpflein vermehrt. Die kinderlose Marianne hieß für alle das Großmütterchen und sollte nun mit vierunddreißig Jahren erneut Großmutter werden. Rosette Thomas erwartete, viele Jahre nach dem Tode der kleinen Anna Städel, das erste Kind ihrer zweiten Ehe. Es sollte den Namen des Mütterchens und Großmütterchens, der liebsten Freundin, den Namen Marianne tragen. Aber es hielt sich nicht an das Versprechen Rosettes und kam als ein Knabe zur Welt. So gab man dem kleinen Erdenbürger die Vornamen Willemers und nannte ihn Johann Jakob.

Seit Goethe Großvater geworden, liebte Marianne ihre Großmutterwürde. Ihre Liebe bestand fort, jedoch beruhigt und verwandelt. Aus leidenschaftlichem Begehren war zärtliche Anhänglichkeit geworden. Was sie durchkämpft und erlitten, um so weit zu kommen, ließ sie vorzeitig altern, erschütterte ihre Gesundheit.

Dies frühe Verblühen verlieh ihr zugleich Reife und sanfte Würde. Der schelmische Ausdruck auf den entzückenden Jugendbildern wich dem Ausdruck fraulicher Anmut und mütterlicher Güte. Kein Zug vergrämter Bitterkeit entstellte das keineswegs schöne, aber anziehende, liebe Frauenantlitz. Marianne begnügte sich nun damit, daß Goethe sich ihr wohlwollend zuneigte. Wenn er ihr jene Gefühle, die ihn 1814/15 beseelt, jetzt vorgaukelte, ging sie darauf ein, schien sie daran zu glauben. »Lassen Sie mir immer die angenehme Täuschung.« Hellhörig dürfte Goethe erfaßt haben, wie lebensnotwendig es für Marianne blieb, auf etwas zu warten, sich ihm verbunden zu fühlen. Das leidvolle Jahr seines Schweigens tat seine Wirkung, lehrte Suleika, daß sie sich mit der Erinnerung bescheiden müsse. Die Art, wie sie auf Goethes erbarmendes »Du« geantwortet, bewies ihm, daß Marianne zwischen Unerfüllbarem und Wirklichkeit unterscheiden gelernt. Was sie vorher verhängnisvoll in ihren Wünschen und Erwartungen bestärkt hätte, half ihr nun, den Weg der Resignation an Willemers Seite mit holden Träumen und der Güte des Freundes auszuschmücken. Im Grunde ihres Herzens wußte sie, wie die Dinge standen. – Sie bedurfte jedoch der tröstlichen, der »angenehmen Täuschung«. Dennoch muß man sich hüten, in Goethes Verhalten und dem immer wieder erwogenen Kommen ein frivoles Spiel mit Mariannens Liebe zu sehen. Nachdem die Frau ihren Platz in seinem Leben erkannt, ihn angenommen hatte, sah der nunmehr Siebzigjährige seinen Wunsch erfüllt. Marianne war gewillt, sich nicht allein mit Freundschaft zu bescheiden, ihre Liebe nahm sie dankbar als kostbare Gabe auf. Marianne hat die härteste Probe des liebenden Herzens bestanden: Verzicht ohne Groll. Nachdem ihr alles versagt worden, läuterte sich ihre Liebe, ohne in Bitterkeit umzuschlagen. Die enttäuschte Frau, durch Leiden gereift und gewachsen, zeigte sich in ebenbürtiger Menschlichkeit. So war Goethes Gefühl für Marianne zwar nicht mehr Hatems Liebe, jedoch durchaus echt als bewundernde, verehrende Zuneigung. Etwas Kostbares, Einmaliges war zwischen ihnen erblüht. Marianne wußte, daß sie, obwohl nicht mehr geliebt, für den großen Freund unentbehrlich geworden, sah sich gekrönt von seinem Vertrauen.

Daß Goethe nach der deutlichen und eindeutigen Zäsur des Schweigejahres Kamm und Locke von Suleika erbat, wirkt nicht mehr echt und überzeugend. Es war, wie die Verse jener Jahre, »Nachklang« des Divan-Erlebnisses. Gründliche Forschung konnte die Behauptung Goethes, daß Locke und Kamm ihn auf der Reise begleiteten, als zwar nicht fromme, aber liebenswürdige Lüge enthüllen. Ein kleiner Zug beweist indes, was ihm die Freundin bedeutete, wie hoch sie für ihn stand. Marianne ließ den erbetenen Kamm durch Frau Hollweg überbringen. Sie und Ottilie bedrängten Goethe in echt weiblicher Neugier, was wohl das geheimnisvolle Päcklein berge. Der Vater nahm es lächelnd und schob es in seine Brusttasche.

Marianne wußte aus ihrem sicheren Instinkt, ihrem feinen Gefühl heraus um die echte Unverbrüchlichkeit der Empfindungen, die sie sich in Goethes Herzenshierarchie gesichert. Jetzt war sie reif genug, das Getragensein von seiner dankbaren Verehrung, seinem Vertrauen, als gewandelte Form des Glücks zu erkennen. Sie spürte: – sein Gefühl für sie war nicht gleich einem Rausch verflogen, wie es einmal hätte geschehen können, wie es sogar während des Jahres der Prüfung zu sein schien. In einem unerwarteten, völlig andern Sinn hat sich ihre leidenschaftliche Überzeugung »Liebe gibt der Liebe Kraft« bestätigt. Sie begriff, daß für den großen alten Mann, der sie vor Jahren als Hatem liebte, des Lebens Leben, sein Kern und Inhalt, der

Geist geworden und sie mit ihrer Liebe statt des Vergänglichen das Unvergängliche umfangen müsse.

Der Sieg Marianne von Willemers über unerfüllbares Wünschen und Begehren spiegelt sich auch in der Sprache ihrer Briefe. Es ist völlig ihre eigene, dennoch eine an Goethe anklingende Sprache. Von anmutigsten Andeutungen und Wendungen abgesehen, ließ sie ihren Gefühlen nicht mehr ungehemmten Lauf, beschränkte sich auf lebendiges und anschauliches Erzählen, auf bescheiden geäußerte, treffsichere Urteile.

Häufig wurde der Briefwechsel zwischen Freund und Freundin durch Nahestehende oder Bekannte belebt, die von Frankfurt oder Weimar kamen. Im Dezember 1820 waren es Sophie und Fritz Schlosser, die Mariannen nie genug vom Frauenplan erzählen konnten. Dann wieder hielten sich die Schwiegersöhne auf Reisen in Weimar auf, gelegentlich mit ihren Frauen. Marianne sah sich selbst nie eingeladen, ihre zarten Winke und Bitten überhört und unbeantwortet. Sie mußte sich im stillen nach den Gründen und Hintergründen für Goethes Bestreben, sie von Weimar fernzuhalten, fragen. Die sensible, intelligente Frau fand wahrscheinlich die Antwort: daß Goethe in der räumlichen Entfernung das sicherste und beste Mittel sah, diese kostbare Freundschaft in ihrer Schönheit und ihrem Reichtum zu bewahren. Sie wußte, wie viel sie sich mit Verzicht und Entsagung erkaufte und lehnte sich nicht mehr gegen Unabänderliches auf. –

Ihre Ehe ruhte auf Vertrauen und Dankbarkeit. Willemer hatte sich in den kritischen Jahren bewährt und seiner Gemeinschaft mit Mariannen die feste, dauerhafte Basis gesichert. Daß die Verehrung für Goethe das Paar verband, ist ein Trugschluß.

Die seltsame Erfahrung, daß Goethe, gleich einem Zauberspiegel, die Menschen durchsichtig macht, bestätigt sich auch hier: – die Stellung der Willemers zu Goethe verrät den Rangunterschied des Paares. Willemer pflegt die Beziehung übereifrig, nicht ohne Eitelkeit und keineswegs immer sonderlich feinfühlend. Das bohrende Empfinden seiner Unzulänglichkeit hatte ihn ehrgeizig und geltungssüchtig gemacht, trieb ihn immer wieder in die politische Arena und dazu, von sich reden zu machen. Die Freundschaft mit Goethe bedeutete einen ungeheuren Zuwachs an Wert und Geltung; sie zu erhalten, schien ihm jedes Opfers würdig. Der betriebsame Mann sonnte sich beim offiziellen Geburtstagsfeste Goethes und den Bestrebungen, dem Dichter ein Denkmal zu errichten, in dieser Freundschaft. Marianne rühmte sich ihrer nie, trug die Früchte ihres Glücks und ihrer Schmerzen still im Innersten und dachte an die Goethes irdische Zeit überdauernde Denkmalfrage schwerlich anders denn mit Schaudern. Ursprünglich war ihr Gefühl für Goethe natürliche, elementare, Erfüllung heischende Liebe, die, auf Sublimierung verwiesen, schöpferische Kräfte entwickelte. Die starke Substanz ihrer Persönlichkeit erschöpft sich nicht im geschlechtlichen Begehren. Im Verzicht, am Verzicht entfalten sich die großen menschlichen Möglichkeiten, so daß ihr der Geliebte in höchstem Sinn dauernd angehörte: – als ein ihrer lauteren Güte und Großmut dankbar Verpflichteter. Aus dem stolzen Jubel der »Hochbeglückten« war die stille Demut der Ausgezeichneten geworden, die sich von Goethe in einen völlig andern als den erhofften Himmel erhoben sah. Willemer nahm an Mariannens Beziehung zu Goethe oft in penetranter Weise Anteil. Auf die hohe Stufe des schließlich Erreichten vermochte er dem erlesenen Paar niemals zu folgen. Trotz seines Stolzes auf die Begabung seiner jungen Frau, war er im Grunde eine amusische Natur. Er bezahlte Mariannens Ausbildung und später auch die Ausbildung ihrer begabtesten Gesangsschülerinnen, aber er verstand so wenig von Musik und Kunst wie Marianne von Politik und den Schreibtischerzeugnissen Willemers.

Mariannens Wesen wahlverwandt, befähigt, ihrem Frankfurter Dasein Inhalt zu geben, sie vor dem Verkümmern zu bewahren, erwiesen sich Rosette und Thomas. Von ihnen kam Marianne Hilfe, als sie sich redlich mühte, Einsamkeit und Schwermut zu überwinden, am gesellschaftlichen und künstlerischen Leben wieder teilzunehmen. Wer immer in das Haus Thomas kam, traf dort das dem Paare ungefähr gleichaltrige »Mütterchen«.

1821 konnte Rosette ihr der Freundin gegebenes Versprechen einlösen und Marianne zur Taufpatin machen. Sie gebar Zwillingstöchter, von denen eine die Namen Amalie Henriette Magdalena empfing, die andre, wie Marianne scherzte, an ihren vielen Namen viel zu tragen hatte. Rosette gab der Kleinen Mariannens sämtliche Taufnamen: Maria Anna Katharina Therese.

Gerhard Thomas war nicht, wie sein Schwiegervater, ein Kämpfer und Neuerer, sondern ein Ausgleichender, Bewahrender. Deshalb gewann er die Herzen aller bedeutenden Menschen, die, wie die Brüder Grimm, zu den großen Bewahrenden gehörten. Auch »Grimm tertius«, der bescheidene, liebenswerte Maler Ludwig Emil Grimm, fühlte sich im Hause Thomas wohl.

Mit dem Ehepaar Thomas nahm Marianne aktiv am aufstrebenden Kunstleben der alten Handelsmetropole teil. Der Leiter des gemeinsam begründeten Cäcilienvereins, Schelble, gehörte zu den nahen Freunden des Hauses Thomas und Mariannes.

Marianne von Willemer wurde für Jahre ein tätiges Mitglied des gut geschulten, bald zu Ruhm und Anerkennung gelangenden Chores. Durch ihr Wesen, ihre schöne Stimme und ihr Musikverständnis gewann sie die Freundschaft Schelbles. Nach manchem Konzert blieb man im Hause Thomas noch zusammen oder fuhr gemeinsam hinaus auf die Gerbermühle. –

Von jetzt an stehen in Mariannens Briefen an Goethe

Berichte über Theater, Konzerte, Veränderungen in der Stadt, Reisen und interessante Begegnungen im Vordergrund. Manchmal tauschen der »große Großvater« und »das kleine Großmütterchen« Geschichten über die Enkel und Geschenke für diese aus. Briefe Goethes bedeuten noch immer ein festliches Ereignis, kommen nie an ohne einen zärtlich-galanten Gruß für die »Müllerin«. Verse für Marianne sind Gelegenheitsgedichte geworden, und Marianne dankt für »freundliche« und »liebenswürdige« Zeichen des Gedenkens.

Die hohen Tage von 1815 blieben für Marianne Mittelpunkt des Erlebens und Erinnerns, aber sie bedeuteten ein Unwiederholbares, in sich Abgeschlossenes. Sie glaubte selbst nicht mehr an ein Wiedersehen und mochte sich fragen: »Was soll ich nun vom Wiedersehen hoffen?« Deshalb wurden die direkten Bitten und Aufforderungen, die Mühle zu besuchen, immer häufiger durch lebendiglockende Schilderungen von Haus und Garten ersetzt: daß Bäume gefällt worden, um mehr Licht und weitere Aussicht zu gewinnen, daß seither die Blumen schöner gedeihen.

Die sehr weibliche Marianne mag einen bestimmten, verschwiegenen Grund dafür gehabt haben, ein Wiedersehen mit Goethe minder glühend, minder sehnlich herbeizuwünschen: den Blick in den Spiegel. So wie sie selbst Hatem immer vor Augen hatte, Räume, Garten und Altan der Mühle belebend oder mit ihr über die Terrasse und durch den Park des Heidelberger Schlosses schreitend, wußte sie das jugendliche Bild Suleikas unveränderlich seinem Gedächtnis eingeprägt. Wenn sie das Porträt de Looses aus dem Jahre 1815 mit ihrem Spiegelbild verglich, verhehlte sie sich nicht, daß »der Mehlstaub auf die Müllerin gekommen« und sie in die Breite gegangen war, schon jetzt, Ende der Dreißig, eine matronenhafte Erscheinung.

Aus den Teilnehmern an der Goethe-Geburtstagsfeier

1819 hatte sich inzwischen die erste Frankfurter Goethe-Gemeinde gebildet, die unter dem Vorsitz von Sulpiz den Denkmalplan zu verwirklichen trachtete. Durch Guaita und Thomas wurde im Senat der Antrag gestellt, eine der Maininseln dem Denkmalkomitee zu überlassen. Hierdurch und weil man Geldmittel benötigte, erhielt die breite Öffentlichkeit von dem Projekte Kenntnis. Das Echo entsprach keineswegs den Erwartungen, die Reaktion der braven Bürger entbehrte nicht der Komik. – Dem aus dem Bürgerverband Ausgeschiedenen, der keine Steuern mehr zahlte, dem »Säuzippel«, wollte man auch noch ein Denkmal errichten? War eine solche Ehrung eines Lebenden nicht geradezu eine Herausforderung an den guten Geschmack und das Schicksal? Als man gar erfuhr, daß ein Tempelbau mit Goethes Büste geplant sei, riet ein aufgebrachter Pietist, den Blitzableiter nicht zu vergessen, denn solches Unternehmen ziehe den Zorn Gottes auf sich. Von 60 000 Einwohnern brachten nur einige hundert dem Vorhaben Sympathie entgegen, die übrigen verbaten sich die kursierende Liste, in die man seine Spenden eintragen sollte. –

Goethe selbst setzte dem Plan keinen Widerstand entgegen, ursprünglich wohl, weil Thorwaldsen die Reliefs am Rundbau, Dannecker dagegen die Goethe-Büste schaffen sollte. Goethe erhoffte für sich ein Gegenstück zu Danneckers kongenialer Schiller-Büste, dachte wohl an eine gemeinsame Gedenkstätte für sich und seinen Dioskur, die er begrüßte, »da er sich wieder neben Schiller denken könne«. Eine schwere Erkrankung von Danneckers Frau hinderte den Künstler, nach Weimar zu fahren und Goethes Haupt zu modellieren. Nun schlug dieser selbst Rauch vor.

Die zur Verfügung stehenden Geldmittel reichten bei weitem nicht aus, die Bürgerschaft sah keinen Grund, sie allein aufzubringen. Goethe war kein Frankfurter Bürger mehr, sondern Deutscher. Mochten denn die Deutschen im ganzen Vaterland für das Frankfurter Denkmal bezahlen! Solche Argumente und die Bettelei der reichen Stadt in allen deutschen Landen regten Heinrich Heines bissiges Spottgedicht über das Goethe-Denkmal in Frankfurt an:

Hört zu, ihr deutschen Männer, Mädchen, Frauen,
Und sammelt Subskribenten unverdrossen!
Frankfurts Bewohner haben jetzt beschlossen
Ein Ehrendenkmal Goethen zu erbauen.

›Zur Meßzeit wird der fremde Krämer schauen‹
So denken sie, ›daß wir des Manns Genossen,
Daß unserm Boden solche Blum' entsprossen,
Und blindlings wird man uns beim Handel trauen.‹

O laßt dem Dichter seine Lorbeerreiser,
Ihr Handelsherrn! behaltet euer Geld.
Ein Denkmal hat sich Goethe selbst gesetzt.

In Windeln war er einst euch nah; doch jetzt
Trennt euch von Goethe eine ganze Welt,
Euch, die ein Flüßlein trennt vom Sachsenhäuser.

Zu den Geldnöten kamen bald Uneinigkeiten innerhalb des Komitees. Guaita wies den Denkmalentwurf seiner Schwägerin Bettine von Arnim vor, der vielen besser gefiel als die geplante Büste. Der jupiterhaft thronende Dichter mit der an sein Knie geschmiegten Psyche hätte vielleicht die Mehrzahl der Stimmen für sich gewonnen, aber Bettinens Gestaltungskraft reichte nicht aus, und Boisserée wollte durchaus nichts von einer Toga wissen, als auch Rauch den Gedanken der antiken Gewandung aufgriff. Nun schuf der Künstler eine bürgerlich gewandete Statuette, die Bettine hinwiederum »den Kerl im Schlafrock« titulierte. Schließlich schlief der Denkmalplan, nicht gerade sanft, ein.

Der Kreis, in dem Goethe 1814/15 gelebt, bedurfte keiner Goethestätte auf der Maininsel. Besonders Marianne besaß sie in ihrem Herzen, auf der Mühle, im »Roten Männchen« und in jedem Winkel, »den des Freundes Gegenwart geadelt«. Wenn sie Sorgen hatte, so ganz andere als das Denkmalkomitee.

Seitdem Willemer auf eine Wiederwahl zum »Gesetzgebenden Körper« verzichtet hatte, fehlte dem unsteten Kampfgeist ein Ventil. Immer mehr richtete er seine Kritikasterei selbstquälerisch gegen die eigene Person, immer häufiger bildete er sich ein, an irgendeiner unheilbaren Krankheit zu leiden. Die endlosen Monologe seiner Schreibmanie waren seine einzige Ablenkung. Weil er sich nicht weitergebildet, fremdes Ideengut nur unzulänglich aufgenommen, konnte er nicht abschätzen, wie oft das von ihm zu Papier Gebrachte von Größeren weit besser gesagt worden. Er kümmerte sich darum so wenig wie um die Rechtschreibung.

Die Schreibmanie konnte Marianne leichter ertragen als das ständige Auf-sich-selbst-Achten und Klagen. Man suchte Willemer durch Gartenarbeit abzulenken, kaufte einen neuen Pudel Pazzarello, als Star der Willemerschen Menagerie auf der Mühle.

Einer der ersten Gäste, die der Wunderhund anbellte, war Adele Schopenhauer, die ungefähr zur gleichen Zeit, 1822, auf der Mühle erschien. Das blaubstrümpfig-gescheite, häßliche Mädchen besaß Hände, die es an Fertigkeit mit denjenigen Mariannens aufnahmen. Die exaltierte Freundin Ottiliens hatte den »Divan« mit entzückenden Scherenschnitten illustriert, und Goethes Freude an Geheimniskrämerei mochte sich an der Vorstellung weiden, die neunmalkluge Adele sitze, ohne es zu ahnen, dem Urbild Suleikas gegenüber. – Wohl endeckte die immer in Liebesleiden Schwelgende in den Zügen Mariannens Spuren tiefen, leidvollen Erlebens, jedoch nichts von dem

Geheimnis, das Suleika mit Hatem verband. Zu Goethes Enttäuschung kehrte Adele nach Weimar zurück, ohne viel von Marianne von Willemer zu erzählen. Diese verhehlte ihre Verlegenheit nicht, als sie von dem Gast berichten sollte. Die so verschiedenen Naturen wußten nichts miteinander anzufangen. Marianne fühlte sich von der mit ihrer Gescheitheit paradierenden Adele befremdet, diese mochte das Verstummen Mariannens falsch deuten. Aber Marianne verdankte dem Besuch Adeles eine zärtliche Huldigung Goethes, deren Aufrichtigkeit niemand bezweifeln wird:

Da das Ferne sicher ist
Nahes zu überwiegen,
Wie's der kleine Blücher ist
Freut es sich im Siegen.

Marianne, die Adelens Platz in des »Vaters« Leben kannte und sicher war, daß Goethe-Hatem den ihren niemandem preisgegeben, wußte sich des Freundes Worte wohl zu deuten.

Ein lieberer Gast als Adele war Sulpiz, der ein Jahr später, 1823, am 28. August erschien und eine in ihren Gefühlen Unveränderliche auf der Mühle vorfand. Marianne empfand die gütige Bereitschaft Boisserées, Erinnerungen aufzufrischen, dankbar, und Sulpiz beobachtete, wie sie sich belebte. Als ein paar Tage später Marianne und das Ehepaar Thomas ihn in ein Konzert des Cäcilienvereins mitnahmen, überraschte das »Mütterchen« den Freund mit einer geschickt eingefädelten Programmänderung. Zu Boisserées liebsten musikalischen Genüssen zählte Händels »Messias«. Mariannen zuliebe bot Schelble dem Gast eine vollendete Aufführung des Oratoriums. –

Zum Abschied legte »die kleine Müllerin« eines der Radlschen Bilder mit dem Blick von der Gerbermühle auf Frankfurt in Boisserées Hände und schrieb eine Abwandlung von Goethes Tischlied aus dem Jahre 1804 darunter. Goethe selbst hat diese Verse oft variiert, die ursprünglich lauteten:

Von der Quelle bis ans Meer
Mahlet manche Mühle
Und das Wohl der ganzen Welt
Ist's, worauf ich ziele.

Seit 1815 war es in immer neuen Varianten die Gerbermühl' am Main, auf die nun auch Marianne mit ihrer Widmung zielte.

Goethe beging mit zunehmenden Jahren häufig Selbstplagiate, verwendete einen hübschen Einfall bei verschiedenen Gelegenheiten. Im Gedenken an die Liebende auf der Mühle könnte man ihm das manchmal fast verübeln, so wenn er der jungen Frau von Ziegesar an ihrem Wiegenfeste mit den Versen huldigte:

Und besonders aber Eine,
Welche wir zu segnen kamen.
Freunde nennen sie die Kleine,
Sie verdient gar viele Namen.

Für Marianne gab es kein noch so spielerisches Abschweifen der Gefühle. Wenn sie durch Frankfurt wanderte, sah sie jede Veränderung des Stadtbildes, alles neu Entstehende im Bewußtsein, daß Goethe jenes Haus nicht kannte, durch dies Gäßlein nie ging. Sie mühte sich, die Verbindung zwischen Goethes Geburtsstadt, deren Bürgerin sie nie hat werden dürfen, und ihrem größten Sohn, der freiwillig auf das Bürgerrecht verzichtete, lebendig zu erhalten. 1823 sandte sie ihm Ansichten der für sie bedeutungsvollen Stätten: ein Bild des Mainufers, an dem sie mit dem geliebten Freund entlanggewandelt, den Blick vom Fenster des

»Roten Männchens« auf den Schifflandeplatz und endlich das Obermaintor mit der in der Ferne sichtbaren Gerbermühle. Unter den Bildern standen schlichte, Mariannens Gefühle bergende Verse:

Neue Häuser, neuer Raum
Mögen sich gestalten;
Der Erinnerung schöner Traum
Ruht doch auf den alten.

Tore, Häuser alter Art,
Bleibt mir ungetadelt!
Durch des Freundes Gegenwart
Seid ihr längst geadelt.

Von der Ilme bis zum Rhein
Mahlet manche Mühle;
Doch die Gerbermühl' am Main
Ist's worauf ich ziele.

Der Empfänger dieser Sendung weilte fern von Marianne, fern von Main und Mühle – nicht nur im räumlichen Sinn.

Goethes Herz, dies unbegreifliche, hat sich, jenseits der Siebzig, noch einmal verjüngt und verschenkt. Es gehört seit dem Jahre 1821 einem 1804 geborenen, lieblich-heiteren Mädchen, das er in Karlsbad traf.

Der Weise und Forscher, zu dem die Menschen wallfahrten, zu dem sie aufschauen, den sie gegen menschlich-allzumenschliche Schwächen und Irrtümer gefeit wähnen, neigt sich nicht allein *zu* der junge Ulrike von Levetzow, er neigt sich, ein Liebender wie jeder andere, *vor* ihr. Sie, die verkörperte Jugend, wird ihm zur Göttin der Jugend, nach der er verlangend die Arme ausstreckt. Niemand würde über den mächtigen alten Mann zu lächeln wagen, dessen Brautwerber ein Fürst ist. Man ist sich der hohen Auszeichnung durchaus bewußt, und da es zu jener Zeit nichts Ungewöhnliches war, daß alte Männer sehr junge Frauen heirateten, hat man die Möglichkeit, Goethes Frau zu werden, mit Ulrike und für Ulrike zumindest erwogen und bedacht. Großeltern und Mutter hätten sich vielleicht dazu verstanden, das von des alten Herrn Liebenswürdigkeit geschmeichelte und entzückte Mädchen zu dem von Goethe ersehnten Schritt zu bewegen. Niemand durfte sich jedoch verhehlen, daß dieser Schritt ein Schritt in die Hölle sein würde, denn August von Goethe setzte sich auf das bloße Gerücht von einer Wiedervermählung des Vaters brutal zur Wehr. Hier ging es um mehr als um einen kostbaren Lorbeerkranz. Er wollte weder sich noch seinen Kindern das väterliche Erbe durch einen Eindringling schmälern lassen. Ottilie dachte minder materiell, sie sah ihre gesellschaftliche Stellung gefährdet, fürchtete eine Beeinträchtigung der Liebe und Zuneigung Goethes. Beide gedachten aus verschiedenen Gründen mit niemandem zu teilen. Ulrikens Angehörige dürften schnell erfaßt haben, daß es keinen Sinn hatte, das Mädchen zur Annahme der Werbung zu überreden, zumal seine Zuneigung nicht über kindliche Zärtlichkeit und Gefühl für die Auszeichnung hinausging. Der Witwer Goethe war, das erkannten die Beteiligten, in Wirklichkeit nicht frei. Die Drohung Augusts, mit seiner Familie nach Berlin zu ziehen, bedeutete nichts andres als: – Goethe die tiefste Freude und das höchste Glück seines Alters, seine Enkel, wegzunehmen.

Acht Jahre waren seit dem Geburtstagsfest auf der Mühle vergangen, acht Jahre, die sich weder verleugnen noch auslöschen ließen. Als Goethe ein Tänzchen wagte, um Ulrike in den Armen halten zu können, sprang kein Funke auf das umworbene, seelisch unreife Mädchen über, das Goethes Bedeutung nicht zu ermessen vermochte. Für Ulrike war Goethe ein schöner, würdiger, liebevoller alter Mann.

Bei der Trennung sagte ihm sein Herz, was ihm die Umwelt verschwieg: – es war ein Abschied für immer, zugleich ein Abschied von der Epoche des Liebens und Geliebtwerdens, der für ihn später als für andre Sterbliche kam. Jetzt sah er sich unausweichlich und unwiderruflich als den Alten, dem es nicht mehr zustand zu werben, dessen Leid vom Bewußtsein der Letztmaligkeit vertieft und verschärft wurde.

Erinnert die Flucht aus Heidelberg an die schuldbeladene aus Sesenheim, so brach nach dem Abschied von Ulrike von Levetzow über Goethe etwas von der lebensbedrohenden Verzweiflung herein, die ihn von Wetzlar weggetrieben. Für den Liebenden trägt Eros selbst die geliebten Züge, er fühlt sich von einer Gottheit zurückgewiesen. Goethe, der glaubte, sich an der Hand der »lieblichsten der lieblichen Gestalten« noch einmal zu verjüngen, erkannte, daß er an dieser Hand die Schwelle zur letzten Daseinsspanne überschritt, aufgerufen war, das Werk zu vollenden, die Ernte einzubringen.

Wie vor acht Jahren Marianne von Willemer, sang auch er seinem herzzerreißenden Schmerz ein unvergängliches Lied. Das Gedicht an den Westwind und die Marienbader Elegie sind einander so verwandt und voneinander so verschieden wie Mann und Frau. Dort die sanfte Klage der Liebenden, die die ganze Welt in ihre Tränen getaucht sieht und ohne Hoffnung auf ein Wiedersehen ihr Leben gefährdet wüßte. Hier der Greis, der auch von einem Wiedersehen nichts mehr zu erhoffen hätte und sich durch die unabwendbare Trennung zugrunde gerichtet fühlt, weil es zugleich eine Trennung von Jugend und Liebe bedeutet.

Als Hatem sich vor acht Jahren von Suleika losreißen mußte, wußte er sich geliebt, mit seinem Schmerze nicht allein. Diesmal fühlte er sich von Alter und Einsamkeit umfangen. Er konnte nicht länger die Augen vor bedenklichen Eigenschaften seines Sohnes verschließen, die dieser bisher immer hinter Gehorsam und Unterwürfigkeit zu verbergen gewußt. Jetzt lernte der Vater Züge kennen, die Ottilie längst erfahren: – Augusts primitive Brutalität, seinen Sinn für Besitz. Zum Bewußtsein, auf persönliches Glück für immer verzichten zu müssen, kam die Enttäuschung am Sohn. Der seelischen Krise folgte der körperliche Zusammenbruch.

Marianne von Willemer erfuhr wohl von Goethes lebensgefährlicher Erkrankung und seiner Rettung, schwerlich etwas von den Ursachen und den Hintergründen. Aber selbst wenn dies der Fall gewesen wäre, hätten ihr Ehrfurcht und Stolz verwehrt, ihr Wissen anzudeuten.

Auch diesmal raffte sich Goethe, wie immer während seines langen Lebens, auf, um durch Tätigkeit sein Gleichgewicht wiederzugewinnen. Er war sich seiner hohen Jahre bewußt geworden und dachte an die Sichtung seiner Papiere für die Ausgabe, die er »Ausgabe letzter Hand« nannte. Es würde die letzte von ihm selbst betreute sein, vielleicht nicht die letzte von ihm selbst vollendete. Diese ungeheure Aufgabe allein zu bewältigen, war unmöglich. Weder Riemer noch ein Schreiber genügten als Helfer. Niemand ringsum besaß genügend Zeit und hingebende Treue, ihm auf erforderliche Weise zur Seite zu stehen.

Gemeinplätze können sich, auf bestimmte Menschen bezogen, über sich selbst erheben. Johann Peter Eckermann, der, aus dem Dunkel tretend, in der Begegnung mit Goethe buchstäblich eine Traumerfüllung erlebte, ein Werk schuf, das seinesgleichen sucht, und wieder im Dunkel versank, scheint wirklich für Goethe geschaffen. –

Seine erste persönliche Begegnung mit dem Dichter hatte er durch Übersendung seiner »Beiträge zur Poesie mit besonderer Hinweisung auf Goethe« eingeleitet und in dem Bändchen ein Gedicht Goethes als sein vollendetstes hervorgehoben: – das Lied an den Westwind! Goethe brach auf einer Ausfahrt mit seiner Schwiegertochter nach Belvedere je ein Zweiglein Myrthe und Lorbeer, band sie zierlich zusammen und legte sie in Eckermanns Büchlein, um alles an die Freundin auf der Mühle zu senden. Als kehrte Hatem nach banger Irrfahrt zu Suleika zurück, von seelischer Not und Alterseinsamkeit auf die unverbrüchlich Liebende, die Ebenbürtige, erneut hingewiesen, sagen die begleitenden Verse:

Myrth' und Lorbeer hatten sich verbunden;
Mögen sie vielleicht getrennt erscheinen,
Wollen sie, gedenkend sel'ger Stunden,
Hoffnungsvoll sich abermals vereinen.

Diese Gabe, diese Verse müssen Marianne von Willemer wie ein göttlicher Schild geschützt haben, als ihr Jahre später die »Marienbader Elegie« vor Augen kam.

Bereits im ersten Jahr, als Johann Peter noch nicht »sein« Eckermann war, ließ Goethe den scheuen jungen Mann aus der Heide seine Grüße auf der Mühle überbringen. Ohne es zu ahnen, saß Eckermann Suleika, der Sängerin des von ihm so bewunderten Liedes, gegenüber, der lauterste Mensch aus Goethes Umkreis der lautersten Frau. Sie haben nichts Besonderes aneinander gefunden.

Für Goethe gewann Marianne von Willemer nach dieser gewaltigen letzten Begegnung mit den verzaubernden Mächten des Eros in Marienbad eine völlig neue Bedeutung. Sie war ihm nicht entglitten, nie ungerufen vor ihm erschienen, hatte sich ihm in unsäglichen Leiden bewahrt. Sie liebte ihn wie vor Jahren, leugnete nicht, noch immer vom Wunder seiner Wiederkehr zu träumen, aber sie fiel ihm mit alldem nicht beschwerlich. Die Verse von Myrth' und Lorbeer, die sich hoffnungsvoll abermals vereinen wollten, mußte Marianne wie ein erneutes Angelöbnis auf einer andern, höheren Stufe erleben. Zum ersten Male in vielen Jahren stand in einem Brief an Goethe, sie sei vergnügt!

Etwas von der Schalkhaftigkeit ihrer jungen Jahre bricht sich wieder Bahn und neckt Gerhard Thomas bei seiner Wahl zum Jüngeren Bürgermeister mit seiner Gutherzigkeit, seinem Ordnungssinn und seiner Neigung zum guten Essen:

Es ruht auf ihm das Aug' der Guten,
Die Bösen scheuen seinen Blick,
Es hoffen Christen, wünschen Juden
Von ihm ein besseres Geschick.
Der Trost Verwittibt- und Verwaister,
Wo er nicht helfen kann, verheißt er,
Der Jüngere Herr Bürgermeister.

Was steht nicht alles zu erwarten
Von seinem Sinn für Reinlichkeit?
Die Stadt wird gleichen einem Garten,
Von keinem Sansculotte entweiht.
Daß er auf Ordnung hält, beweist er:
Im Sommer gießt, im Winter eist er,
Der Jüngere Herr Bürgermeister.

Und welch ein Sternbild erster Größe
Ist er der Bürgermeisterin!
Nein, niemals mehr kocht sie ihm Klöße,
Ein fein Ragout mit Klößchen drin.
Was sie ihm bietet, in das beißt er,
Er ist schon feist und wird noch feister,
Der Jüngere Herr Bürgermeister.

Die Mütterlichkeit einer Frau wird zwar durch leibliche Mutterschaft von der Natur bestätigt und gekrönt, nicht aber bewiesen. Wie Charlotte von Stein und Cornelia Schlosser unmütterliche Mütter verkörperten, war die kinderlose Marianne ein mütterlicher Mensch. Sie sah in Willemers jüngeren Töchtern, die bei ihrem Eintritt in die Familie zwölf und acht Jahre zählten, ihre Kinder, erlebte Glück und Leid dieser Frauen ebenso intensiv mit wie jeden Vorgang im Hause Thomas. Als ein Kind Maxe Andreaes lebensgefährlich erkrankte, stand Marianne der Mutter und der Kleinen zur Seite, als seien beide ihres Blutes. Sie hatte die Kraft, der Willemer'schen Familie Zusammenhalt und Mittelpunkt zu verleihen, wiedergefunden. Als Boisserée 1824 wieder einmal auf der Mühle erschien, bot sich ihm ein Bild vollkommener Harmonie:

Nach Jahren führte mich mein Weg wieder hierher zu den guten und liebenswürdigen Menschen, mit denen ich in Ihrer Gesellschaft so schöne und reichhaltige Tage verlebt habe. Die Sonne, die schattigen Bäume, der Spiegel des Flusses, die Stadt, das Gebirge, die farbenreiche Abendröte, alles ist und glänzt wie damals. Der alte tüchtige und wunderliche Freund freut sich im Kreise seiner glücklichen Kinder und die kleine Frau singt abends auf ihre so eigene seelenvolle Weise die schönsten Lieder – aber der Freund und Dichter fehlt, der diesem Leben durch seine frohe, geist- und lehrreiche Gegenwart einen höhern Schwung und doppelten Wert gegeben. So wird denn das Andenken an Sie auf alle Weise angeregt und entsteht ein Wünschen und Sehnen, welches meiner umso mehr sich bemächtigt, weil ich die Zeit her in Wiesbaden schon immer in Gedanken mit Ihnen gelebt habe . . .

. . . Dieser Stimmung folgend, schreibe ich Ihnen diese wenigen Zeilen, damit Sie, mein verehrter Freund, einigermaßen erfahren, wie es mir ums Herz gewesen. – Willemer und die kleine Frau grüßen schönstens und hoffen bald zu vernehmen, daß Brief und Sendung zum Geburtstag glücklich angelangt und daß Sie stets gesund und heiter sind.

Der von Boisserée erwähnte Brief Mariannens zum 28. August 1824 war drei Tage vorher auf der Mühle geschrieben worden und schloß ein Gedicht der nun vierzigjährigen Frau ein, die seit 1815 ein seltsames Doppelleben führte: – dasjenige der Geheimrätin von Willemer, des Mütterchens und Großmütterchens, und das still gehütete, verborgene Suleikas, die den Bannkreis ihres Hatem nie verließ.

Nur wenige Worte mögen Sie an dem Tage begrüßen, der für viele ein Tag des Segens geworden; mit inniger Liebe gedenken wir Ihrer und segnen still und einsam das Fest Ihrer Geburt. Der Himmel scheint es verherrlichen zu wollen, denn die Sonne färbt mit glühendem Purpur den klaren Abendhimmel, der Main ist dunkelblau wie die Schatten, die Wolken sind beinahe grün, und der Berg ist violett, ganz so wie damals; aber einer fehlt, der es betrachtet und deutet, und andere dadurch beglückt.

Ihre Tochter wird noch immer mit Sehnsucht erwartet; ich hoffte, sie sollte früh genug kommen, um ein Kästchen mitzunehmen, das nun, so verspätet, vielleicht um einen Tag zu spät kommen muß. Wie sehr hätte ich mich gefreut, auch nur ein Geringes zur Feier des Tages beizutragen!

Gedenken Sie meiner, und in Liebe! daß ich Ihrer gedenke, möge Nachstehendes beweisen, so wie, daß die schönste Gegend immer eine fremde bleibt, wenn nicht durch Liebe und Freundschaft sie heimisch geworden. Wo fände sich für mich eine schönere als Heidelberg!

Leben Sie hoch und glücklich!

Mariane

Euch grüß ich, weite lichtumfloßne Räume,
Dich, alten reichbekränzten Fürstenbau,
Euch grüß ich, hohe, dicht belaubte Bäume,
Und über Euch des Himmels tiefes Blau.

Wohin den Blick das Auge forschend wendet,
In diesem blütenreichen Wunderraum,
Wird mir ein leiser Liebesgruß gesendet;
O freud- und leidvoll schöner Lebenstraum!

Auf der Terrasse hochgewölbten Bogen
War eine Zeit sein Kommen und sein Geh'n;
Die Chiffer, von der lieben Hand gezogen,
Ich fand sie nicht, sie ist nicht mehr zu sehn.

Dort jenes Baums Blatt das aus fernem Osten
Dem westöstlichen Garten anvertraut
Gibt mir geheimer Deutung Sinn zu kosten,
Ein Selam, der die Liebende erbaut.

Durch jenen Bogen trat der kalte Norden,
Bedrohlich unserm friedlichen Geschick;
Die rauhe Nähe kriegerischer Horden
Betrog uns um den flücht'gen Augenblick.

Dem kühlen Brunnen wo die klare Quelle
Um grünbekränzte Marmorstufen rauscht,
Entquillt nicht leiser, rascher Well' auf Welle,
Als Blick um Blick und Wort um Wort sich tauscht.

O schließt euch nun ihr müden Augenlider!
Im Dämmerlicht der fernen schönen Zeit
Umtönen mich des Freundes hohe Lieder;
Zur Gegenwart wird die Vergangenheit.

Aus Sonnenstrahlen webt, ihr Abendlüfte,
Ein goldnes Netz um diesen Zauberort!
Berauscht mich, nehmt mich hin, ihr Blumendüfte!
Gebannt in euren Kreis, wer möchte fort?

Schließt euch um mich, ihr unsichtbaren Schranken!
Im Zauberkreis, der magisch mich umgibt,
Versenkt euch willig, Sinne und Gedanken!
Hier war ich glücklich, liebend und geliebt.

Nicht mehr Hatem, ein alter Mann von fünfundsiebzig Jahren hat am 6. Oktober spürbar hilflos geantwortet:

Also abermals Artischocken! sorgfältig wie die vorigen verpackt und nun gar mit Zuckerwerk begleitet, bei Tisch und Nachtisch zur Freude und Bewunderung großer und kleiner Familienmitglieder und werter Gäste. Was ist aber nicht alles zum 28. August angelangt! und wie möcht' ich dafür danken!

Wir leben in drehender Bewegung: die junge fürstliche Familie geht nach Petersburg. Bei einem solchen Scheiden was kommt da nicht alles zur Sprache! Bei jeder Trennung wird empfunden, was eine befriedigte Gegenwart verschweigt, und um nicht noch mehrere Tage mit einem schuldigen Schreiben zu zaudern, sage ich mit wiederholtem Dank: daß ich seit einigen Wochen von Heidelberg nicht wegkommen kann und daß jene neubelebten Ruinen als Hintergrund aller Pflichtgefühle, aller Geschäfte und Zerstreuungen unwandelbar mir vor Augen stehen. Unser werter Sulpiz möge sich glücklich preisen, daß er das Erfreulichste persönlich hat wieder vergegenwärtigen können!

Treu anwesend *Goethe*

Marianne pflegte vor solchen Sendungen nach Weimar von der Mühle in die Stadt zu fahren, sorgfältig ausgewählte Artischocken eigenhändig zu verpacken und für die Enkel Süßigkeiten beizufügen. Unmerklich übernahm Frau von Willemer die Rolle der Großmutter Goethe, die ebenfalls durch Spezialitäten die Anhänglichkeit an Frankfurt am Frauenplan buchstäblich zu nähren pflegte. Statt in den »Goldenen Brunnen« gingen nun auf die Mühle oder ins »Rote Männchen« Goethes Bitten um Frankfurter Leckereien für seinen Tisch, und immer fanden diese Bitten Mariannen »liebevoll bereit«.

Goethes Dank für das Heidelberg-Gedicht bleibt ein Zeichen der Armut desjenigen, der zu lieben aufgehört, vor einem Menschen, dessen Liebe niemals endet, und diese

Armut setzt sich in den Zeilen an Willemer den Bettlerhut auf:

Unsere Marianne sollte sich nicht übel befinden zur Zeit, da ich mich an ihrem »Heidelberg« erquicke; raten Sie ihr, das Blättchen wieder vorzunehmen, und es wird gewiß auch ihr eine freundliche Stimmung gewähren. Möge sie meiner gedenken wie ich ihrer, so würde sich kein Unterschied des Vergangenen und Gegenwärtigen fühlen lassen.

Mit Takt und niemals würdeloser Demut, voll Ehrfurcht vor der unwiederholbaren Persönlichkeit eines Goethe kam Mariannens Liebe ihm immer wieder zu Hilfe. Ihre Ausdauer wirkt nie penetrant und zäh, bleibt immer voll Anmut und Gefühl für Distanz. Manchmal sah sich Marianne auf harte Proben gestellt. – Der problematische Jugendfreund Clemens weilte nach siebzehn Jahren erstmals wieder in Frankfurt im Schoß seiner Familie. Dort traf er mit Marianne zusammen, und diese bekam einen Brief der nun ebenfalls vierzigjährigen Bettine von Arnim zu sehen, der bei den Geschwistern kursierte. – Er schilderte einen Besuch in Weimar bei Goethe.

Nach einer schon fast patzig wirkenden Bemerkung von Goethe sanft abgeschüttelt, will Bettine auf der Schwelle niedergekniet sein und gesagt haben: »Ich segne die Schwelle, über die täglich der herrlichste Menschengeist und mein bester Freund hinausschreitet.« Goethes Antwort habe gelautet: »Über dich und Deine Liebe schreite ich nicht hinaus, die ist mir zu teuer.« Marianne hat soeben den spröden Dank für ihr Heidelberg-Gedicht empfangen und muß nun dies vernehmen! Zwar kennt sie Bettinens Phantasie, dennoch schmerzt die Geschichte. In einem Brief an Goethe gibt sie vor, sie von einem kleinen Teufel zu kennen, der vom Dach des Nachbarhauses zugeschaut habe: »Was er nun Geheimnisvolles erzählte von einem Kuß auf die Schwelle und andern magischen Zeichen, die Geister binden und bannen, fand ich sehr natürlich, bat ihn aber inständig, nicht mehr zu erzählen als ich wissen wollte und konnte.« Goethe überging diese Sätze, vielleicht weil er, von Bettinens Phantastereien nichts ahnend, ihren Sinn gar nicht verstand. Sofern etwas daran war, ärgerte ihn diese erneute Indiskretion.

Marianne wußte und gestand sich seit Jahren ein, daß ihre Liebe diejenige Hatems überdauert. An seiner Zuneigung, seinem Vertrauen und daran, daß sie ihm viel bedeutet, zweifelte sie nicht. Sie stieß sich nicht, wie Bettine, ein Leben lang an der gläsernen Wand wund, die er zwischen sich und ihr aufgerichtet. Demütig, aber mit der Würde eines wohlgeborenen Menschen, nahm sie den ihr zugebilligten Platz ein und wahrte ihn mit schlichter Selbstverständlichkeit.

An einem Frühlingstag des Jahres 1825 erwies sich, daß Marianne weder zu lieben noch zu hoffen aufgehört. Sie hatte sich Kompositionen Schuberts und Beethovens auf Goethe-Texte besorgt, um sie zu singen, und mittags mit des Dichters altem Freunde Riese, der bei Willemers aß, viel von ihm gesprochen. Abends lag ein geheimnisvolles Päckchen, von einem mit Versen beschriebenen Papier umschlungen, unter ihrer Serviette. Es war kein Zeichen, daß Goethe gekommen, er war nicht der Spender. Marianne hielt einen liebevoll ausgedachten Gruß Sophie Schlossers in Händen: ein Petschaft mit Perlmutterstiel, das Goethes Profil zeigte. Jahrzehntelang hat sie ihre Briefe damit versiegelt und auch die Verse der Freundin wohl verwahrt:

Er, dem von allem nichts geheim geblieben,
Das tief im Innersten die Brust bewahrt,
Der jede Lust und jedes Leid und Lieben
In holder Rede Fluß uns offenbart:

Dir will er schweigend wahren die Gedanken
Willst du in seinen treuen Schutz sie geben;
Nichts bringet ihn zum Weichen und zum Wanken
Und eh' er dich verrät, läßt er das Leben.

Als Marianne Goethe von dem erhaltenen Geschenk und den Gefühlen, die sie bewegt, schrieb, sandte er ihr sein Profil auf der Denkmünze von Bovy. Es kam gerade an einem Tag, an dem sie wieder ein Paket mit Eßwaren nach Weimar hatte abgehen lassen. Sie liebte es nicht nur, an Goethe zu denken und jede Zeile von ihm zu lesen, sondern darüber hinaus für ihn tätig zu sein, und Goethe wußte, daß er durch geäußerte Wünsche ihrem Tag einen beglückenden Inhalt gab. Für sie blieb der greise Faust-Dichter in Weimar Hatem, unverändert und unveränderlich wie ihre Liebe. Wenn sie, mit Willemer über Land fahrend, an einem stillen Plätzlein rastete und dort einen Wiedehopf gewahrte, wunderte sie sich nicht, wenn anderntags ein Brief aus Weimar kam. Hud-hud hatte ihn ja angezeigt!

Goethes Huldigungen für Marianne hoben diese Frau nun gelegentlich deutlich über andere, denen galante Verse galten, empor. Er sandte ihr eine Medaille oder ein Buch und ließ sie entscheiden, wen sie würdig erachtete, damit erfreut zu werden.

Marianne legte keine gewöhnlichen Maßstäbe an den ungewöhnlichen Freund, wußte, auf welch einzigartige Weise er zu beschenken, zu beglücken vermochte. – Durch solche Gaben und Vertrauensbeweise ausgezeichnet, fühlte sie sich in die schönsten Tage ihres Lebens zurückversetzt.

Ein Jahrzehnt nach der Geburtstagsfeier auf der Gerbermühle überbrachte der Schwiegersohn Jean Andreae, allerdings verspätet, eines der anspruchslosen Kunstwerke von Mariannens Hand, die man der Post nicht anvertrauen, sondern nur jemandem, der behutsam damit umzugehen wußte, mitgeben konnte. Marianne verfügte immer über einen Vorrat sorgsam getrockneter Blumen, deren natürliche Farben sie zu erhalten verstand. Mit großem Geschick und viel Geschmack ordnete sie diese Blümchen zum Kranze, der das Blatt mit ihrem Geburtstagsgruß anmutig umrahmte:

Zarter Blumen reich Gewinde
Flocht ich dir zum Angebinde,
Unvergängliches zu bieten
Ist mir leider nicht beschieden.

In den leichten Blütenranken
Lauschen liebende Gedanken,
Die in leisen Tönen klingen
Und dir fromme Wünsche bringen.

Worte aus des Herzens Fülle
Sind wie Duft aus Blumenhülle,
Blumen müssen oft bezeigen,
Was die Lippen gern verschweigen.

Und so bringt vom fernen Orte
Dieses Blatt dir Blumenworte.
Mögen sie vor deinen Blicken
Sich mit frischen Farben schmücken!

Der weltberühmte Mann am Frauenplan, an kostbarste Geschenke gewöhnt, zeigte immer besonders respektvolle Dankbarkeit für die Erzeugnisse weiblicher Handfertigkeit. In diesem Sonderfall kamen Saiten, die er lang nicht mehr berührte, zu leisem Schwingen, und er antwortete dem lieben Gruß:

Bunte Blumen in dem Garten
Leuchten von der Morgensonne,
Aber leuchten keine Wonne:
Liebchen darf ich nicht erwarten.

Sendest nun in zarten Kreisen
Die von dir gepflückten Sterne;
Zärtlich willst du mir beweisen:
Du empfindest in der Ferne

Was ich in der Fern' empfinde
So als wär' kein Raum dazwischen;
Und so blühen auch geschwinde
Die getrockneten mit frischen.

Solche Worte ermutigen Marianne, von ihren ewigen Gefühlen zu schreiben, denn, anders als Bettine, überflutet sie Goethe nicht mit hemmungslosen Ausbrüchen. Ewige Gefühle! Vor Marianne von Willemer glaubt man wieder zu wissen, was diese abgenutzten, abgegriffenen, ins Sentimentale verzerrten Worte eigentlich bedeuten.

Sie ist durchaus unpathetisch und blieb trotz ihrer menschlichen Reife zeitlebens kindlichen Gemütes. Mit Ausnahme Charlotte von Steins sind alle von Goethe geliebten Frauen kindliche Naturen gewesen wie seine Mutter, und Willemer durfte mit Recht behaupten: »Unsere Marianne ist ein Kind.«

Kindlich wirkte ihre unverhohlene Freude, als Gerhard Thomas, Jüngerer Bürgermeister, die Stadtkutsche zur Verfügung gestellt und eine Schildwache vors Haus bekommt. Das gleichaltrige »Mütterchen« genießt nur die Annehmlichkeiten, Thomas spürt rasch die Bürden der Würde. So wenig wie für das Goethe-Denkmal bringen die reichen Frankfurter das Geld zum Ankauf von Boisserées Sammlung auf, denn der Kaufmannsgeist ist nicht auszurotten, und der kulturbeflissene Thomas vermag daran wenig zu ändern.

Als das Amtsjahr zu Ende geht, Thomas wieder in die Reihen der Senatoren zurücktritt, besingt Marianne in lustigen Versen das Ende der Herrlichkeit: wie die Bücklinge des Ratsdieners minder tief werden, die Schildwache verschwindet, die Stadtkarosse nicht mehr vorfährt. Aber die Sache hat auch ihre Vorteile:

Komm, lieber Senator, ruft froh die Rosett',
Jetzt kommen wir all eine Stund' früher ins Bett.
Bei Feuersgefahr wirst mir auch nicht geweckt.
Wer Ruhe gewinnt, verliert am Respekt.

Dennoch fände Marianne es schön, wenn der Schwiegersohn im alten Rom hätte leben und auf Lebenszeit Erster Konsul werden können.

Ein Konsul der wechselt sein Lebtage net,
Bei uns aber ist jährlich ein andrer am Brett.

Fritz Schlosser vermochte die ihm widerfahrene Zurücksetzung, das Unvermögen, seine Ideen durchzusetzen, nicht zu verwinden. Er zog sich aus der Politik zurück, um sich dem Leben eines Privatgelehrten zu widmen. Es kam ihm und seiner Frau sehr gelegen, daß in der nächsten Nähe von Heidelberg eine Besitzung erworben werden konnte: das ehemalige Kloster Neuburg. Es war längst schon weltlicher Besitz, aber Schlossers sahen mit der Gewissenhaftigkeit der Renegaten der Kirche entfremdetes Eigentum darin, weil einst Jesuiten, Benediktiner und Lazaristen nacheinander das Kloster bewohnten. Erst nachdem der Heilige Vater den Kauf sanktionierte, erwarb – 1826 – Schlosser das Stift Neuburg. Es liegt oberhalb von Heidelberg auf der andern Neckarseite, leicht erhöht, an einen

Hügel gelehnt, zu dessen Füßen der Park sich bis zur Straße dehnt. Von den Stiftsgebäuden und der Kirche aus ziehen sich Wiesen und Äcker bis hinauf zum Waldrand, drunten eilt der Fluß an Heidelberg vorüber dem Rhein entgegen. Die Schloßruinen blieben vom Stift aus unsichtbar, weil eine Bergnase sich dazwischenschob. Um die Stadt zu erreichen, mußte man mit dem Wagen die von Hölderlin besungene Neckarbrücke überqueren.

Schlosser ließ Neuburg vor dem Einzug umbauen. Der Chor der Kirche wurde in eine Hauskapelle umgewandelt, das Kirchenschiff in den gotischen Rittersaal, der Schlossers Sammlung aufnahm. Schlossers verbrachten von nun an Sommer und Herbst in dem weltabgeschiedenen Tal, machten aus Neuburg ein Réduit für die von der Aufklärung hart bedrängte Heidelberger Spätromantik, eine Erholungsstätte für liebe Freunde. Aus den einstigen Mönchszellen wurden wohnlich eingerichtete Gaststuben.

Während Schlossers mit dem Einrichten Neuburgs beschäftigt waren, erlebten Willemers im »Roten Männchen« eine Überraschung, von der Willemer höchst wahrscheinlich wenig erbaut war. Mariannens Mutter tauchte, unaufgefordert, unerwartet und ohne Mariannens Papiere mitzubringen, bei ihrer Tochter auf. Willemer ließ seiner Frau die unbefangen-kindliche Freude über das Wiedersehen mit der Mutter, fand aber dank seiner bewundernswerten Schläue einen Vorwand, Frau Jung, geborene Pirngruber, daran zu hindern, sich beim reichen Schwiegersohn festzusetzen. Marianne fühlte sich nicht verletzt, vielmehr hoch erfreut, als Willemer eine Reise nach Salzburg vorschlug und gleichzeitig anregte, daß man die Mutter bis Berchtesgaden mitnehmen und dort bei einem ihrer Brüder zurücklassen könne. Die bevorstehende Abwechselung, die Aussicht auf viele schöne Eindrücke lockten Marianne schmerzlos von der Mutter weg, die vermutlich Willemers Absicht sehr wohl durchschaute. Frau Jung ließ es bei dem einzigen Überfall bewenden, und es bleibt ungewiß, ob sie ihre Tochter noch einmal wiedersah. Marianne erzählte in einem Brief nach Weimar vom Besuch ihrer Mutter. Die Sätze könnten in ihrer wohl abgewogenen Art vom alten Goethe stammen:

Ich hoffe sehr viel Erfreuliches für Willemer und mich von dieser Reise, die freilich durch abermalige Trennung von meiner Mutter . . . auch noch schmerzliche Gefühle veranlaßt; doch hat uns die schnell gemachte und glückliche Reise von Linz hierher überzeugt, daß kein Weg unendlich und der feste Wille darüber hinausreicht. Die Hoffnung einer Wiederholung ist umso tätiger, als die Möglichkeit durch den Augenschein bewiesen wird.

Mit für Kunst und Natur offenen Sinnen erlebte Marianne Salzburg, aber eine Reise, die nirgendwo Goethes Spuren berührte, war für sie undenkbar. Deshalb wählte Willemer den Rückweg über Straßburg und Heidelberg. An dem so überwältigend über der Stadt schwebenden, in die Landschaft hineingestellten Wunderwerk des Straßburger Münsters scheint sie nichts so ergriffen zu haben wie Goethes Namenszug auf dem Turm, und nach all den schönen und großartigen Eindrücken bleibt das Wiedersehen mit Heidelberg der krönende Abschluß. Die nie erloschene Sehnsucht nach Goethe wird in Heidelberg immer wieder vom glimmenden Funken zur Flamme. Das wird immer so sein, weil sich in dieser Sehnsucht nach Goethe Mariannens Heimweh nach der Welt birgt, der ihre Seele angehört, aus der sie an die Seite des »guten Willemer« verbannt wurde.

Mag es auch manchmal so scheinen, Willemer war alles andre denn ein »gefälliger Ehemann«. Er erlebte Mariannens Gebundenheit an Goethe in der Haltung des Don Carlos, der beschloß, den grenzenlos zu lieben, dem gleich zu sein ihm allerdings außer dem Mut auch die Fähigkeit abging. Seine Liebe und Verehrung machten ihn gegen jede Regung der Eifersucht immun, und sein großherziges Verstehen band Marianne unlösbar an ihn. Daß er das hohe Spiel von Hatem und Suleika durch keine Banalitäten entweihte, verleiht dem Schrulligen, Unzulänglichen einen Zug echter Größe, für den Goethe nicht blind war. Er hielt dem gelegentlich nicht eben feinfühligen, manchmal zudringlichen Willemer viel zugute, weil er mit soviel Würde und Anstand Suleikas Ehemann war. Dennoch hat dieser Ehemann Goethes Beziehung zu Marianne hartnäckig mißverstanden. Er war unfähig, zu begreifen, daß Goethe eben in dem Raum, den er zwischen sich und Marianne legte und durch die unerbittliche Konsequenz, ihn für immer bestehen zu lassen, die einzige Möglichkeit sah, die kostbare Beziehung allen Gefährdungen zu entrücken. Marianne mußte die Dauer mit dem Leben selbst erkaufen. Willemer ließ sich zu dem gleichermaßen rührenden und ungeheuerlichen Angebot hinreißen, vor Goethe wie vor einer Gottheit zurückzutreten, ihm sein Haus, ja selbst seine Ehre zu Füßen zu legen. Mariannens unverletzbare Würde und natürliche Anmut machten die peinliche Entgleisung erträglich. Sie deutete das handfeste Anerbieten in ein Luftschloß um und übernahm es, »dieses mit Tagträumen zu möblieren«.

Als wolle Goethe den Leuten auf der Mühle etwas von seiner Weimarer Realität sichtbar machen, trug er Ottilien auf, anläßlich einer Reise bei Willemers einzukehren, von ihm zu grüßen. Immer mit sich selbst und ihren Herzenswirren beschäftigt, wirbelte Ottilie flüchtig vorüber, hielt sie Mariannens vielen Fragen nicht stand.

Noch weniger als Eckermann und Adele erriet Ottilie, was den Vater mit Frau von Willemer verband. Es interessierte sie gar nicht. Die liebenswürdige Dame verbarg das sehr gewandt, erwies sich Goethe so anhänglich, daß Marianne ihr ob dieser bewundernden Zärtlichkeit für den Schwiegervater gut war. Sie fand zu Ottiliens charmanter Lebhaftigkeit leichter Zugang als zu Adeles anmaßender

Verstiegenheit. Ottilie von Goethe hat rückschauend Neidlosigkeit als eine hervorstechende Eigenschaft ihres Schwiegervaters gerühmt. In diesem Zuge war Marianne von Willemer ihrem Hatem wesensverwandt. Neidlos empfing sie die jüngere Frau, der das Schicksal zugestand, was es ihr versagte: – das Zusammenleben mit Goethe. Ob Marianne geahnt hat, daß auch Ottilie dafür mit ihrem Lebensglück zahlen mußte? –

Bettine von Arnim, die fast gleichzeitig in Frankfurt erschien und bei Bruder Georg in Rödelheim wohnte, wich Mariannen aus. Sie kam eben von Weimar, hatte dort ihren Entwurf zum Goethe-Denkmal gezeigt und angeblich mehr Lob eingeheimst, als dies nach Goethes Äußerungen gegenüber Dritten glaubhaft erscheint. Vielleicht spürte sie, daß Marianne nicht alles für bare Münze nahm. Auch durfte sie bei ihren Bemühungen, den in den Schoß der Kirche zurückgekehrten Bruder Clemens, die strenggläubigen Geschwister und vor allem Schlossers durch überbetonte Despektierlichkeiten und zur Schau getragenes Heidentum zu verblüffen und zu ärgern, auf der Mühle mit geringem Erfolg rechnen. Ihr Spott wäre an Mariannens Humor abgeprallt. Bettine, die sonst Wind und Wetter nicht scheute, schützte den ausgiebigen Regen, den weiten Weg zur Mühle vor und unterließ einen Besuch bei Willemers.

Zum Ausgleich kam ein anderer Gast unmittelbar vom Frauenplan auf die Mühle: – Sulpiz Boisserée. Im Juni 1826, fünf Tage nach der Trennung, schrieb er aus Frankfurt an Goethe:

Die Freunde fand ich alle wohl, sie freuten sich umso mehr über die Grüße und Nachrichten, weil sie sich Ihre Unpäßlichkeit schlimmer vorgestellt als sie ist. Die größte Freude verbreitete ich bei den Angehörigen der Mühle. Ich ging gleich vorgestern Abend mit Rosette und Thomas hinaus, wo ich denn allen, besonders aber der Müllerin, nach Herzenslust von Ihnen erzählte. Die Erinne-

rung an jene goldenen Tage, die wir dort zusammen erlebt haben, wurden auf das lebhafteste angeregt, die Luft war milde, der Sonnenuntergang auch sehr schön; wir aßen in dem wohlbekannten kleinen Balkonzimmer mit offener Türe zu Nacht und tranken unter den besten Gesprächen auf Ihre Gesundheit. Natürlich kam auch die wohltätige Wirkung einer Reise und der Wunsch des Wiedersehens zur Sprache und der Alte meinte, so nach seiner Weise, Sie sollten sich nicht um Bundesprivilegien und Gesandte kümmern und sollten sein diogenisches Leben wieder eine Zeit lang mit ihm teilen.

Goethe hatte dem guten Sulpiz beim Abschied Blätter des Bryophyllum geschenkt, jener seltsamen Pflanze, die aus den Blättern heraus sich vermehrt. Boisserée lebte jetzt in Stuttgart, befand sich auf einer Badereise nach Wiesbaden und befürchtete, die Blätter könnten ihre Fähigkeit, neue Pflanzen zu bilden, einbüßen. Goethe schlug ihm vor:

Wie wär's, wenn Sie die Pflänzchen unsrer teuern Müllerin zur Pflege übergäben? Ich schickte Ihnen, wenn Sie nach Stuttgart kämen, frische Blätter.

Marianne erhielt sodann eine gereimte Anleitung, wie die Wunderblätter zu pflegen seien:

Was erst still gekeimt in Sachsen
Soll am Maine freudig wachsen.
Flach auf guten Grund gelegt,
Merke, wie es Wurzel schlägt!
Dann der Pflanzen frische Menge
Steigt in lustigem Gedränge.
Mäßig warm und mäßig feucht
Ist, was ihnen heilsam deucht.
Wenn du's gut mit Liebchen meinst,
Blühen sie dir wohl dereinst.

Marianne ließ den ihr von Boisserée überlassenen Pflänzchen gute Pflege angedeihen, am meisten freuten sie jene

Ableger, die sie jetzt und später vom Frauenplan direkt geschickt bekam.

Noch immer hatten die Frankfurter sich nicht entschließen können, die Boisseréesche Sammlung zu erwerben, und Sulpiz, der nun schon so lange heimlich Verlobte, sah sich selbst und seine Braut älter werden, ohne dem Ziel näher zu kommen. Es bedurfte großer Selbstbeherrschung und Nervenkraft, um nach all den zermürbenden, vergeblichen Verhandlungen an Thomas zu schreiben:

Wir wollen nun mit Geduld und Ergebung abwarten, was und wie es sich entwickelt. Auf jeden Fall aber werde ich nie vergessen, welch ein Schatz des Trostes und der Stärkung mir in dieser Zeit der Prüfung Eure treue Liebe ist. Ihr und die Marianne seid mir ein wahres Kleeblatt der reinsten Güte und Freundschaft! Grüßt die kleine Frau und auch den guten Vater herzlich, meine Gedanken sind oft bei ihnen und bei Euch unter Euern lieben Kindern. Diese goldenen Sonnentage werden den Müllersleuten und denen, die sie besuchen, noch recht wohl tun; der Vater wird darob seine trüben Herbstgedanken verloren haben. Ich lese jetzt, wie er, den Tauler, den ich Dir verdanke . . .

. . . Sobald ich ein bißchen freier bin, schreibe ich auch an die Müllerin.

Großherzog Carl August von Weimar hatte inzwischen ein dreifaches Fest auf würdige Weise begangen: seine Goldene Hochzeit, sein fünfzigjähriges Regierungsjubiläum und ein halbes Jahrhundert der Gemeinschaft mit Goethe. Eine der Denkmünzen, mit denen das fürstliche Paar Goethe geehrt, erhielt Marianne zusammen mit einer Schilderung der freudig bewegten Tage. Leider folgten diesem Bericht bald unerfreuliche Nachrichten. Die Hoftrauer aus Anlaß des Todes von Zar Alexander ließ die Freunde auf der Mühle vermutlich ziemlich unberührt, auch der Tod von Schillers Witwe ging ihnen nicht sonderlich nah. Beunruhigender war der Verlust von Goethes langjährigem bewährten Leibarzt Hofrat Rehbein. Heinrich Meyer konnte wie durch ein Wunder von schwerer Krankheit gerettet werden, und durch ein ähnliches Wunder brach Ottilie von Goethe bei einem Sturz vom Pferd statt des Genicks das Nasenbein. Diese Kette von Aufregungen machten Goethe bewußt, welch ruhender Pol die zurückhaltende, beherrschte und liebevolle Freundin auf der Mühle war, und er bat um einige »erquickende Worte«.

Ottilie konnte, bandagiert und zu Bettruhe verurteilt, zwar am gesellschaftlichen Leben nicht teilnehmen, der übliche Bazar für die Weimarer Armen fand jedoch auch ohne die »tätige Vereinerin« statt. Wahrscheinlich erwarb der Vater bei dieser Gelegenheit das buntgestickte Kissen, dem er am 24. Oktober, bevor er es an Marianne sandte, die Verse hinzufügte:

Nicht soll's von Ihrer Seite kommen,
Sobald es einmal Platz genommen;
Mich denkend, sieh es freundlich an;
Mich liebend, lehne dich daran.

Dieser unermüdlichen Liebe dankten die genäschigen Enkel alle Gaumenfreuden, die der Großvater als Kind genossen: Pfeffernüsse, »Bethmännchen« und Würstchen aus Quittenmus. Kam eine Sendung aus Frankfurt, verstand es der Lieblingsenkel Wolf am besten, »sich herbeizutun« und etwas von den guten Dingen zu erhaschen. Der Großvater wog, nach Weise des Liebenden, nicht so genau ab, wie viel von Wölfchens Schmeicheln und freundlichen Gesichtern ihm selbst galt und wieviel den begehrten Süßigkeiten. Wölfchen war aber nicht nur auf materielle Genüsse erpicht, er zeigte sich gelegentlich beschlagen in überraschenden Kenntnissen. Als einmal einem Paket aus Frankfurt mit den Herrlichkeiten vom Zuckerbäcker ein Kästchen entnommen ward, auf dem ein Wiedehopf zu sehen, meinte der Kleine bedächtig und zum großen Vergnügen des Großvaters: »Das ist ein Liebesbote.«

Vom Einschlafenlassen der Beziehung zwischen Mühle und Frauenplan konnte längst keine Rede mehr sein. Nur das Wiedersehen blieb eine Fata morgana, die sich Marianne von Jahr zu Jahr willig vorgaukeln ließ. Im Grunde konnte sie an die Vorwände Goethes wie an seine Versprechungen nicht mehr glauben. Als Willemer 1827 mit seiner Frau nach Kassel fuhr, Marianne um ein Wiedersehen bat und ihre Adresse in der Hoffnung beifügte, er werde nach Weimar einladen, kommen oder einen Treffpunkt auf halbem Wege vorschlagen, ließ Goethe erst von sich hören, als Willemers wieder in Frankfurt waren. Wohl wiederholte das Paar von Jahr zu Jahr seine Einladung, Marianne in Varianten, die man ob ihrer Vielfalt bewundern muß; den Versuch, die von Goethe gezogene Linie eigenmächtig zu überschreiten, hat Marianne nie gemacht. Sie nahm das Verfügte mit einer Liebe hin, die alles trägt und duldet und die längst keinem Sterblichen mehr galt, sondern dem Genius Goethes. Daß sich dieses Großen Dankbarkeit und Güte zu ihr neigte, gab ihr kein Anrecht, durch Ansprüche an die Zeit zu erinnern, da Hatem Suleika geliebt. – Marianne empfand demütige Ehrfurcht vor dem schöpferischen Menschen hohen Alters, dem man die ihm noch zugestandene Zeit nicht wegstehlen durfte.

Gefühl, Vernunft und Goethes Wunsch geboten den Verzicht, aber wenn die Verwandten, die Freunde nach Weimar reisten, Menschen aus Goethes Umkreis die Willemers besuchten, bedurfte es ungeheurer Größe und Selbstbeherrschung, nie zu fragen: »Weshalb nicht *ich?*«

Zu Neujahr 1828 sandte Goethe mit dem Zusatz »treu gewidmet« einen poetischen Gruß:

Wenn Phöbus' Rosse sich zu schnell
In Dunst und Nebel stürzen,

Geselligkeit wird, blendend hell,
Die längste Nacht verkürzen.
Und wenn sich wieder auf zum Licht
Die Horen eilig drängen,
So wird ein liebend Frohgesicht
Den längsten Tag verlängen.

Wir wissen heute, daß noch andere Freundinnen und »Töchter« diese Verse erhielten und sie sich zuschreiben durften. Vielleicht waren sie jünger als die Müllerin, die nun dreiundvierzig Jahre zählte. Dennoch darf man zweifeln, ob eine andre Frau in Goethes Umkreis so sehr verdiente, ein liebend Frohgesicht genannt zu werden.

Wenigen Menschen tat Mariannens »liebend Frohgesicht« so wohl wie dem Röschen Scharff, der ältesten Tochter Meline Willemers aus ihrer Ehe mit Friedrich Scharff. Seit Jahr und Tag konnte das gelähmte Mädchen das Bett nicht mehr verlassen, litt es häufig große Schmerzen. Röschen war überaus fromm und eine jener Kranken, von deren Leidenslager viel Wärme und Licht auf die Umgebung ausstrahlen. Zwar blieb ihr versagt, an den Freuden Gleichaltriger teilzunehmen, aber die Familie fand sich gerne in Röschens Stube zusammen. Freifrau Karen Schenck zu Schweinsberg, deren in ihrem Haus in Darmstadt 1944 durch Bomben getötete Schwiegermutter eine Urenkelin von Meline Scharff war, überließ der Verfasserin gütigerweise ihre Erinnerungen an die Gegenstände, die sich aus der Zeit Mariannens und Goethes in dem vernichteten Haus befanden. Es gab dort zierliche Empiremöbel, kunstvoll mit Hilfe einer Lupe mit Blumenmustern bestickt. Meline arbeitete sieben Jahre an diesem Geschenk für ihren Mann zum silbernen Hochzeitstag, und es ist anzunehmen, daß sie häufig mit der Stickarbeit am Bett ihres Röschens gesessen hat.

In dem Darmstädter Haus befand sich eine Zeichnung,

die Röschen auf dem Krankenlager zeigte: »zwischen weißen Kissen ein schmales spitzes Gesichtchen mit lieblichem, ergebungsvollem Ausdruck«. Marianne von Willemer fühlte sich dieser tapfern, bedauernswerten Stiefenkelin besonders nah verbunden und bat Goethe vor Weihnachten 1827, er möge Röschen durch irgendeine Gabe erfreuen. Goethe sandte je eine Ansicht seines Hauses am Frauenplan und seines Gartenhauses mit den eigenhändigen, viel zitierten Versen:

Warum stehen sie davor?
Ist nicht Türe da und Tor?
Kämen sie getrost herein
Würden wohl empfangen sein.

Übermütig sieht's nicht aus,
Dieses kleine Gartenhaus,
Allen, die sich drin genährt,
Ward ein guter Mut beschert.

Im Januar 1828 dankte Marianne für das Geschenk und schilderte, wie sich die Kranke plötzlich ihrer frühen Kindheit sowie der freundlichen Worte und kleinen Gaben erinnerte, mit denen Goethe sie verwöhnte. »Nichtwahr, Goethe hat Dich recht lieb gehabt?« fragte Röschen die Großmutter und erhielt die ruhige Antwort: »Ich glaube, er war mir gut und ist es noch.« Das einundzwanzigjährige Röschen war, als Goethe auf der Gerbermühle zu Gast weilte, ein achtjähriges Kind.

Eines Tages erschien Großmutter Marianne mit einer selbstverfaßten Charade am Krankenbett. Röschen sollte aus den umschriebenen beiden Silben erraten, was das Ganze, Mariannens Mitbringsel, bedeute. Es war ein Nachtlicht.

Erste Silbe

Der Erde schenk' ich tiefen Frieden,
Breit' ich den weiten Mantel aus.
Ein luftig Haus steht mir im Süden,
Im Norden steht mein festes Haus.

Ergreifend ist mein stilles Schweigen,
Entzückend ist mein stilles Licht,
Ein falscher Schein soll mich verscheuchen,
Vertreiben kann er doch mich nicht.

Oft flieht der Schlaf in meiner Nähe,
Oft bring' ich Müden Trost und Ruh',
Oft schärf' ich peinlich Leid und Wehe,
Oft drück' ich wunde Augen zu.

Mein Reich hat viele Untertanen
Vom Vogel bis zum Schmetterling,
Die wandeln still auf meinen Bahnen,
Die ich auf Lebenszeit umfing.

Heut bin ich leise weggeschlichen,
Ich wiegte dich in süßen Traum,
Dir wohlzutun bin ich entwichen
Und lasse andern Freunden Raum.

Zweite Silbe

Im Zimmer bin ich comfortable
Und häufig nur ein einzig Blatt;
Im Land der Gluten und der Nebel
Ist wohl kein Haus, das mich nicht hat.

Befriedigend ist meine Größe
Und niedlich meine Kleinigkeit,

Man deckt oft meine schöne Blöße
Mit einem noch viel schönern Kleid.

Oft fürcht' ich unter Last zu brechen,
Oft bin ich leider völlig leer,
Oft bin ich ausgewählt zum Zechen,
Oft von zu vielem Gelde schwer.

Mein Reich hat viele Untertanen,
Mich sucht die Faulheit und der Fleiß,
Die wandeln still um meine Bahnen,
Die ich zu interessieren weiß.

Heut wagt' ich leise herzuschleichen
Und folgte still der Ersten nach.
Das Ganze scheint mir zwar zu gleichen,
Doch ist es freilich mir zur Schmach.

Nur um in deiner Näh' zu weilen
Verstand ich mich zu dem Verein.
Wir wollen uns auch gleich zerteilen,
Wenn wir, geteilt, dich mehr erfreu'n.

Manche Nacht brachte dem Röschen wenig Schlaf. Dann sprach die Leidende sich zum Trost ihr liebstes Gedicht vor, das ihr die Großmutter manchmal vorgelesen, eines der frömmsten des alten »Heiden« Goethe:

Nachts, wann gute Geister schweifen,
Schlaf dir von der Stirne streifen,
Mondenlicht und Sternenflimmern
Dich mit ewigem All umschimmern
Scheinst du dir entkörpert schon,
Wagest dich an Gottes Thron.

Marianne hat sich wirklich »das holde, stets bewegte Herz« bewahrt, als das Adele Schopenhauer sie 1827 in einem Brief an Goethe bezeichnete. Sie konnte mit Röschen besinnlich, ernst und heiter sein, mit den gesunden Enkeln übermütig lustig. An Willemers Geburtstag wurden die Hunde früh morgens fein herausgeputzt, das Pudelgenie Pazzarello mit roten Bändern geschmückt und beauftragt, das Körbchen mit einem Poem Mariannens seinem Herrn und Meister zu überbringen. 1828 verglich Marianne den vierfüßigen Boten ob seiner würdigen Klugheit mit Willemers Freund, dem württembergischen Bundestagsgesandten von Wangenheim, den bequemen Mops Nero mit dem phlegmatischen Grafen von der Goltz. Die böse alte Hauskatze Milly trat gar als die Gräfin auf, bot aber ihre guten Dienste an. Sie wollte künftig außer Ratten und Mäusen den Grillen Willemers ein Ende bereiten. Die Familie wußte allerdings, daß auch im neuen Jahr statt der Katze Marianne Willemers Grillen würde fangen müssen! Sie verdiente wahrlich ab und zu eine Entspannung, eine Abwechslung. Als Thomas im Herbst 1828 bei der Gründung des Mitteldeutschen Handelsverbandes in Kassel die Stadt Frankfurt vertrat, nahm er Rosette und Marianne mit. Im Hause Wilhelm Grimms bewunderten die Frauen das knapp einjährige Söhnchen Herman. In diesem Fall läßt sich also nicht behaupten, die Freundschaft mit der greisen Marianne von Willemer sei dem Herman Grimm nicht an der Wiege gesungen worden.

Die Fahrt nach Kassel war schon die zweite im Jahr 1828. Im Sommer unternahm Willemer mit ihr seine letzte größere Reise. Man fuhr durch die Schweiz bis zu den Seen Oberitaliens und auf dem Rückweg durch das Höllental nach Freiburg. Geradezu hellsichtig fand Marianne in der Via Mala den Punkt, von dem aus Goethe einst eine Zeichnung aufs Papier gebracht. Willemers hatten sich Goethe selbst zum Reisebegleiter gewünscht, statt dessen mußten sie sein Tagebuch der »Schweizerreise« mitnehmen, und Marianne zeichnete für Goethe genau auf, was sich verändert, was sich gleich geblieben. Ihr für Goethe geführtes Tagebuch scheint verloren, nur die erhaltenen Briefe zeigen, wie sich Marianne während der ganzen Reise ihren Hatem zur Seite träumte.

Der Neunundsiebzigjährige beweinte zur selben Zeit in Dornburg, einem der hoch über der Saale gelegenen Schlösser des Großherzogs Carl August, den Verlust seines fürstlichen Weggefährten. Auch dieser Gemeinschaft haben Enttäuschungen, Schwankungen, Phasen der Entfremdung nicht gefehlt. All dies versank für Goethe mit dem Toten. Was blieb, war Dankbarkeit, Erinnern an des Verewigten eigene Größe und das Gefühl schmerzlicher Verlassenheit. Das grausame Lebensgesetz, langes Dasein mit dem Verlust der Gefährten bezahlen zu müssen, schonte auch Goethe nicht. Die Reihen lichteten sich. Erst kürzlich hatte er aus Mariannens Hand den letzten Gruß des treuen Riese empfangen, diesmal war ihm der Mensch entrückt worden, dem er die Entfaltung all seiner Möglichkeiten verdankte, den er in der Jugend als seinen Dioskur geliebt. Friederike und Lilli, Charlotte und Christiane, sie alle waren schon dahingegangen. Einsamkeit und Kälte drohten Goethe zu umklammern, als der volle Mond emporstieg und sein sanftes Licht über das vertraute Tal und den silbernen Fluß zu Füßen Dornburgs ergoß. Wolken huschten vorüber, verdeckten den Vollmond, gaben ihn wieder frei. Der Mond mahnte an ein altes Versprechen, an die Freundin, deren Liebe ihm noch geblieben.

In dieser Nacht stand für Goethe die Zeit still, wie sie so oft für Marianne stillgestanden. Aus dem Uralten wurde Hatem, der die verblühte Frau als Suleika vor sich sah. Ihr galt das letzte Mondlied Goethes:

Willst du mich sogleich verlassen,
Warst im Augenblick so nah.
Dich umfinstern Wolkenmassen
Und nun bist du gar nicht da.

Doch du fühlst wie ich betrübt bin,
Blickt dein Rand empor als Stern,
Zeugest mir, daß ich geliebt bin,
Sei das Liebchen noch so fern.

So hinan denn! hell und heller
Reiner Bahn, in voller Pracht!
Schlägt mein Herz auch schneller, schneller,
Überselig ist die Nacht.

Als habe das stille Gestirn der mächtigen Beschwörung gehorcht, stieg es am Himmel über Freiburg im Breisgau auf reiner Bahn in voller Pracht empor und ließ sein Licht mit silbernen Strahlen durch den Filigranhelm des Münsterturmes rieseln. Marianne von Willemer stand ergriffen vor diesem Bilde und blickte zum Vollmond auf, dem stillen Zeugen von Suleikas unsterblicher Liebe zu Hatem.

19. DIE JAHRE, DIE UNS NICHT GEFALLEN

In einem ihrer Reisebriefe nach Weimar war Marianne einer der seltenen Hinweise auf ihre »früheren Verhältnisse« als Quelle »übel angebrachter Demut« entschlüpft. Auch Goethe ließ in seine Antwort eine bei ihm nicht häufige Bemerkung einfließen: – daß ihn unerfreulich berührende nahe Verhältnisse bewogen, in sein Gartenhaus am Stern zu ziehen. Die Ehe Augusts mit Ottilie trieb, wie Augusts krankhafter Zustand, einer bedenklichen Krise entgegen. Jahrelang bemühte sich der Vater heroisch, keine

Notiz von den Unstimmigkeiten zu nehmen und so das Paar zu zwingen, durchzuhalten. – Jetzt verlor August völlig die Selbstkontrolle; daß man ihn, einen Beamten des Hofes, betrunken auf der Straße auffand, machte alle Bemühungen Goethes zunichte. Gerade im Zeitpunkt, da sich der fast Achtzigjährige auf den Sohn zu stützen gehofft, mußte er sich dazu durchringen, sich von ihm zu trennen. August strebte von Weimar, von Ottilie, aus der Vormundschaft des Vaters weg, nach Italien. Diesen völlig zerrütteten Mann, sich selbst und seinen Trieben überantwortet, ziehen zu lassen, erfüllte den Vater mit dunklen Vorahnungen und herzzerreißendem Leid. Enttäuschung, Scham und Grauen vor der bevorstehenden Trennung konnten nur in der Einsamkeit bewältigt werden.

Obwohl August vor einiger Zeit Eckermann gekränkt und aus dem Hause getrieben, vom Vater gezwungen worden, sich bei dem Unentbehrlichen zu entschuldigen, wußte Goethe keinen andern Menschen als möglichen Reisebegleiter für den Sohn. Johann Peter sah die Not seines Meisters. Was hätte er nicht getan, sie zu lindern!

August und Eckermann hielten sich zwei Tage in Frankfurt auf, wohnten im »Schwan«, ohne daß Goethes Freunde etwas davon erfuhren. August war unfähig, ihnen unter die Augen zu treten, und der Vater entschuldigte ihn bei Willemers, er habe sich »nicht ganz wohl und behaglich gefühlt«. Bereits in Genua als leidiger Aufpasser von August abgeschüttelt, gedachte Eckermann über Genf wieder nach Deutschland zurückzukehren und fand dort einen Brief Goethes, daß er sich bei Willemers, denen sein Besuch angekündigt sei, aufhalten möge.

Obgleich Eckermann diesmal weniger Scheu zeigte als beim ersten Besuch, behielt er für Marianne etwas »Rätselhaftes«. Sie ahnte nicht, welches Opfer er dem großen Freund soeben gebracht, der diesem Empfinden Mariannens mit den Worten begegnete:

Das Problematische an ihm löst sich auf, wenn man erkennt, daß er eine einfach-reine Seele ist, die mit sich und der Welt ebenfalls gern rein sein möchte. Wie wenige jedoch gelangen dazu! Ein Wesen wie das seinige kann sich nur nach und nach offenbaren.

Die Menschen, an deren Umgang Marianne gewöhnt war, die Stadt, in der sie lebte, gaben sich minder rätselhaft. Daß Sulpiz den Freunden etwas verbarg, hatten sie deutlich verspürt, ohne daß er sich aus seiner Verschwiegenheit herauslocken ließ. Jetzt, nachdem der Bayernkönig Ludwig die Sammlung Boisserée für München erwarb und damit den Grundstock zur Pinakothek legte, konnte Sulpiz den Freunden sein lang gehütetes Geheimnis preisgeben. Er zeigte in Frankfurt seine Vermählung mit Mathilde Rapp, seiner langjährigen Braut, an.

Endlich ist es mit meinen Fragen, Vermutungen und Andeutungen ernst geworden. Wenn Sie ein ebenso guter Ehemann werden, wie Sie ein diskreter geheimer Bräutigam waren, so wünsche ich Ihrer Frau Glück dazu. Doch im Ernst, ich habe eine große und herzliche Freude über Ihren Brief gehabt und wünsche Euch allen Segen des Himmels, den Gott so gern guten Menschen verleiht.

So beginnt der Glückwunschbrief von Rosette Thomas, durch den Erfahrungen aus der ersten wie in der zweiten Ehe hindurch schimmern:

Ich halte ein Bündnis, in den Jahren geschlossen, wo beide Teile zum klaren Bewußtsein des Lebens und seiner Bedeutung gekommen sind, für weit sicherer und Glück versprechender, als eine so frühe Jugendverbindung, wo oft erst nach derselben das Gemüt reift, und dann mit Schrecken ganz andere Bedürfnisse in sich findet, als es je befriedigt zu sehen hoffen darf. Blicken wir um uns und sehen, wohin diese Ehen führen zwischen Menschen, die noch so gar nicht innerlich fertig sind und es leider so oft auf ganz verschiedenen Wegen werden. Kaltes Alleinstehen ist dann die Folge, allein im Herzen und gebunden von außen – oft ein Abgrund von Elend. Aber eine Ehe, auf feste, sich klar verstehende Freundschaft gegründet, dieses Band wird immer fester und inniger und die Jahre, die die Blüte abstreifen, können die Frucht nur reifen und veredeln.

Thomas konnte eine Lebensgefährtin mit solch reifen Ansichten, ein glückliches Familienleben inmitten seiner Kinder gut brauchen. Er gehörte zu den irenischen, bedachten Menschen, die sich im politischen Leben stets zwischen Hammer und Amboß befinden. Die radikalen Neuerer sahen einen Reaktionär in ihm, die Pfeffersäcke einen Mann mit vorwiegend idealistischen, kulturellen Neigungen, dem alteingesessenen Patriziat gehörte er nicht an. Trotz all dieser Vorbehalte genoß er bei Freund und Feind Vertrauen und wurde 1829 zum Älteren Bürgermeister gewählt. Es fiel ihm schwer, dieses Amt zu übernehmen, denn er machte sich keine Illusionen. Er vertraute dem Freunde Sulpiz an:

Ich habe nach harten Kämpfen, auch in meinen politischen Ansichten, die Ruhe und feste Überzeugung gewonnen, daß man auch lernen muß, zu resignieren, und daß es nichts hilft, das Beste zu wollen, wenn diejenigen, für die man es will, nicht einsehen, daß es das Beste ist.

Seine guten Frankfurter waren keine Realpolitiker und hatten vergessen, daß sie ihre volle Souveränität als Stadtstaat nicht mehr besaßen. Im Grunde lauerten Preußen und Österreich nur auf einen Vorwand, den fetten Bissen zu verschlucken. Frankfurts politisches Eigenleben, ursprünglich ein Zugeständnis an den verdienten Reichsfreiherrn vom Stein, dankte seinen Fortbestand nur noch der unentschiedenen Rivalität der Hausmächte Habsburg und Hohenzollern. Die einst von Schlosser angeführte, Habsburg zugeneigte Partei spielte keine Rolle mehr. Die Frankfurter fühlten wieder freireichsstädtisch und wollten die Aufpasser der Bundesländer gern los werden. Jede revolutionäre, demokratische Bewegung fand in Frankfurt guten Boden. Als Rußland Polen verriet und die polnischen Freiheitskämpfer in hellen Scharen nach Deutschland flohen, nahm man sie in Frankfurt mit offenen Armen und heißen Herzen auf. Wäre die alte Reichsstadt wirklich ihr eigener Herr gewesen, hätte in ihren Mauern die Wiege der deutschen Demokratie stehen können.

Thomas wußte, daß die Sympathien für Polen, das unverhohlene Streben nach Selbstverantwortlichkeit und Freiheit dem Bundestag nur willkommenen Anlaß boten, durch Beschwerden und Eingriffe in die Verwaltung einen Druck auszuüben. Das von Thomas mehrfach versehene Amt des Polizeisenators war unter diesen Umständen zermürbend. Sich nun als Älterer Bürgermeister zwischen die Mahlsteine, den Bundestag und das Volk, zu stellen, fiel ihm nicht leicht.

Diese Wahl, gestand er dem Freunde Sulpiz, *hat mir einen mannhaften Entschluß gekostet. Es wäre mir leicht gewesen und vielleicht von gewissen Seiten gern gesehen worden, wenn ich ... für das nächste Jahr mich bedankt hätte; allein meine Pflicht, die Liebe zu meiner Vaterstadt und die Rücksicht auf andere ehrenwerte Männer ließen das nicht zu ... Ich hatte die letzte Nummer für mich und da die silbernen Kugeln alle weggenommen waren für die andern, so mußte ich die liegengebliebene goldene wohl annehmen.*

Rosette mußte das hohe Amt ihres Mannes mit viel persönlichem Verzicht bezahlen. Wenn sie sich je einmal über seinen Mangel an Zeit fürs Privatleben und seine Arbeitsüberlastung beklagen wollte, belehrte sie ein Blick auf Marianne und Willemer eines Besseren. Wenn der Vater nicht am Schreibtisch saß, wähnte er sich von irgendeiner geheimnisvollen Krankheit befallen. Zur Zeit war es ein »Herzpolyp«. Oft schon hatte eine Reise geholfen. Auch jetzt, 1829, wählte man dies Ablenkungsmittel und den Bodensee zum Reiseziel. Statt besser wurde Willemers Zustand schlimmer, und man kehrte in Freiburg um. In Baden-Baden erholte Willemer sich so weit, daß man auf der Heimfahrt von Heidelberg aus einen Abstecher zu Schlossers aufs Stift wagen konnte. Auf ein Wiedersehen mit den Schloßruinen mußte Marianne verzichten, aber bei einem Gang über den Karlsplatz konnte die Fünfundvierzigjährige sich nicht versagen, die Hand auf die Türklinke des ehemaligen Boisserée-Hauses zu legen und einen Blick in den schönen Innenhof zu werfen.

Nach der Rückkehr sah Marianne eben noch eine Wiederholung der Faust-Szenen, die man zu Goethes achtzigstem Geburtstag in Frankfurt aufführte. Sie äußerte sich in ihrem Bericht nach Weimar sehr kritisch und ziemlich unbefriedigt. Der Festtag selbst lag bereits zurück, was Thomas davon zu erzählen wußte, zeigte, daß Willemers nichts versäumt hatten. Die einfachen Bürger ließen es sich nicht nehmen, durch eine Feier auf dem Forsthaus des Patriarchen zu gedenken, und der Arzt Stiebel versicherte mit Augenzwinkern:

Drum bleibt uns der Frankfurter Goethe teuer,
Zahlt er auch keine Einkommenssteuer.

Thomas, der Ältere Bürgermeister, saß, vom Senat in corpore im Stich gelassen, als Einziger unter den feiernden Bürgern und ärgerte sich über die Krämerseelen, die wiederum die Gelegenheit zu einer schönen Geste ungenutzt ließen. Man ernannte den Achtzigjährigen nicht zum Ehrenbürger, und als man hinterher durch Marianne von Willemer behutsam anfragen ließ, ob man dies noch nachholen könne, winkte Goethe spürbar enttäuscht und müde ab.

Zu Mariannens Leidwesen hatte der Gärtner im Hause Thomas, in dessen Obhut sie die stattlichen Bryophyllumpflanzen von 1826 gegeben, die Pflege nicht verstanden. Sie waren alle eingegangen. Goethe ersetzte sie durch neue Blätter und fügte den Wunsch hinzu:

Wie aus Einem Blatt unzählig
Frische Lebenszweige sprießen,
Mögst in Einer Liebe selig
Tausendfaches Glück genießen.

Daß man, in der Absicht, die Eltern zu überraschen, das Rebhäuschen auf dem Mühlberg mit neuem Anstrich versehen ließ und niemand daran dachte, Goethes Eintrag aus dem Jahre 1814 auf dem Fensterrahmen zu sichern, bereitete Marianne tiefen Kummer. Hatem würde niemals wiederkehren und die überstrichenen Worte erneuern; das sorgsam gehütete Andenken war und blieb verloren. Bei aller Betrübnis fand sich Marianne damit ab, wie sie sich mit Schwererem abzufinden gelernt hatte.

Wie sehr Gerüche Erinnerungen beleben, erfuhr sie durch eine Sendung aus Weimar. Goethe erfüllte ihre Bitte, etwas von dem Räucherwerk für Willemer zu senden, mit dem er einst auf der Mühle die Luft seiner Stube zu verbessern pflegte. Der Achtzigjährige bemühte Hud-hud als Boten und schickte das Erbetene in einem wunderschönen Glas. Nun zog nach vielen Jahren der Duft von 1815 wieder durch die Räume und verführte die ergrauende Frau zu Tagträumen. Diese hinderten Marianne nicht, ihrem wirklichen Leben Inhalt zu geben. Sie übte eine eigene Form der verborgenen Wohltätigkeit aus, unterrichtete mittellose, begabte Mädchen in der Kunst des Gesanges und bildete sie zur Bühnenreife heran. Marianne von Willemers berühmteste Schülerin war die zur ihrer Zeit bekannte Sabine Heinefetter, die mit ihrer ebenso begabten Schwester den Ruhm, später auch das Schicksal, in geistige Umnachtung zu verfallen, teilte. Es lag am schon damals sprunghaften Wesen der Sängerin, daß Goethe, der Mariannens Liebling gerne singen gehört hätte, entgegen der Abrede nicht von der Künstlerin aufgesucht wurde. Marianne verfolgte begreiflicherweise den Aufstieg des ihr ans

Herz gewachsenen Mädchens mit größter Anteilnahme und fuhr, wenn die Heinefetter in erreichbarer Nähe von Frankfurt gastierte, mit Willemer zu ihren Konzerten.

In stillen Stunden las sie immer wieder ihren geliebten Dichter. Manchmal hätte sie gern über die Entstehung dieses oder jenes Gedichtes, das Urbild bestimmter Gestalten mehr erfahren als im Buche stand, aber es gelang ihr selten genug, eine Antwort hervorzulocken. Dies mochte Marianne nicht ausschließlich enttäuschen. Durfte sie doch gewiß sein, daß Goethe das Heidelberger Geheimnis, ihre Identität mit Suleika und vor allem ihren Anteil am »Buch Suleika« ebenso verschwiegen zu hüten wußte. –

Mit dem inneren Gleichgewicht gewann sie auch ihren Sinn für Humor zurück. Mit großem Vergnügen berichtete sie nach Weimar, daß sie den »Osterspaziergang« auf der Frankfurter Bühne gesehen habe, dessen Aufführung in Gegenwart der eben fürs neue Amtsjahr gewählten Bürgermeister Thomas und von Malapert stattfand. Als der vorüberspazierende Bürger zu seinem Gefährten sagte: »Nein, er gefällt mir nicht, der neue Bürgermeister«, drehten sich im Publikum einige Köpfe zur Bürgermeisterloge, und die Leute begannen zu lachen. Thomas stimmte herzlich in diese Heiterkeit ein und hatte angesichts der vornehm abweisenden Miene des betroffenen Amtskollegen seinen Extraspaß.

Zu Jahresbeginn 1831 brachte Bettine von Arnim ihre Töchter Maxe und Armgart zu ihrem Bruder Georg nach Rödelheim. Die etwas wild aufgewachsenen Mädchen sollten ein wenig gesellschaftlichen Schliff bekommen. – Eine Begegnung mit Marianne ließ sich diesmal nicht vermeiden, aber diese ertrug mehrere Brentanos im gleichen Raum schwer. »Sie versetzen sich gegenseitig so viele Püffe und Hiebe, daß sie es nicht lange miteinander aushalten«, schrieb sie nach Weimar.

Willemer hatte zu dieser Zeit das Haus »Zum Roten Männchen« großenteils an den Kolonialwarenhändler Melchin abgegeben, der im Erdgeschoß Magazin und Kontor einrichtete und im ersten Stock wohnte. Willemers zogen sich in den zweiten Stock zurück. Die Willemer'schen Enkel, anderthalb Dutzend an der Zahl, überdies Kinder befreundeter Familien, bekamen vom beschränkteren Raum im Stadthaus des Großvaters nichts zu spüren. In Großmütterchens Stube fand sich immer genügend Platz für das zahlreiche Publikum, das Mariannens selbst erdichteten Märchen lauschen wollte. Diese niederzuschreiben, fand sie leider nie der Mühe wert. Bettinens ebenso schöne wie selbstbewußte Tochter Maxe dürfte sich beim ersten Mal kaum so ohne weiteres bereit gefunden haben, mit lauter Kindern zusammen Märchen anzuhören. Überdies war sie, Nichte des Clemens Brentano und Tochter solch phantasiebegabter Mutter, kritisches Publikum. In ihrer Lebensgeschichte erinnert sie sich der bei Marianne von Willemer verbrachten Stunden sehr lebhaft:

Sie war eine wunderbare Frau, dichterisch hochbegabt ... Sie war die personifizierte Heimeligkeit und Gemütlichkeit. Zuerst wurde gevespert, was für uns immer sehr aufregend war, weil die Kaffeemaschine jedesmal, wenn der Kaffee fertig war, einen lauten Pfiff ertönen ließ ... Nachdem dieser Schreck überstanden und all das feine Frankfurter Gebäck vertilgt war, begann das Großmütterchen uns Märchen zu erzählen, die sie meist selbst erfand. Die fingen oft sehr traurig an, so daß einem ganz schauerlich zumut wurde, aber dann wurde es so schön und herrlich, als ob die Engel im Himmel ein lustig Lied sängen ... Zwischendurch schlich manchmal der alte Geheimrat Willemer mit seinem Zopf in der Nachtjacke durch die Stube. Zum Schluß durften wir noch den Raritätenschrank mit den vielen Merkwürdigkeiten und Erinnerungen auch an Onkel Clemens und Goethe bewundern.

Auch dieser Raritätenschrank, der im Märchen von »Gockel, Hinkel und Gackeleia« umhergeistert, ging im Darmstädter Haus von Willemers Ur-Urenkelin 1944 zugrunde.

Die hübschen Dinge, die Großmütterchen aus seiner Hand besaß und die Tatsache, daß er sehr berühmt war, mag wohl alles gewesen sein, was die jüngeren Enkel von Goethe wußten. Dennoch mochte der zwölfjährige älteste Sohn Rosettens die Auszeichnung, an Goethe schreiben, ja ihm etwas schicken zu dürfen, empfinden. Goethe hatte Marianne angefragt, ob es wohl möglich sei, einen Frankfurter Staatskalender aus der Zeit, da sein Großvater Stadtschultheiß gewesen, zu beschaffen. Ein solcher Kalender trug das Wappen des Stadtschultheißen und verzeichnete die Namen aller Ratsmitglieder, die damals als Schöffen, Ratsherren oder Vertreter der Handwerkerzünfte auf den Bänken saßen. Nachdem es Thomas gelungen war, Goethes Wunsch zu erfüllen, kam man überein, den kleinen Johann Jakob zum Übermittler zu wählen. All seine Würde zusammenraffend, schrieb der Knabe:

Mein Vater hat mir zwei Wappenkalender geschenkt, von der Zeit, wo Ihr Großvater Stadtschultheiß war. Da ich schon so viel von Ihnen gehört habe, so möchte ich Ihnen eine Freude machen, und ich glaube es dadurch zu können, daß ich Ihnen dieses Andenken an Ihren Großvater überschicke.

Goethe antwortete dem jungen Thomas mit einem Brief, in dem Johann Jakob mit Sie angeredet wurde, und es fehlte nicht viel, daß er sich jedesmal, wenn ihn jemand aufforderte, Goethes Brief vorzulesen, vor Respekt vor sich selbst vom Stuhl erhoben hätte. Daran, seinen beglückten Stolz in einem Brief zu ergießen, hinderte ihn das Großmütterchen mit dem Hinweis, daß man bejahrten und berühmten Menschen auch mit seinem Dank und seiner Freude nicht zur Last fallen dürfe.

Außer Goethe und Clemens Brentano gab es in Frankfurt einen Poeten, dessen Lorbeer seinen Schatten kaum über das Weichbild seiner Vaterstadt hinauswarf: Friedrich Stoltze, die Verkörperung des Frankfurter Humors, des Frankfurter Unabhängigkeitswillens und echt demokratischer Gesinnung. Stoltzes Pegasus waren die Flügel beschnitten worden, der kühne Reiter sah sich durch väterlichen Machtspruch in die Kolonialwarenhandlung des Herrn Melchin gebannt und sollte dort die Lehre absolvieren. Melchin hatte es, ganz wider Willen, darauf abgesehen, den Musen ihre Jünger streitig zu machen, denn unter seinen angehenden Heringsdompteuren befand sich noch ein zweites vom Vater verkanntes Genie, der spätere Heldendarsteller Hendrichs.

Sobald Meister Melchin den Rücken wandte, erklomm Hendrichs ein Heringsfaß und verwandelte sich in Fiesco, Max Piccolomini oder Melchthal. Seinem Kollegen Stoltze wurde dann sehr sehnsüchtig zumute, und er sang am offenen Kontorfenster sein Lieblingslied: »Ach, um deine feuchten Schwingen,/West, wie sehr ich dich beneide.« Er wußte wohl, daß die Geheimrätin in jungen Jahren Goethe nahegestanden und Willemers noch immer zu seinen Freunden zählten; davon, daß er mit dem Urbild Suleikas, der Dichterin dieses geliebten Liedes, unterm gleichen Dach weilte, ahnte er nichts. Seine Erinnerung an Marianne von Willemer ist im Frankfurter Dialekt niedergeschrieben und folgt hier in schriftdeutscher Übersetzung.

Der Herr Geheimrat war damals schon stark in den Siebzig; ein schmaler langer Mann, schon etwas gebeugt durch die Jahre und nicht mehr gut zu Fuß, hingegen durchaus kein Griesgram, sondern ein freundlicher alter Herr . . . Die Frau Geheimrat war zwar bedeutend jünger als ihr Mann, aber dazumal doch schon eine angehende Fünfzigerin, ein etwas korpulentes, aber lebhaftes Frauchen mit einem Paar blitzender, geistreicher Augen und einem Füßchen, so elegant und zierlich, daß eine Sechzehnjährige sie darum beneidet hätte. In ihrem freundlichen Gesicht zwischen zwei großen grauen Locken sah man noch die deutlichen Spuren von früherer Schönheit . . . Der alte Heide Goethe hat einen guten klassischen Geschmack gehabt.

Stoltze überliefert die rührende Sanftmut, mit der Marianne den hinfällig gewordenen Geheimrat umsorgte, und schildert den altväterischen, eigens für Willemers schwache Füße eingerichteten Wagen, mit dem das Paar auszufahren pflegte.

Willemer dankte der Gefährtin die treue Pflege und hatte, wie Stoltze erzählt, für bedürftige Schützlinge seiner Frau immer eine offene Hand. Trotz ihrer behenden Rüstigkeit war sie sich ihrer Jahre bewußt und beklagte in einem Brief an Sulpiz mit Galgenhumor »das fatale Müllerinnenschicksal, sich etwas auszubreiten«.

Ihr Geist bewahrte die schalkhafte Jugendlichkeit, ihre Phantasie blieb lebendig, und wenn wir auch keines ihrer Märchen kennen, beweist doch eine Briefstelle an Freund Boisserée, daß das Großmütterchen nicht in Verlegenheit geriet, wenn es galt, Distanz zu überwinden:

Ihrer lieben Frau empfehlen Sie mich bestens; ich möchte sie sehr gerne für ein kleines Komplott gewinnen, bin aber noch im Zweifel, ob sie überhaupt Pantöffelchen trägt; ist dies der Fall, so sind es gewiß die weichsten und sanftesten von der Welt; den rechten sollte sie nun mit Hilfe der Fee Mab in einen sanften, bequemen Wagen verwandeln, die Wünsche aller hiesigen Freunde anspannen und so im Flug nach Frankfurt kommen . . . Ich hoffe, Sie werden mir nicht böse, wenn ich Ihrer Frau einige Winke über Pantoffelmagie gebe . . . Ich empfehle Ihnen nachstehendes wohlbekanntes Verschen zur Beherzigung:

Kennst du den Weg durch Feld und Wiesengrün?
Willkommen! ruft der Schafe friedlich Zieh'n;
Fern unter Bäumen rauscht der Mühle Bach,
Ihr Schatten birgt dem Freund ein gastlich Dach.

Die hübschen Hausschuhe, auf die Marianne in arabischen Lettern den Namen Suleikas gestickt, diese rührende Gabe der Ergrauten für Hatem, hatten allerdings nicht vermocht, Goethe an den Main zu beschwören.

Statt dessen trug im Herbst 1831 Willemers vorsintflutliches Gefährt das Paar zu Schlossers aufs Stift. Nicht mehr für Johann Jakob, wohl aber für Marianne waren von dort aus »die durch Freud' und Leid geweihten Orte« rings um die Schloßruinen leicht zu erreichen. Sie brach ein Gingoblatt, wie Goethe es vor nunmehr sechzehn Jahren getan, barg es in ihrem Beutel und schlenderte nachdenklich über den Karlsplatz. Von solchen Gängen kam Marianne von Willemer gestärkt wie ein weiblicher kleiner Antäus zurück: – ihr Fuß hatte die Erde berührt, von der »die Kraft, dem Boden angebannt«, ausging. –

Im Gegensatz zur herbstlichen Ruhe und Schönheit des Neckartales und des Stifts fanden die Heimgekehrten ihr altes Frankfurt in hellem Aufruhr. Entgegen altem Stadtbrauch hatte man auch am Tage des traditionellen Herbstfestes abends die Tore geschlossen, den Sperrbatzen erhoben. Als die Menge sich anschickte, beim Allerheiligentor kurzerhand über die Mauer zu klettern, ein braver Mann der Bürgerwehr ihr entgegentrat, wurde dieser durch einen Schuß getötet. Es herrschte Revolutionsstimmung, und die Autorität des Senates war durch die hilflose Entschlußunfähigkeit des Bürgermeisters Miltenberg ernsthaft gefährdet. Zuerst ließ er die Rädelsführer verhaften und bei einbrechender Dunkelheit ein Ausgehverbot für die Bürger verhängen. Als es dennoch zu nächtlichen Krawallen kam, widerrief er seine Anordnungen durch die Verfügung, es dürfe nachts kein Frankfurter ohne Laterne auf der Straße sich blicken lassen. Damit verschaffte er, ohne es zu wollen, dem Volkszorn ein Ventil: – der berüchtigte Frankfurter Herbstkrawall endete mit der Laternenkomödie. Bei einbrechender Nacht begaben sich die Bürger mit jeder erdenklichen Art von »Laterne« auf die Straße und durchzogen mit Kind und Kegel Winkel und Gassen der alten Stadt. Der Spottruf »Milteberg, loß er's!« war die Devise, die man auch auf Transparenten zu sehen bekam.

Die regierenden Herren, selbst mit Mainwasser getauft, hätten vielleicht Gnade für Recht ergehen lassen. Der Mord am braven Bürgerwehrmann wurde durch eine Verkettung unglücklicher Umstände verursacht, nicht durch Blutgier eines aufständischen Volkshaufens. Aber der Bundestag verstand keinen Spaß. Dies entsprach der aufrührerischen Gesinnung der Frankfurter, die bei jeder Gelegenheit mit den Demagogen in aller Herren Ländern sympathisierten, alle verfolgten Revoluzzer aufnahmen, mit Geld versahen und ihre weitere Flucht ermöglichten. Vor allem Metternich übte einen Druck auf den Senat aus, forderte eine strenge Strafe für die Schuldigen. Polizeisenator Thomas stand wieder zwischen den Mühlsteinen, dem Bundestag und seinen Frankfurtern. Er half sich mit einer Verzögerungspolitik, und Marianne, die über die »merkwürdige Revolution« nach Weimar berichtete, meinte, die Rädelsführer hätten wohl eine »lebenslängliche Untersuchung« zu erwarten. Dies wäre wohl auch der Fall gewesen, wenn Thomas hätte Zeit gewinnen können. Man verstand den Sinn seines vorsichtig-abwägenden Lavierens nicht und nutzte jede Gelegenheit zu freiheitlichen Demonstrationen.

Ebenso treulich wie über politische Zustände berichtet Marianne über bauliche Veränderungen, vor allem wenn es um Schauplätze geht, die auch Goethe lieb waren. So ist die Sackgasse, die ehemals zum »Roten Männchen« führte, durch den Abbruch eines Nachbarhauses zu einem kleinen Platz geworden, dessen Schönheit allerdings durch die stehengebliebene Brandmauer des Hinterhauses erhebliche Einbuße erfuhr. Goethe erscheint dies ein Symbol dafür, »daß, wenn wir uns in Freiheit zu setzen gedenken, sich gleich wieder ein neues Hindernis hervortut«.

Was wiegen alle Veränderungen in Frankfurt und in der Welt für den großen alten Mann neben der Veränderung, die sich in seinem Hauswesen vollzogen hat –. Sein Sohn ist in der Fremde gestorben. Erschütternd spiegelt sich Augusts Ende in seines Vaters Briefwechsel mit der Freundin in Frankfurt. Goethe hat sich, der Heimkehr des Reisenden gewärtig, zur Anschaffung eines Fußteppichs für sein Arbeitszimmer entschlossen.

Die von Leipzig eingegangenen Muster sind alle zu prächtig und bunt und würden das Zimmer zum Zimmer hinaus jagen.

Wollten Sie deshalb mir einige Muster der allerbescheidensten Fußteppiche zusenden, weder auffallend durch Farbe noch Dessin, so mäßig, daß man gern drauf hingehen mag und daß es die übrigen Möbels nicht beschämt, so tun Sie mir einen sehr großen Gefallen, heißt es auf bezeichnende Weise in einem Bericht an Marianne. Mit rührendem Eifer beeilte sich diese, Muster auszuwählen und zu senden. Ein grünes empfiehlt sie liebevoll als augenschonend, schön und freundlich und gesteht, »daß ich nun wenigstens den Grund und Boden Ihres Zimmers mir vorstellen und Sie mir darauf wandelnd denken kann, gewährt mir eine ganz eigene Zufriedenheit«.

Selbst dies bescheidene Glück ist Mariannen versagt geblieben. Nach Erhalt der Todesnachricht hat Goethe, soeben von schwerer Erkrankung genesen, den Freunden versichert, daß er noch lebe und liebe, um einige Wochen später knapp zu melden, er sende die Teppichmuster ohne Bestellung zurück. »Das grüne würde ich gewählt haben, wenn es Zeit wäre, das Haus zu schmücken.« Wieviel Güte und wieviel Trauer birgt dieser kleine Satz!

Ottilie ist als schlechte Rechnerin eine unfähige Hausfrau, Goethe muß sich nun wieder um die Wirtschaft kümmern. Alle übrigen guten Eigenschaften der Schwiegertochter entheben ihn nicht der Sorge um die Zukunft der vaterlosen Enkel, wenn sie ohne ihn mit der Mutter allein stehen würden. Wehmütig mag er gelächelt haben, als Marianne schrieb, der Möglichkeit, ihm bei der Hausvatertätigkeit zuzuschauen, zöge sie vor, ihm dabei helfen, ihn entlasten zu dürfen.

Daß Goethe sich keiner Frage, keiner Verpflichtung

entzog, die jeder Tag, jeder Alltag bereit hielt, vielmehr tätig blieb, machte ihn für die Tatsache nicht blind, dem Ziele nahe zu sein. Seine Briefe endeten immer häufiger mit Formeln des Segens und Dankens. Das Bewußtsein, jeden Tag zur großen Reise gerüstet sein zu müssen, verließ ihn nicht mehr. So ist es nicht verwunderlich, daß Marianne von Willemer im Februar 1832 einen Brief erhielt, in dem Goethe ihr anvertraute:

Indem ich die mir gegönnte Zeit ernstlich anwende, die grenzenlosen Papiere, die sich um mich versammelt haben, (durchzusehen) um sie zu sichten und darüber zu bestimmen, so leuchten mir besonders gewisse Blätter entgegen, die auf die schönsten Tage meines Lebens hindeuten; dergleichen sind manche von jeher abgesondert, nunmehr aber eingepackt und versiegelt.

Ein solches Packet liegt nun mit Ihrer Adresse vor mir, und ich möcht' es Ihnen gleich jetzt, allen Zufälligkeiten vorzubeugen, zusenden; nur würde mir das einzige Versprechen ausbitten, daß Sie es uneröffnet bei sich, bis zu unbestimmter Stunde, liegen lassen. Dergleichen Blätter geben uns das frohe Gefühl, daß wir gelebt haben; dies sind die schönsten Dokumente, auf denen man ruhen darf.

In diesem Brief birgt sich die Summe alles dessen, was Suleika ihm geschenkt und Marianne ihm bewahrt, birgt sich ein ergreifendes Bestreben, sie vorzubereiten, zugleich zu trösten. Ihre Antwort ist dieses Briefes würdig, unsentimental und gefaßt:

Die Beweise Ihres unveränderten Wohlwollens machen mich sehr glücklich! Ihr Anerbieten, mir jenes inhaltreiche Packet zu senden, rührt mich ganz unbeschreiblich, ich sage nichts weiter; senden Sie es nur, ich will es treu und gewissenhaft bewahren, wo Ihre Briefe liegen, die ich alle geordnet habe und die ich oft und immer wieder lese.

Dann wendet sie sich, ihrem großen Freund gemäß und, wie immer, zu Diensten, ganz alltäglichen Dingen zu.

Schon Goethes nächster Brief sollte sein letzter sein. Er wünscht abschließend: »Glück zu allem Tun! Freude an allem Gelingen!«

Wenig später mußte Gerhard Thomas im »Roten Männchen« die Nachricht von Goethes Tod überbringen. Marianne blieb nach außen ruhig, schwieg eine Weile und sagte dann: »Gott hat mir diese Freundschaft gegeben. ER hat sie mir genommen. Ich muß IHM danken, daß sie mir so lange Zeit gewährt ward.«

Die unbestimmte Stunde war gekommen. Marianne öffnete Siegel und Schnüre des Briefpaketes und fand obenauf die letzten von Goethe an eine Frau gerichteten Verse:

Vor die Augen meiner Lieben,
Zu den Fingern, die's geschrieben –
Einst in heißestem Verlangen
So erwartet, wie empfangen –
Zu der Brust der sie entquollen
Diese Blätter wandern sollen;
Immer liebevoll bereit,
Zeugen allerschönster Zeit.

Weimar d. 3. März 1831 *J. W. v. Goethe*

Nun wußte Marianne, weshalb sie das Paket geschlossen lassen sollte. – Diese Zeilen sagten ihr aus der Ewigkeit in der leidvollen Stunde seinen Dank. –

Zur Zeit, da Goethe, der Ferne, zu den Unsterblichen entrückt ward, zählte Marianne von Willemer achtundvierzig Jahre. Bis zu diesem Märztage 1832 gab es das Warten auf eine Sendung aus Weimar, die stillen Stunden, da man an Goethe schrieb, die Möglichkeit, seine Wünsche zu erfüllen, von Durchreisenden unmittelbare Berichte und Grüße zu erhalten. – Alles Erlebte empfing Bedeutung und Rang, je nachdem es Goethe mitgeteilt werden konnte oder zu belanglos dafür war. Mariannens oft eintöniger Alltag hatte diesen geheimen Pol, von dem aus ihr Leben den eigentlichen Inhalt erhielt, die ständige innere Kommunikation mit Goethe bedeutete Quell des Glückes und der Kraft.

Der Tod bewirkte eine Zäsur. Es würde nichts mehr geschehen, nichts mehr hinzukommen, die belebende, erhellende große Sonne war untergegangen.

Im Raritätenschrank des Großmütterchens stand, »geheimnisvoll offenbar«, der gläserne Behälter mit Goethes geordneten, sorgsam geschichteten Briefen. Jedermann konnte sie dort sehen, niemand darin lesen. Jetzt ging Marianne daran, ihre Briefe an den geliebten Freund den bleibenden Zeugen der »allerschönsten Zeit« hinzuzufügen. Sie mußte die Entdeckung machen, daß einige ihrer Briefe, unter andere Papiere geraten, vermutlich noch in Goethes Nachlaß ruhten; jedenfalls war das ihr übersandte Paket unvollständig.

Marianne muß sich, Ottilie von Goethe schonend, gleich an Eckermann gewendet haben, um die nicht für Dritte bestimmten Blätter zurückzuerbitten. Bereits am 28. April 1832 erhielt sie des Getreuen Bescheid:

Verehrte gnädige Frau! Beiliegend übersende ich Ihnen, was sich bis jetzt unter Goethes Papieren gefunden hat. Was sich ferner finden sollte, will ich treulich bei mir sammeln und Ihnen weiter zusenden. Solche Briefe sind unschätzbar als Denkmale einer entschwundenen Zeit, die bei ihrem Wiederlesen in unserer Seele wieder wach wird und mit aller Gewalt und Frische jener Tage wieder zu leben beginnt. Ich habe mich nicht enthalten können, einige von diesen Briefen zu lesen, wo ich mich denn an der Reinheit Ihrer Bildung erquickt und recht tief empfunden habe, daß nicht leicht eine Andere ein innigeres Verhältnis zu Ihm hat haben können, wie Sie. Ja, wer sich an Ihn halten konnte, mußte etwas sein und wer sich an Ihn hielt, mußte etwas werden.

Er hat mich in seinem Testament zum Herausgeber seines literarischen Nachlasses ernannt; ich fühle mich durch sein Zutrauen beglückt und werde gewiß alles aufbieten, damit solche Schätze würdig ans Licht treten. Das Naturhistorische eingerechnet, wird das Ganze gewiß 15 Bände füllen. Glücklich bin ich, daß der zweite Teil des Faust vorigen Sommer beendet wurde und daß in diesem unsterblichen Werk nun nichts mehr Fragmentarisches ist. Auch ist ein vierter Band aus seinem Leben, der die höchst bedeutende Epoche seines letzten Aufenthaltes in Frankfurt 1774 und 1775 enthält, bis auf weniges vollendet. Sollten Ihnen oder Ihren Freunden noch ungedruckte Jugendgedichte oder Briefe aus seiner jugendlichen Zeit bekannt sein, so bitte ich, mir solche zukommen zu lassen.

Vor allem freue ich mich, daß seine Farbenlehre nun auch in die Hände des großen Publikums gelanget und daß sie von manchem verstockten Physiker nun nicht ferner zurückzudrängen ist. Ich bin gewiß, daß Goethes lang verkannte Lehre sich mit der Zeit über die ganze Welt verbreiten wird, denn sie ist wahr und ewig wie die Natur selber. Durch langen Umgang mit den Phänomenen und unter seiner unmittelbaren Leitung bin ich eingedrungen, sodaß ich bei einem großen Teil der natürlichen Erscheinungen mir des Urgesetzes bewußt bin, von dem sie ausgehen. Es klingt wunderlich; aber doch möchte ich sagen, daß alles Poetische und Literarische mir nicht so großen Gewinn brachte als die Farbenlehre. Ich finde nun die Gottheit nicht bloß in meinem Gemüt, sondern ich finde sie nun auch außer mir in den Urphänomenen, wo ich oft ihren Hauch unmittelbar zu wittern glaubte und große Augenblicke erlebte wie nie zuvor. Doch so darf man nur zu Eingeweihten reden wie Sie.

Frau v. Goethe empfiehlt sich aufs Beste und ich verharre mit den Gesinnungen wahrer Verehrung gegen Sie und Ihren Herrn Gemahl Ihr aufrichtiger Freund Eckermann.

Dieser Brief, ganz in Goethes Sprache gehalten, so bezeichnend für den Schreiber, spiegelt zugleich etwas vom Rang, den Marianne im Leben des greisen Freundes eingenommen. Schlicht und redlich gestand Eckermann, in Mariannens Briefen gelesen zu haben. Inzwischen sah er sich vom eigentlichen Testamentsvollstrecker, Kanzler von Müller, beiseite geschoben. Die noch nicht gesicherten Briefe Frau von Willemers gerieten in dessen Hände, und es bedurfte vieler Mahnungen, sie zurückzuerhalten. Auch Müller hat sie gelesen, sogar unberechtigterweise Abschriften genommen und schließlich behauptet, sie ungelesen zurückzugeben. Beides ist überaus charakteristisch für den Kanzler und läßt vermuten, die Versiegelung und rechtzeitige Rücksendung von Mariannens Briefen habe in erster Linie bezweckt, sie vor der Indiskretion von Müllers zu sichern, damit dieser nicht auf die Spur des Suleika-Geheimnisses käme. Hätte der Kanzler erfahren, daß Frau von Willemer mit Suleika identisch, die Dichterin kostbarer Blätter des »Buch Suleika« sei, das Geheimnis wäre nicht lange bewahrt geblieben.

Johann Jakob von Willemer war beim Hinscheiden Goethes zweiundsiebzig Jahre alt. Seine letzten Schriften hießen »Aphoristische Lebensansichten« und – seine Kinder mochten ihre eigenen Gedanken darüber haben! – »Praktische Lebens- und Erziehungsregeln für Eltern«. Nach Goethes Tod erlahmte die Schreibmanie, die geistigen Kräfte ließen unaufhaltsam nach, und die rastlose Betriebsamkeit wich zunehmender Hypochondrie. 1833 konnte Marianne ein letztes Mal einen Geburtstag Willemers mit der gewohnten Hundedeputation eröffnen. Der Überbringer des gereimten Glückwunsches hieß nicht mehr Pazzarello, der 1832 das Zeitliche, wo nicht gesegnet, so doch verlassen hatte. Der Nachfolger, ebenso anhänglich und gutmütig, aber ein Ausbund von Dummheit, brachte es noch nicht einmal zu einem Namen; er hieß ganz einfach »Pudel«. Er mußte an Willemers Wiegenfest 1833 bekennen, zum Verfassen des gewohnten Poems unfähig gewesen zu sein, wäre ihm nicht in der Nacht der geistvolle Pazzarello erschienen, um es ihm einzublasen, denn

Seit Pazzarello dir gestorben
Hast du an mir ein treues Vieh
Und einen treuen Freund erworben,
Doch leider Gottes kein Genie.

In dem von »Pudel« mit soviel Selbsterkenntnis eingeleiteten Lebensjahr wurde der dreiundsiebzigjährige Willemer geschäftsunfähig. Seine Schwiegersöhne übernahmen die Vermögensverwaltung. Bei dieser Gelegenheit regten Thomas und Rosette an, man möge Marianne für die Zukunft sicherstellen. In einem Brief an Sulpiz aus dieser Zeit gestand Rosette, auf welch vorbildliche Weise Marianne das schwere Leben neben dem Kranken meistere, mit dem außer seiner Frau niemand mehr zurecht käme. Die Kinder könnten Marianne nie genug dafür danken. Jetzt beschlossen sie, der kinderlosen dritten Frau des Vaters ihre Dankbarkeit zu beweisen. Willemer scheint vor seiner Alterserkrankung kein Testament gemacht zu haben. Thomas verfaßte ein »Lieb Mütterchen« überschriebenes, von allen Kindern unterzeichnetes Dokument, in dem Mariannen ein standesgemäßes Auskommen, darüber hinaus eine angemessene Summe zu freier Verfügung auf Lebenszeit garantiert wurde. Durch diese Verfügung der Willemer'schen Nachkommen und ihrer Gatten konnte Marianne einem sorglosen Alter entgegensehen, in dem ihr mehr zur Verfügung stehen würde als das Notwendige. Schon jetzt konnte sie unabhängig disponieren, aber nicht mehr über die gleichen Summen wie der reiche Willemer. Wir dürfen dies nicht außer acht lassen, wenn wir angesichts der schwierigen Finanzverhältnisse, in die später Goethes Nachkommen und vor allem Eckermann gerieten, uns fragen müssen, weshalb Frau von Willemer sie solchen Nöten nicht enthob. Etwa im Jahre 1835, also noch zu Lebzeiten Willemers, doch zu einem Zeitpunkt, da sein Vermögen bereits von den Schwiegersöhnen verwaltet wurde, hat Marianne eine Bitte Ottiliens um ein Darlehen, unter Hinweis auf ihre eigenen, nunmehr eingeschränkten Verhältnisse, ablehnen müssen.

Als Ottilie, noch im Todesjahre Goethes, jene für sie folgenschwere und verhängnisvolle Rheinreise zu ihrem

Freund Sterling antrat, besuchte sie Schlossers auf dem Stift und Willemers auf der Mühle. Bei dieser Gelegenheit erzählte Marianne, daß sie dem Kanzler ein Verzeichnis der Gegenstände geschickt habe, die sie aus Goethes Nachlaß zurückwünsche: außer Briefen auch Geschenke, die sie dem Verewigten gemacht, und ihr Bild. Zwischen dem Kanzler, dem Vormund der Enkel, und deren Mutter bestand damals schon die erste Spannung, weil sich die vereinsamte Ottilie leidenschaftlich an ihre Söhne klammerte, der Kanzler hingegen die wohlmeinende und berechtigte Ansicht vertrat, man solle die Knaben mit anderen Gleichaltrigen zusammen in eine öffentliche Schule schicken. Vielleicht hätte das den ihrer Sonderstellung bewußten, überempfindlichen und lebensfremden Knaben sehr gut getan. Aber Ottilie lehnte sich dagegen auf und trug es dem Kanzler als Versuch, ihre Rechte zu schmälern, nach. Aus diesem Groll heraus muß sie Marianne eine Bemerkung des Kanzlers über ihr Bild mitgeteilt und das eigene Mißtrauen auf sie übertragen haben. Dies Mißtrauen und Mariannens Unwillen wurden dadurch bestärkt, daß der Kanzler im September noch nichts zurückgesandt hatte.

Mariannens Gefühle fanden in einem Brief an Ottilie, dessen Original sich im Düsseldorfer Goethemuseum befindet, ihren Niederschlag. Sie begründet darin ihren Widerwillen, sich nochmals an den Kanzler zu wenden,

denn nach allem, was Sie mir von ihm erzählt haben und ich durch Dritte gehört, fehlte nur noch die letzte Äußerung über mein Bild, um ihn völlig bei mir in Mißkredit zu setzen; kann man denn so unbeschreiblich eitel sein oder kann man es bis zu solchem Mangel an Takt bringen! In Beziehung auf mich kommt es mir beinahe komisch vor und wie Sie mich haben kennen lernen, wird es Ihnen bei unserer einfachen Lebensweise und insofern ich wenigstens für meine Person allen Ansprüchen, sie seien welcher Art sie wollen, fremd geblieben, ebenso vorkommen. Die treue Anhänglichkeit und Liebe, die Willemer und ich bis zum letzten Augenblick für Goethe fühlten, hat er durch Vertrauen und Neigung erwidert, dies alles gehört aber nicht der Historie an, wohl aber der stillen Geschichte des Herzens, die jedem einfachen guten Menschen heilig ist . . . Ich werde in jedem Fall darauf bestehen, die Bilder zu haben und sie mir nach Frankfurt senden lassen . . .

. . . In Wahrheit, wenn man sieht, wie schwer man sich an Ihnen verschuldet, hört jede Bedenklichkeit auf, man überzeugt sich, daß diese Herren gar keine haben.*

Der Papierkrieg Mariannens um Herausgabe der gewünschten Andenken war noch ein Jahr nach Goethes Tod nicht beendet. In einem zweiten im Düsseldorfer Goethemuseum aufbewahrten Brief Frau von Willemers an Frau von Goethe heißt es am 20. März 1833:

Auf Ihre Frage, ob ich alles wiederbekommen, was ich zu erhalten gewünscht, muß ich erwidern, daß ich bis jetzt nichts erlangt als etwa das Recht, über die Bilder und den Ring nach meinem eigenen Wunsch zu verfügen: kann mein verjährtes Anliegen noch einmal in Anregung gebracht werden, so würde es mich glücklich machen, wenn ich außer den beiden Landschaften mit unterschriebenen Worten aus dem Divan von Hafis auch die geschnittene Muschel mit dem Jupiterkopfe erhalten könnte, die ich in dem Verzeichnis der von mir zurückverlangten Kleinigkeiten dem Herrn Kanzler Müller schon bezeichnet habe und deren Zurückgabe mir auch gewährt wurde; ich darf um so eher darum bitten, als dieser Kopf eigentlich oder vielmehr halb und halb noch mein Eigentum ist, Goethe nahm ihn damals . . . mit nach Weimar und ich weiß, daß er einen Scherz damit beabsichtigte, der später in Vergessenheit kam. Es liegt mir sehr viel an dieser geschnittenen Muschel, an die sich manche heitere Erinnerung knüpft, ich glaube nicht, daß der Herr Kanzler Müller mir diese Kleinigkeit vorenthalten wird, da er im ganzen so bereitwillig war, doch würde ich geschwiegen haben, wenn Sie mich nicht so offen befragt hätten . . .

Der Gerechtigkeit halber muß man sich vergegenwärtigen, wie schwierig und verantwortungsvoll des Kanzlers

* die Vormünder

Amt war. Er handelte für die unmündigen Enkel und wollte nichts aus der Hand geben, ohne sicher zu sein, wem es rechtens gehöre. Frau Ottilie verfuhr erheblich großzügiger und bedenkenloser mit oft kostbaren Erinnerungen und Handschriften, verschenkte an Gönner und Freunde Dinge, deren Erben und Besitzer ihre Kinder waren.

Auf diesem Wege muß ein Aquarell von Goethes Hand, eine getuschte Zeichnung, ihre Odyssee angetreten haben, die erst im Düsseldorfer Goethemuseum endete. Ottilie von Goethe bezeichnete das Blatt als »italienische Landschaft«, und als solche wurde es von späteren Besitzern dem damaligen Direktor des Weimarer Goethe-National-Museums, Professor Hans Wahl, mit der Bitte vorgelegt, die Echtheit des Goethe zugeschriebenen Blattes zu beglaubigen.

Freiherr von Maltzahn, der damalige Assistent Wahls, sah das Blatt und erkannte, daß es kein italienisches Motiv, sondern die ihm wohlvertraute Terrasse des Heidelberger Schlosses darstellte. Obwohl Mariannens Heidelberg-Gedicht, dem Brauche nach anonym, in Ottiliens »Chaos« erschien, scheint diese weder den Zusammenhang noch die Bedeutung der Heidelberger Schloßterrasse für Hatem und Suleika gekannt zu haben. Höchstwahrscheinlich verbarg Goethe das für ihn so erinnerungsreiche Blatt unter Zeichnungen von der Italienreise.

Ein seltsamer Zufall ließ Dr. von Maltzahn Jahrzehnte nach der ersten Begegnung mit dem getuschten Blatt es auf einer Auktion wiederfinden und für das von ihm geleitete Düsseldorfer Goethemuseum erwerben. Es ist fraglich, ob Frau von Willemer von diesem Blatt Kenntnis hatte. Sie selbst besaß eine Zeichnung von Goethes Hand, auf der die erinnerungsreiche Stätte des Heidelberger Schlosses für sie mit dem Stift festgehalten worden war. Die gleichen Verse, die er später unter eine Ansicht der Gerbermühle geschrieben hat, standen, weit beziehungsreicher und nur Mariannen verständlich, unter dieser eigenhändigen Zeichnung:

An die Stelle des Genusses
Trete Bildchen holden Scheins
Zur Erinnerung des Flusses,
Der Terrasse, dieses Hains.

Da diese Zeichnung ebenfalls in Darmstadt den Bomben zum Opfer fiel, ist jene wiederaufgetauchte aus Goethes Besitz um so kostbarer. Wann Marianne die ihr zustehenden Gegenstände aus Goethes Nachlaß endlich zurückerhielt, ist nicht festzustellen.

Sie hatte schwerlich Zeit, sich aufs Warten und Grübeln zu verlegen. Es ging in Frankfurt sehr unruhig zu. Davon, eine Freie Reichsstadt zu bewohnen, merkten die Bürger nur noch wenig. Der Rivalitätskampf zwischen Österreich und Preußen in der Absicht, Frankfurt an sich zu bringen, zeitigte höchst unerfreuliche Zustände. Man lauerte nur auf irgendeinen Vorwand, zuzupacken, und konzentrierte, angeblich um Putschversuchen und Unruhen vorzubeugen, in der Stadt und deren Umgebung Truppen. Briefe wurden erbrochen, Zuträger honoriert, denn Preußen und Österreich trauten einander nicht über den nächsten Weg. Daß dergleichen Unerfreulichkeiten ihre Schatten auch auf die Gerbermühle warfen, verrät ein im Frankfurter Hochstift aufbewahrter Brief Mariannens an den soeben von schwerer Krankheit genesenen Stiefenkel Jean Andreae, der am Genfer See eine Berufsausbildung vervollkommnete.

Du kannst Dir leicht denken, mein lieber guter Jean, wie besorgt wir alle Deinetwegen waren und wie erwünscht uns die ersten guten Nachrichten von Dir kommen; gewiß, Deine armen Eltern hatten eine schwere Sorge zu tragen, denn deine arme Schwester war auch sehr krank. Daß ich oft, ja immer, an Dich dachte, wirst Du mir gewiß glauben und ich freute mich herzlich als ich von Deiner Maxe hörte, daß Du nun selbst geschrieben hast, Gott lohne dem Herrn Beauvais was er an Dir getan, denn seinen eignen Sohn hätte er nicht treuer pflegen können, Du mußt es nie vergessen und durch Fleiß, Aufmerksamkeit und treue Anhänglichkeit solche Güte zu verdienen suchen, danke Herrn Beauvais auch in meinem Namen und Dein Großvater ist ihm desfalls zu innigem Dank verpflichtet.

Ich weiß nicht ob diese Zeilen Deinen Vater treffen, sollte es der Fall sein so laß ich ihn recht schön grüßen, ich wollte Dir schon vor Pfingsten schreiben, allein die böse Grippe hat mich erwischt, ich mußte drei Tage zu Bett liegen, gerade an den Feiertagen; das ist immer mein Schicksal, wenn ich krank werde, ist es gewöhnlich an solchen Tagen wo andre Leute recht vergnügt sind. Es war mir ganz miserabel zumut; jetzt bin ich aber wieder flott obwohl ich noch immer Schnupfen und Katarrh habe.

Wir haben jetzt eine gute Wache auf der Mühle, 14 Mann und Korporal, lauter Österreicher, sind in einer Meßbude auf der Wiese dicht an den beiden Eschen einquartiert, wir brauchen sie aber nicht zu verköstigen, doch der Großvater gibt ihnen jeden Tag etwas für Apfelwein, jeden Morgen um zwölf Uhr werden sie abgelöst und alle Sonntag bekommt die Wache welche abzieht und auch die ankommende jeder Mann ein Päckchen Tabak, da sind sie seelenvergnügt und manchmal singen sie recht schöne Lieder. Ich wünsche sehr, Du wärst nur auf ein Stündchen bei uns, es würde Dir gewiß auf der Gerbermühle gefallen. Ich habe die Fremdenstübchen ganz zurechtmachen lassen, ach, könntest Du nur einmal darin schlafen. Jetzt ist bald die Heuernte, wo Du vor zwei Jahren so tätig und vergnügt warst. Je nun, es ist auch in der Ordnung, daß die Kinderjahre aufhören, »vor den Ruhm setzten die Götter den Schweiß« sagte ein alter Heide, Gott der Herr aber sagte, Du sollst im Schweiß Deines Angesichtes Dein Brot essen, nun, so schwitze denn, mein lieber treuer Jean, aber nicht wieder im Bette, sondern in Deinem Beruf, und wenn du eine Minute übrig hast, so denke an Dein treues Großmütterchen

1834 mußte Marianne die Hundeglückwünsche zu Willemers Geburtstag aufgeben. Sein Zustand ließ dergleichen

Scherze nicht mehr zu, auch vermochte er sie nicht mehr zu verstehen. Die Musik und das gute Verhältnis zu Kindern und Enkeln halfen, die anstrengende Pflege des ungeduldigen Kranken zu meistern, zumal er auch in seinem betrüblichen Zustand die liebevolle Anhänglichkeit an seine Frau bewahrt zu haben scheint. Außer ihr konnte sich niemand mehr mit ihm verständigen, so daß Marianne noch mehr als bisher in den eigentlichen Mittelpunkt der Familie rückte. Wie es sich für eine Großmutter geziemt, hielt sie den fernen Enkel Jean über alles Wissenswerte aus der Familienchronik auf dem laufenden. Dem jungen Mann war daheim ein Brüderchen geboren worden. Von welchem Brautpaar der im Frankfurter Hochstift aufbewahrte Brief spricht, war nicht zu ermitteln.

Wohl möchte ich so einen schönen Abend an Deiner Seite am See zubringen und mir das Glühen der Alpen wieder recht ins Gedächtnis prägen, obwohl mir der Eindruck noch sehr gegenwärtig ist, den dies herrliche Schauspiel immer auf mich gemacht hat, so oft ich es sah. Doch die Zeit des Reisens ist für mich vorüber und ich darf mich nicht beklagen, ich habe viel Schönes und Herrliches gesehen und bewundert und zehre jetzt wie ein Dachs von seinem eigenen Fett; a propos weil wir doch vom Fette sprechen, Du würdest Dich wundern, wie schlank die Großmutter geworden ist, sie geht durch ein Nadelöhr.

Über das neue Brautpaar, habe ich mich nicht genug verwundern können und fahre noch immer fort, mich zu verwundern!

Vorgestern haben wir bei der Mutter das Tauffest des neuen Brüderchens gefeiert, er heißt Herrman Elias und Hofrat Mieg hat ihn aus der Taufe gehoben . . . Auf der Gerbermühle ist es noch wie sonst, nur wird sie alle Jahre wackliger und wenn Du hier wärst, Du solltest den ganzen Tag mit dem Hammer und der Leimpfanne im Haus herumgehen und Schäden ausbessern. Ich glaube, wenn Du jetzt wieder kommst, kenne ich Dich gar nicht mehr, so groß wirst du sein. Ach nein! darauf kannst Du es schon wagen, ich würde

Dich an Deinem ehrlichen Gesicht auch nach 100 Jahren erkennen. Der Großvater und alle Leute grüßen Dich herzlich, auch Pudel und Bello, und ich bleibe von ganzem Herzen Deine Dich liebende

Großmutter Mariane.

(So, mit einem »n«, hat Willemer meist den Namen seiner Frau geschrieben; auch Marianne schrieb in späteren Jahren fast durchweg so.)

Von den Ereignissen, die schwer auf dem Gemüt des Onkels Thomas lasteten, schrieb die Großmutter dem jungen Jean nichts. Der Bundestag mischte sich immer unverblümter in die Rechtsprechung ein und erzwang oft unmenschlich harte Strafen für junge Heißsporne, echte Idealisten. Im Senat gab es jetzt Verfechter ganz neuer Ansichten. Man wollte den Anschluß nicht versäumen, liebäugelte mit lockenden Handelsverträgen und Beteiligungen an modernen Projekten, wie dem Bau einer Eisenbahn. Thomas konnte und wollte da nicht mehr mit. Ähnlich wie der greise Goethe empfand auch er einen Schauder vor dem sich ankündigenden Maschinenzeitalter, sah die sich ergebenden Probleme voraus und sorgte sich um sein geliebtes Frankfurt. Die Zuverlässigkeit Rosettens und Mariannens heitere Wärme halfen ihm über manche trübe Stimmung hinweg. Das Ehepaar Thomas stützte seinerseits das Mütterchen, wenn das Zusammenleben mit dem eigenwilligen Senilgewordenen sogar Mariannens Kräfte zu überfordern schien. Die Geduld und liebevolle Pflichttreue, mit der sie Willemer umsorgte, gebot manchen Verzicht. Am schwersten bedrückte es Marianne, daß Heidelberg, die nie versagende Kraftquelle, unerreichbar geworden.

Fritz und Sophie Schlosser hatten nach Goethes Tod alle an ihn erinnernden Bilder und Handschriften im Gotischen Saal vereint und damit dem Stift für Marianne von Willemer doppelte Anziehungskraft verliehen. Der stille Gelehrte und seine energische Hausfrau waren kinderlos geblieben. Sie sahen in Frau Sophiens Lieblingsnichte Marie, der Tochter ihres Bruders Alexander du Fay, die künftige Herrin des Stifts. Siebzehnjährig heiratete Marie 1836 den Senator Franz Bernus, einen Enkel der stattlichen Staatsdame Emilie Bernus, mit der Frau Rat Goethe die Theaterloge Nummer neun sozusagen gepachtet hatte. Es gab mithin im Stift allerlei Neues, während die Veränderungen im Umkreis Marianne von Willemers vorwiegend schmerzlicher Natur waren.

Mit dem verdienten Leiter des Cäcilienvereins, Schelble, der, wie Marianne selbst, von Anfang an dabei gewesen und mit dem Chor zutiefst verwachsen war, verlor sie, als er 1837 starb, einen lieben Freund. Kein Geringerer als Felix Mendelssohn, der schon im Jahr zuvor für den Schwerkranken zeitweilig die Chorproben übernommen hatte, bemühte sich, einen neuen Leiter zu finden. Die Suche erwies sich als so mühsam, daß er von »einer lumpigen Musikerzeit« schrieb. Das »freundschaftliche Verhältnis« zwischen Marianne und Mendelssohn, von welchem Theodor Creizenach erzählt, ist in den brieflichen Äußerungen der beiden nicht nachzuweisen. Wohl aber wissen wir, daß im Juni 1839 bei einem Konzert des Cäcilienvereins dem Dirigenten Mendelssohn eine Gesangsschülerin Mariannens, Minna Buber, aufgefallen ist, und daß er sie sich in Mariannes Wohnung hat vorsingen lassen. »Großmütterchen war entzückt von Herrn Mendelssohn«, heißt es in einem Brief der Maxe Andreae. Im selben Jahr hat dann Marianne in einem Frankfurter Privathaus mit Regie geführt bei der Einstudierung »lebender Bilder«, von denen mehrere sich auf Kompositionen Mendelssohns bezogen; darunter war auch, wie er (ohne die tieferen Zusammenhänge zu ahnen) berichtet, »ein persisches Zimmer mit einer hübschen *Suleika*, die selbst zu singen anfing und sehr zierlich und schön mein Lied [»Ach! um deine feuchten Schwingen«] vortrug«.

Aber das geschah freilich erst nach Willemers Tode; vorher, als Mendelssohn, Bräutigam und junger Ehemann einer Frankfurterin, häufiger dort weilte, hatte Marianne im Cäcilienverein nicht mehr mitgesungen; Willemers Zustand fesselte sie ans Haus.

Sie mußte sich allmählich mit dem Gedanken vertraut machen, mit dem kranken Gatten aus dem »Roten Männchen« in eine weniger hoch gelegene, bequemere Wohnung umzuziehen. Der Abschied von dem Haus, in dem sie seit dem sechzehnten Jahr gelebt, das »des Freundes Gegenwart geadelt«, wurde lange erwogen, bevor man ihn verwirklichte, denn der Kranke war an diese Räume gewöhnt. Willemers Zustand und der bevorstehende Wohnungswechsel bewirkten, daß Marianne von allem, was sich damals in der Stadt abspielte, wohl nur durch ihre Kinder erfuhr.

Als man im Sommer 1838 das erste gesamtdeutsche Sängerfest in Frankfurt feierte, waren keine Frauen zugegen. Jede gesamtdeutsche Bewegung erregte Metternichs Argwohn. Man gab deshalb vor, eine Mozartstiftung errichten zu wollen und aus diesem Grunde von überallher nach Frankfurt zu strömen. In Wirklichkeit handelte es sich um eine große Kundgebung für ein geeintes Deutschland, und schließlich brauste Arndts Lied: »Was ist des Deutschen Vaterland« über den Festplatz. Am Präsidententisch erhob sich Bürgermeister Thomas und sang begeistert mit. Es war sein letztes Erscheinen in der Öffentlichkeit.

In den ersten Oktobertagen 1838 fand die Übersiedlung der Willemers aus dem »Roten Männchen« in die geräumige neue Wohnung am Untermaintor statt. Am 19. Oktober brach Johann Jakob von Willemer infolge einer Lungenlähmung tot zusammen. Er fand auf dem Oberräder Friedhof an der Seite seiner ersten Frau und seiner Tochter Käte die letzte Ruhestätte. Das Grab barg nun für die Töchter dieser ersten Frau, Mariannens Stiefkinder, die sterblichen Reste der Eltern. Von dieser Geste der Pietät blieb die Beziehung zu Marianne unberührt.

Willemers Tod hatte das vom Alter längst vollendete Zerstörungswerk lediglich beschlossen. Dem Achtundsiebzigjährigen war bestimmt, sich selbst zu überleben. Als der dreiundfünfzigjährige Thomas am 1. November 1838 in seiner Amtsstube einem Hirnschlag erlag, wurde die Familie einer unersetzlichen, unentbehrlichen Persönlichkeit beraubt. Für Marianne bedeutete es den härtesten Verlust seit Goethes Heimgang, Rosette blieb von diesem unseligen Tage an eine gebrochene Frau.

An der Bahre von Gerhard Thomas entblößten auch seine Gegner ehrerbietig das Haupt. Die ganze Stadt trauerte um ihren großen Bürgermeister. Als sämtliche Korps der Stadtwehr und des Linienmilitärs dem verstorbenen Stadtoberhaupt vom Trauerhaus am Obermaintor aus das Grabgeleite zum Sachsenhäuser Friedhof gaben, schloß sich mit den Geistlichen sämtlicher Konfessionen die Bevölkerung spontan an: eine überzeugende Kundgebung für den irenischen, gütigen Gerhard Thomas.

Eine Woche später flüchtete Rosette Thomas zu ihrem ältesten Sohn, der in Bonn studierte. Sie nahm einen Brief Mariannens mit, der für sich selbst spricht:

Mein lieber guter Jakob, die Mutter bringt Dir diese Zeilen und all meine Herzensgedanken, die sie nicht enthalten. Ich weiß, Du verstehst mich auch ohne Worte. – Was kann ich über Deinen, über unsern, über meinen Verlust sagen? . . . Mit Deinem Vater ging mein bester Freund zu Grabe. –

Du wirst mich ebenso lieb haben, nicht wahr? Denke, daß aus diesem Blatt die schwache Stimme eines Kranken zu Dir spricht, der mit Blick und Hand sie zu ergänzen strebt. Gedenke Deiner Dich zärtlich liebenden Großmutter

M. Willemer

Schwerlich vermochte der jugendliche Empfänger diesen Brief der Dreiundfünfzigjährigen zu verstehen. Aus ihm spricht die gealterte Frau, deren Welt auszusterben drohte, die fürchtet, zu vereinsamen. Seit Goethe starb und Willemer vergreiste, gewährte ihr Thomas Schutz, Halt und selbstlosen Rat. Mit ihm verlor Marianne von Willemer, was sie nie mehr finden wird: – den ritterlich beschützenden Freund.

Rosette und Marianne schlossen sich in gemeinsame Trauer, in gemeinsamer Verantwortung für die noch so jungen Zwillinge, noch enger zusammen. Diese Frauenfreundschaft mit ihren vielfachen Wurzeln umschloß ihrer beider Leben und Schicksal seit Rosettens achtzehntem, Mariannens sechzehntem Jahr. Nie hat eine von ihnen versagt, wenn die andere litt. Nun beraubte der gleiche Schlag sie beide. –

Bei Deinen Lieben bin ich oft, erzählt Marianne dem jungen Thomas, *ja wir haben einen Tag in der Woche, wo ich gar nicht fortgehe. Nach Tisch wird musiziert, dann lesen wir und nach dem Nachtessen wird so nah wie möglich zusammengerückt. Wir schwatzen von alten Zeiten, vom Gerbermühleplaisier, vom Großvater, von Dir und Deinen Streichen, vom seligen Vater, und so kommt die zehn Uhr herbei, dann kommt der Krebs und holt mich ab, und nun wird sich noch geküßt und Jedes legt sich in sein Bettchen.*

Der Krebs war, wie Friedrich Stoltze überliefert, der stocktaube alte Kutscher Willemers, ein kleines rundes Männchen mit unverhältnismäßig großen Füßen. Es scheint, daß Marianne in der ersten Zeit nach Willemers Tod noch Wagen und Pferde hatte, wie sie die große Wohnung vorerst beibehielt. – Die Willemer'sche Kutsche kannte man in Frankfurt, weil sie, um Willemer das Ein- und Aussteigen zu erleichtern, so tief in den Riemen hing, daß der Wagentritt beinahe den Erdboden streifte. Der Krebs thronte auf seinem Bock überm Kutschendach und zügelte seine beiden Holsteiner, die leibhaften Zeugen der Tierliebe Mariannens. Es waren herrlich gepflegte und gefütterte Pferde.

Ob Marianne, wenn sie sich mit Rosette des Gerbermühlpläsiers erinnerte, auch des Lausbubenstreichs gedachte, den Stoltze und Hendrichs den Geheimrats und dem Krebs einst gespielt? –

Wenn Willemers eine Ausfahrt zur Mühle machen wollten und der Krebs vorfuhr, dauerte es wegen der schwachen Beine des Geheimrats immer eine gute Weile, bis der alte Herr, auf seine Frau und den dienstbaren Geist gestützt, die zwei Treppen bezwungen hatte. Der taube Kutscher merkte, wenn zuerst die Geheimrätin, dann ihr Mann eingestiegen waren, am Schwanken des Wagens und dem Schließen der Türe; dann fuhr er los.

Da nun der künftige Heldendarsteller Hendrichs nach Kontorschluß auf Schusters Rappen durch Oberrad, von wo der Weg zur Mühle abzweigte, nach Offenbach gelangen mußte, um dort auf einer Liebhaberbühne aufzutreten, sagte eines Tages der vierzehnjährige Lehr- und Lausbub Stoltze zu dem älteren Leidens- und Kontorgefährten: »Du, ich hab eine Idee!« Hendrichs nahm Mantel und Hut, zuerst kletterte Stoltze in den Willemer'schen Wagen und huschte leise auf der andern Seite wieder hinaus. Dann stieg Hendrichs ein und schlug die Wagentüre zu – und schon zogen die Pferde an. Hochherrschaftlich und bequem ließ sich der Merkurjünger bis Oberrad fahren und ehe der Krebs zur Mühle abbog, glitt er vom niederen Wagentritt aus auf die Straße, auf der er nun rasch nach Offenbach kam. Die Wagentür blieb offen und als der Krebs vorfuhr, der herbeieilende Gärtner durch die offene Tür in den leeren Wagen guckte, mußte er den Krebs erst immer lauter anbrüllen, wo denn um Himmels willen die Herrschaft sei! Und nun hatten die feisten Gäule in einem Tempo wie nie zuvor zurück zum »Roten Männchen« zu laufen. –

Dort war inzwischen ein großes Rätselraten, wohin denn der Krebs mit der Kutsche geraten sein könne. Er hatte doch noch eben im Hof gehalten und blieb nun trotz Rufen und Suchen vom Erdboden verschwunden. Schließlich konnte aber »das Stoltzchen«, wie Frau von Willemer den Jungen nannte, das Lachen nicht mehr verbergen und platzte heraus, daß der Johann eben den Hendrichs nach Oberrad fahre! Ja, ob denn der Johann übergeschnappt sei?

Obwohl das Stoltzchen so schön: »Ach, um deine feuchten Schwingen« singen und so lustige Verse machen konnte, hatte er es mit der Frau Geheimrat von da an verdorben. Das »Silberstimmchen« Mariannens würdigte ihn nie mehr einer Anrede.

Die Gerbermühle gehörte nun vergangenen Zeiten an. Die Pacht erlosch laut Vertrag mit dem Leben Willemers. Wie immer, wenn sie zutiefst betroffen ist, gibt Marianne ihr Weh niemandem preis. Was sie über den Abschied von der Mühle äußert, verschweigt die großen Erinnerungen. Es klingt unsentimental und gemahnt an das leise Lächeln in Augen und Mundwinkeln, das Mariannens Altersbilder zeigen. Dem jungen Enkel, der Marianne nie anders denn als Großmütterchen gekannt, schreibt sie nach Bonn:

Die Gerbermühle ist nun auch geräumt, alles leer, und die vergangenen Freuden flattern ängstlich in den Räumen umher und fühlen, daß sie keine bleibende Stätte mehr haben. Sie hängen sich ängstlich an die alten Möbel, die so lange Jahre dort gestanden und nun fort müssen in neue Räume, wo sie nicht hin passen. Ich komme mir auch vor wie ein altes Kommödchen, was nur an seinem Platz feststand, nun wackelt es aber überall, weil die Beine nicht mehr recht halten wollen. Vorderhand bleibe ich noch in der großen Wohnung, die mir so vieles Leid gebracht.

In dieser großen Wohnung fand sich nun, fast so verlassen wie das Großmütterchen, Mariannens geheimnisvolles Raritätenschränkchen, das außer dem Schrein mit dem Goethe-Briefwechsel allerlei Wunderwerk barg. Die Enkel und andere Märchengäste drückten sich die Näslein an den gläsernen Wänden platt. In dem für Marianne so leidvollen Jahre 1838 überraschte Clemens Brentano sie mit seinem Märchen von »Gockel, Hinkel und Gackeleia« und der Widmung, die eigentlich auch ein Märchen ist. Wie der Jongleur mit bunten Bällen, spielt Clemens auf nur ihm eigene Weise mit Wahrheit und Dichtung, Worten und Geschehen, verzaubert schließlich sich selbst in eins der lauschenden Kinder zu Mariannens Füßen und widmet ihr die Geschichte statt mit einer Zueignung mit Zuneigung. Ja, Clemens ist ein Dichter und vermag Mariannen, der soeben eine Welt versank, eine andere verklärt zurückzubeschwören. Sie, Marianne Jung, kriecht als kleiner Harlekin aus dem Ei, tanzt zum Entzücken der Rätin Goethe und des betrübten Clemens. Zuletzt weiß niemand mehr, ob es das anmutige Püppchen aus dem Raritätenschrank ist oder wiederum Marianne, die als kleine Kunstfigur Gackeleia zum Ungehorsam verlockt. Das Großmütterchen mag sich, wenn es in dem Märchen liest, selbst wie eines der Kinder vorkommen, die durch ein Zauberglas in eine geheimnisvoll bunte Welt zu schauen glauben.

Auch dieser Dichter hat sie geliebt und dennoch nicht um sie geworben. Wieder, wie so oft, läßt sich nicht erraten, ob Marianne wirklich daran glaubt oder willig ihr Leben mit »angenehmer Täuschung« schmückt. Spät, sehr spät, legt der müde, ergraute Clemens sein Herz in Mariannens Hände. Sie läßt sich in schwerster Prüfung trösten wie ein Kind und schöpft neue Kräfte. Mariannens Dasein erhellt uns die Bedeutung von Goethes Rat:

Nur wo du bist, sei alles, immer kindlich,
So bist du alles, bist unüberwindlich.

Befolgen kann diesen Rat niemand, der nicht zugleich vielfach geprüft und begnadet ist.

20. ES SCHLIESSEN SICH PFORTEN, ES ÖFFNEN SICH TÜREN

Obwohl in den erhaltenen Quellen und Überlieferungen nichts davon steht, ist anzunehmen, daß Marianne und Rosette alles gelesen haben, was im Lauf der Jahre aus Goethes Nachlaß publiziert wurde. 1840 rafften sich die Frankfurter endlich auf, wenigstens in der Vorhalle der Frankfurter Stadtbibliothek eine Büste Goethes aufzustellen. Man erbat von Marianne Dokumente, um sie im Sockel einzuschließen. Keinen Augenblick dachte Frau von Willemer an das ihr verweigerte Bürgerrecht, sie dachte an Willemer, an Thomas, vor allem an Hatem. Sie schrieb zwei Briefe Goethes vom 14. Februar 1814 und vom 8. Oktober 1830 ab und trennte sich dann von ihnen.

Danach ist nicht daran zu zweifeln, daß Marianne zur feierlichen Enthüllung eingeladen wurde. Die Anwesenheit des damals in Heidelberg studierenden Goethe-Enkels Wolf ist möglich, bei seiner Eigenart jedoch wenig wahrscheinlich. Wir wissen nur von einem Besuch Wolfs bei Schlossers auf dem Stift.

Zwischen Goethes Schwiegertochter, seinen Enkeln und Schlossers trat später eine Entfremdung ein, weil Rat Schlosser seine Wertschätzung des Kanzlers von Müller nicht verhehlte. Dessen ehemalige Mündel und ihre Mutter hegten Gefühle des Mißtrauens und der Abneigung gegenüber dem Kanzler, die er nach Schlossers Ansicht keineswegs verdiente. Marianne muß Wolf bei seinem letzten Besuch auf dem Stift gesprochen haben, denn aus einem im Düsseldorfer Goethemuseum aufbewahrten Brief Mariannens an Sophie Schlosser aus dem September 1841 geht hervor, daß Wolf versprach, zwei Stammbuchblätter für sie selbst und eine Freundin zu beschreiben, wenn man sie ihm nach Heidelberg schicke. Auch ließ er ein Paket, das ihm angekündigt wurde, bei Marianne abgeben. »Ich war aber nicht zu Hause, auch Clemens habe ich dadurch versäumt, der mich heute Morgen besuchte, es war mir sehr leid, wer weiß, ob er wiederkommt, die Lenchen fand ihn sehr gealtert.«

Das Mädchen beobachtete richtig, denn Clemens, damals zum letzten Mal Gast in Frankfurt, war bereits von dem Leiden, dem er bald erliegen sollte, gezeichnet. Er wohnte bei keinem seiner Geschwister, auch nicht bei der Witwe seines Bruders Franz, sondern bei einem erst in den letzten Lebensjahren gewonnenen jüngeren Freunde, dem aus Österreich gebürtigen Maler Edward von Steinle. Der damals jung verheiratete, strenggläubige Katholik verriet in seiner Malweise den Einfluß der Nazarener und wurde bald nach seinem Auftauchen in Frankfurt in den Kreis von Antonie Brentano und Sophie Schlosser gezogen. Die Herrin von Neuburg übernahm Patenstelle bei Steinles zweiter Tochter, ließ sich aber, auf dem Stift weilend, durch Marianne vertreten.

Mariannens Verkehr mit Steinle beschränkte sich damals noch weitgehend auf Begegnungen bei Antonie Brentano, die jeden Donnerstag abend ihre Freunde um den runden Tisch ihres stattlichen Hauses in der Neuen Mainzerstraße versammelte. Während Clemens' Aufenthalt erschien er gemeinsam mit Steinle und las aus seinen Rheinmärchen vor. Damals entstand von Steinles Hand eines der letzten Porträts des Dichters, wie er sein noch immer fesselndes Antlitz kurzsichtig über das Buch neigt. Vom Vorgefühl des nahen Todes getrieben, ließ Clemens Mariannen nach seiner Abreise durch seine Lieblingsnichte Sophie von Schweitzer seinen Dank sagen »für alle treue Aufmerksamkeit und Geduld mit mir verkehrtem armem Menschen«.

Steinle hat die im Hause Brentano entstandene Zeichnung des vorlesenden Freundes nach dessen Tod Frau von Willemer geschenkt.

Diese wohnte seit 1841 ganz nah dem »Roten Männchen« in der Alten Mainzergasse 43 in ihrer letzten Wohnung. Von hier aus begleitete sie Anfang August 1842 Rosette und ihre Zwillinge nach München. Boisserées wetteiferten, den Frauen alles Sehens- und Hörenswerte der Kunststadt vorzuführen. Marianne kehrte mit Meline Thomas im September von München heim; Rosette blieb mit der erkrankten Nanny noch bis Anfang Oktober. Die neuen Eindrücke hatten wohl helfen sollen, den Schmerz über einen schweren Verlust zu lindern: Johann Jakob, Rosettes einziger Sohn, war zweiundzwanzigjährig im April gestorben. Rosette fand nur darin Trost, daß ihrem Mann solches Herzeleid erspart geblieben. Im Vorjahr hatte Marianne mit Scharffs am Grabe Röschens gestanden, das im fünfunddreißigsten Jahr von jahrzehntelangem Leiden erlöst wurde. Jetzt mußte Rosette den Sarg ihres Sohnes versinken sehen, sie und Marianne verloren die Stütze, auf die sie für ihre alten Tage gezählt. Diesmal zog Marianne für längere Zeit zu Rosette und suchte die drei Jahre Ältere durch eine Liebe aufzurichten, die zugleich Liebe der Freundin, der Mutter und der Schwester war. Die Achtundfünfzigjährige verausgabte sich in solchem Maße, daß sie mit den ersten Anzeichen ihres beginnenden Herzleidens zusammenbrach. Steinle, der sie besuchte, berichtete: *Sie hustet stark, leidet an kurzem Atem, hat geschwollene Füße und fast keine Stimme. Es sind dies alles traurige Zeichen und erinnern uns zu sehr an Clemens' Krankheit. Dabei ist sie öfter von Trauer befallen und weint viel. Doch heute fand ich sie besser und daher auch voller Witz und leicht dahinschwimmendem Humor, der aber mit sehr kleiner Stimme und mit Anstrengung hervorkam.*

Es war gut, daß Marianne von Willemer wieder zu Kräften und ihrem alten Humor kam. Anders war das Frankfurter Goethe-Denkmal, dessen Verwirklichung bevorstand, nicht zu überstehen.

Die Frankfurter hatten in Triest billige türkische Kanonen gekauft, sie einschmelzen lassen und daraus die nötige Bronze für den Guß gewonnen. Er wurde in München nach dem Modell Ludwig von Schwanthalers ausgeführt.

Noch während Schwanthaler am Denkmal arbeitete, gerieten sich Goethes Landsleute erneut in die Haare. Man konnte sich über den Platz nicht einigen, auf dem es stehen sollte. Der Vorschlag, es auf dem Platz vor der Französisch-Reformierten Kirche zu errichten, wurde mit heftigem Protest der Gemeinde beantwortet. Spottvögel meinten, man habe den Dichter, der zu Lebzeiten nie ein Amt in Frankfurt innegehabt, posthum zum Kirchenvorsteher machen wollen.

Am 22. Oktober 1844 konnte das Denkmal endlich enthüllt werden. Seine Vorgeschichte war so unerquicklich, daß von den geladenen Hauptpersonen niemand erschien: – weder Ottilie von Goethe und ihre Söhne noch Verleger Freiherr von Cotta, weder Sulpiz Boisserée noch Johann Peter Eckermann. Auch Frau von Arnim lehnte dankend ab. Es ist zu bezweifeln, daß Fritz Schlosser und Marianne von Willemer ihren Platz auf der Ehrentribüne einnahmen. Ohne Zögern tat dies der Kanzler von Müller. Goethes letzter Diener Stadelmann war aus dem Jeaner Armenhaus, wo der Trunksüchtige gelandet, in Frankfurt erschienen. Die hohe Ehre beschämte und verwirrte den Unglücklichen so sehr, daß er, ins Armenhaus zurückgekehrt, hinging und sich erhängte. Man hatte sich auch der nun 86jährigen Frau Schleifermeister Wolfermann in der Stiftsgasse erinnert, Eingeweihten bekannt als das durch Frau Rat Goethes Briefe und Bettina von Arnims Schilderungen unsterblich gewordene Lischen, Frau Ajas dienstbarer Geist. Ernst Beutler, der Meister des Details, wußte zu berichten, daß man die alte Frau sogar mit der Stadtkutsche abholen lassen wollte. Stolz lehnte das ehemalige Lischen die ihr zugedachte Ehre ab: – sie könne selbst eine Droschke bezahlen! Auch wenn Stadelmann und das Lischen nicht alle Einweihungsreden verstanden haben sollten, sahen sie wahrscheinlich früher als die übrigen Anwesenden, daß Goethe in einem falsch zugeknöpften Überrock auf seinem Sockel stand und auf die zugeknöpften Frankfurter herabschaute.

So entsprach die Denkmalweihe in fast allen Stücken der wenig ruhmreichen Vorgeschichte. Eine Ausnahme bildete der Tusch, den die Kapelle beim Festumzug zu den ehemaligen Fenstern der Frau Rat hinauf blies und der schöne Einfall, nach dem Festakt der bronzenen Statue den Lorbeerkranz vom Haupt zu nehmen und ihn am Grabe von Goethes Mutter niederzulegen. Diese hübschen und würdigen Gesten stammten von jemandem, der nicht gekommen war: – von Bettine von Arnim.

Wenige Monate nach der Denkmaleinweihung traf Marianne von Willemer im einundsechzigsten Lebensjahre der härteste Schicksalsschlag, der sie noch treffen konnte: – Rosette Thomas wurde ihr entrissen. Die Vielgeprüfte fand ihre letzte Ruhestätte auf dem Sachsenhäuser Friedhof, an der Seite ihres Mannes.

Der Verlust Rosettens beraubte Marianne der auf eigene Weise mit ihrem seltsamen Lebensweg verbundenen Freundin. Niemand kannte nun dessen früheste Stationen, niemand wußte mehr um des Großmütterchens frühe Schicksale und geheimnisvolle Herkunft. Was Marianne selbst darüber erfahren, hat sie ohne Zweifel Rosetten anvertraut. Niemand war mehr da, der auf solche Weise Mariannens Erhöhung zu Suleika, Glück und Leid der Begegnung mit Goethe miterlebt hatte. Eine Welt versank mit Rosettens geliebter Gestalt. Ihr Tod verwandelte Marianne in die alte Geheimrätin von Willemer. Es schloß sich für sie jener Bezirk, in dem das »Du« Ausdruck symbiotischer Verbundenheit und nie getäuschten Vertrauens wird.

Rosettens Töchter heirateten, das Haus Thomas gehörte der Vergangenheit an. Marianne war zum Großmütterchen einer anderen Generation geworden, denn so gut ihre Beziehungen zu Scharffs und Andreaes blieben: – Meline und Maxe waren, als Marianne in die Familie kam, Kinder. In ihrem Verhältnis zu ihnen dominierte immer das Mütterliche, Überlegene. Trotz des geringen Altersunterschiedes sagte Marianne mit Überzeugung »meine Töchter Scharff und Andreae«.

Die ihr rechtzeitig gesicherte finanzielle Unabhängigkeit erlaubte Mariannen, von nun an ihr eigenes Dasein zu führen, in dem nicht mehr die Familie Willemers im Vordergrund stand. Bei aller gegenseitigen Anhänglichkeit wußte sie: – bei den Scharffs und Andreaes gab es niemanden, der sie wirklich brauchte, dem sie unentbehrlich schien. Danach richtete sie ihr Leben jetzt ein.

Für eine Frau, die, wie Marianne, nie gewohnt gewesen, anders denn innerhalb einer Gemeinschaft, für diese Gemeinschaft, da zu sein, muß es die größte aller inneren Umstellungen bedeutet haben, an der Schwelle des siebenten Jahrzehnts ohne Pflichten allein zu stehen. Ihre innere Sicherheit, ihr angeborener Sinn für das richtige Maß bestimmten ihr Verhältnis zur Umwelt. Die seit dem Tode des Ehepaares Thomas entstandene Lücke schloß sich nie wieder. Die greise Geheimrätin, von der überliefert ist, daß sie allen Menschen voll Herzlichkeit entgegenkam, ließ in Wirklichkeit niemanden mehr an sich heran. Im Vorhof ihrer Seele sahen sich alt und jung wohl aufgenommen. Er war durch einen Vorhang des Schweigens und Verschweigens abgetrennt vom Reich der großen, geliebten und wahrhaft angehörigen Schatten.

Von Natur aus tapfer, mied Marianne zeitlebens die heroische Pose, tief empfindend, gab sie sich nie sentimental. Im Alter verbarg sie tragische Schicksale hinter umgänglicher, ja gemütlicher Heiterkeit. So wenig wie die Geste der

Tragödin lag ihr das vergrämte Sicheinspinnen der Vereinsamten.

Als ein Stiefenkel Scharff sich vermählte, zeigte sich Bindung und Distanz Mariannens gegenüber Willemers Nachkommen deutlich. Es war selbstverständlich, daß seine Witwe im Kreis der feiernden Familie den Platz der Großmutter einnahm. Als jüngere Schwester ihres Arztes Dr. Kellner war ihr die Braut keine Fremde, der sie zum Hochzeitstag eine Haarlocke Willemers in einem herzförmigen Medaillon verehrte. Was sie zur Wahl gerade dieser Gabe veranlaßte, drücken die begleitenden Verse deutlich aus:

Dies ist mein Herz, doch Nummer zwei,
Denn Nummer eins, das hast Du längst.
Für Dich bewahrt es still und treu
Mehr Liebe als Du denkst!

Großvaters greise Locken sind
Dem Herzen anvertraut.
Ein Segensgruß dem lieben Kind,
Des Enkelsohnes Braut.

Mit seinem Namen maßt dies Herz
Sich Rechte auf Dich an,
Anhänglich, treu in Freud und Schmerz,
Ein rechter Talisman.

Anhänglich, treu in Freud und Schmerz hatte Willemer zu ihr gestanden, auch als sie den Andern, Größeren, liebte. An mehr als an dies erinnerte sich Marianne nicht mehr, wenn sie an Willemer dachte, in dessen Namen sie nun die Familie repräsentierte. Sie tat es mit eigener Würde, die sich hinter Liebenswürdigkeit barg und durch ein eindrucksvolles Vorbild respektgebietend wirkte, selbst wenn sie mit den Jungen und Jüngsten sich ausgelassen heiter gab. Sie versagte sich niemandem, der sie suchte und nötig hatte, aber sie mochte sich nicht aufdrängen und niemanden verpflichten. Es schien jetzt nicht mehr gut, nicht mehr ratsam, den Schwerpunkt auf die Nachkommen Willemers zu legen. Marianne vermochte sich nach allem Erlebten und Durchlittenen im siebenten Jahrzehnt noch einmal einen Kreis zu schaffen.

Die einstige Herrin des »Roten Männchens« und der Gerbermühle war nun inmitten der vielen Stiefenkel, die teils eigne Familien hatten, auf die Summe angewiesen, die man ihr ausgesetzt. Sie lebte in bescheidener Behaglichkeit in zwei Stuben, frei von Sorgen und ohne Überfluß. Bade- und Erholungsreisen wie die Damen Brentano konnte sie sich nicht mehr leisten und nahm desto dankbarer Einladungen des Ehepaares Schlosser aufs Stift an. Ursprünglich erfolgten diese vermutlich, weil Willemers Witwe sich so bescheiden und sympathisch in die veränderten Verhältnisse fand und ihr solche Erholung zu gönnen war. Schlossers hatten gerne Gäste im weltabgeschiedenen Stift, verbanden durch deren Auswahl ihr eigenes Bedürfnis mit einer vornehm-unmerklichen Form der Wohltätigkeit.

Erst als Schlossers Marianne näher kennenlernten, ihren Takt, ihr geselliges Talent und ihren Charakter angenehm empfanden, wurde sie zum bevorzugten, schließlich zum häufigsten Stiftsgast, Sophie Schlosser zur Freundin ihrer späten Jahre, Neuburg ihr geliebtes Refugium. Zum erstenmal mag sie 1848/49 während der aufflammenden, grausam unterdrückten Freiheitsbewegung das Stift als Zufluchtsstätte erlebt haben. Zwar griff der Volksaufstand auf Baden über, bedrohte das Land mit Bürgerkrieg, aber das abseits gelegene stille Tal blieb unberührt.

In Frankfurt befand man sich auf unerquicklichste Weise inmitten der Zeitereignisse. Hier hatten reine Hände und hochgemute Herzen die Flamme entzündet, die jetzt mit Blut gelöscht wurde. Blind für den Sinn, stumpf für die Gesinnung, mit der ihm erlesene Vertreter des Volks die Krone des Reiches angeboten, ahndete Preußens König diese großartige Geste als Beleidigung der Majestät. Seine Macht demonstrierend ließ er seine Truppen mit Kanonen durch die Stadt der Paulskirche dem badischen Fürsten zu Hilfe eilen, um die letzten Freiheitsfunken auszutreten.

Der Truppendurchmarsch fiel 1849 mit der Hundertjahrfeier von Goethes Geburtstag zusammen und beeinträchtigte diese erheblich. Im Kaisersaal des Römers sprach Mariannens späterer erster Biograph Theodor Creizenach über »Goethe als Befreier«, draußen marschierten die Soldaten der Reaktion durch die Stadt.

Am Abend bot das Theater eine Festaufführung der »Iphigenie«. Trotz der Zeitumstände und ihrer Ungunst wagte man, an einzelnen Orten Transparente aufzustellen. Das Haus, in dem Frau Rat zuletzt gewohnt, das Fahrtor, die »Schlimme Mauer«, hinter der Goethes »Knabenmärchen« spielt, und schließlich die Stätte seiner Begegnung mit dem frühgeliebten Gretchen, das »Bobbeschänkelche«, trugen solchen Schmuck.

1850 mußte Frankfurt dafür büßen, dem Geistesadel in der Paulskirche gehuldigt zu haben. Man demütigte den Stolz und den Freiheitssinn der alten Stadt, indem man ihr ihre Stadtwehr nahm. Das aus Angeworbenen bestehende, so verhaßte wie verachtete Linienbataillon ersetzte, in preußischen Uniformen, von nun an den Ordnungsdienst der Bürgerschaft.

Diese preußisch uniformierte Truppe unterstand der Bundesgarnison, deren Oberkommandierenden die Rivalen Preußen und Österreich in dreijährigem Turnus stellten. Zur Bundesgarnison gehörten auch die Bayern, deren besonderes Vergnügen es darstellte, Preußen und Österreicher in Prügeleien zu verwickeln. Um dies wenigstens in der Öffentlichkeit möglichst zu unterbinden, verlegte man die Bundesgarnison in das Deutschordenshaus.

Die Politik hat Marianne von Willemer nicht gekümmert, die Ziele der demokratischen Bewegung verstand die alte Dame nicht. Daß aber Maler Steinle sein schönes Atelier im malerischen Deutschordenshaus der Bundesgarnison überlassen und ein neues suchen mußte, ging ihr und Sophie Schlosser nah. – Schlossers sympathisierten im Innern wohl immer noch mit Österreich, nicht mit Preußen und erst recht nicht mit diesen modernen Revoluzzern und Unruhestiftern.

1851, im Todesjahr Fritz Schlossers, hielt im Bundestag zu Frankfurt ein neuer Gesandter Preußens seinen Einzug: Otto von Bismarck. Immer wieder wurde dieser beim Nachfolger von Thomas, Polizeisenator Hessenberg, vorstellig, weil er nicht scharf genug durchgriff, und schließlich fuhr der alte Reichsstädter mit dem Bekenntnis auf: »Ich selbst bin Demokrat!«

Für die alten Damen Schlosser und Willemer war Frankfurt ungemütliches Pflaster geworden. Nur die strengste Kälte und der härteste Winter vermochten Sophie Schlosser in dieser unruhigen Epoche noch vom Stift in die Stadt zu treiben. Die Witwe Fritz Schlossers sah mit Widerwillen und Unbehagen, wie sich in Frankfurt Preußen immer breiter machte und mit Österreich zugleich die katholische Sache ins Hintertreffen zu geraten drohte. Renegateneifer und das Sendungsbewußtsein der Witwe ließen sie in den politischen Machtkämpfen der Zeit Partei ergreifen, verleiteten sie zur Einmischung in den sogenannten badischen Kulturkampf, einen Kampf zwischen Kirche und Staat.

Bisher schätzten die Heidelberger die kultivierte, wohltätige Herrin des Stifts. Sie dispensierten sie und ihre Gäste seit Jahren vom Brückenzoll, den sonst jeder Benutzer der Neckarbrücke zu entrichten hatte. Da das Stift von Heidelberg aus anders nicht zu erreichen war, bedeutete der Entzug dieses Gewohnheitsrechtes eine empfindliche Belastung für den Geldbeutel der gastfreundlichen Frau Schlosser. Die Heidelberger stellten sich mit dieser Maßnahme auf die Seite des Staates gegen die Kämpferin für die Sache der Kirche, und es konnte nicht ausbleiben, daß – als sie sozusagen beim Staat gegen den Staat prozessierte – sie diesen Prozeß verlor. Ein Gewohnheitsrecht ließ sich nicht einklagen, das politische Abenteuer der glaubenstreuen Renegatin brachte ihr nur Unannehmlichkeiten und Niederlagen. Von nun an beschränkte sich Frau Schlosser wieder auf die Domänen der Kultur und der Wohltätigkeit.

Marianne von Willemer kümmerte sich auch nicht um Kirchenpolitik. Von Geburt Katholikin, vom sechzehnten bis zum sechzigsten Jahre in betont lutherischem Umkreis lebend, fehlte ihr jeder Renegateneifer, als sie jetzt, durch die späte Freundschaft mit Sophie Schlosser, zum angestammten Glauben zurückfand. Es geschah dies auf für Marianne bezeichnende Weise: – ohne Aufwand, ohne Pose, friedfertig, schlicht und selbstverständlich. Sie schonte Andersdenkende, zumal sie, wie über alles, was sie zutiefst anging, über religiöse Dinge nicht sprach. Immer stärker und immer eindeutiger verbarg sich Marianne hinter den Zügen, die ihr den Umgang mit den Menschen leicht machten: Konzilianz und die Ausgeglichenheit des heiteren Großmütterchens. Teilnehmend, mitteilsam, teilte sie sich in Wirklichkeit niemandem mehr mit.

Zur Zeit, da sie regelmäßiger, bevorzugter Stiftsgast wurde, war der badische Kirchenstreit gleich dem vielzitierten Hornberger Schießen ausgegangen. Frau Schlosser setzte sich nur noch als Mäzenatin katholischer Künstler und durch Stiftungen für ihren Glauben ein, so durch die Schenkung von etwa 30 000 Büchern aus Schlossers Besitz an das Mainzer Priesterseminar. Edward von Steinle war inzwischen Vater von sieben Töchtern, ihm half Frau Schlosser aus besonderer Sympathie für die Familie nicht allein durch Erteilung und Vermittlung von Malaufträgen. Da sie, verwitwet und alt, nun einer Gesellschafterin bedurfte, wählte sie Steinles Tochter Marie. Es muß von Sophie Schlosser und der Atmosphäre des Stifts eine ganz eigene Wirkung ausgegangen sein. Marianne wurde wieder zur praktizierenden Katholikin, Marie Steinle und ihre Nachfolgerin als Gesellschaftsdame auf dem Stift nahmen den Schleier.

Wer sich den Kreis auf Stift Neuburg als eine um eine Betschwester versammelte Gruppe von Frömmlerinnen vorstellt, irrt sich. Emilie Kellner, selbst dem Hause Andreae-Willemer verwandt, durch ihre Schwester Sophie gleichzeitig Schwägerin von Gustav Scharff, dem Sohn Melinens, weilte öfters als Gast auf dem Stift und hat den Tageslauf sehr lebendig beschrieben:

Früh morgens um 7 Uhr rief das Läuten der Glocke die anwesenden Katholiken in die Heilige Messe, welche in der kleinen, reizenden Hauskapelle abgehalten wurde . . .

. . . Nach der Messe wurde zum Frühstück geläutet. Man kam im möglichst netten Morgennegligé zum gemeinsamen Frühstück in dem einfachen Eßzimmer zusammen. Auf dem runden Tisch lag eine einfache rot und weiße Damastdecke, ein großes Brett mit dem blanken Messingkessel nebst Kaffeekanne und Tassen bezeichneten den Platz, den Frau Rat Schlosser einnahm, denn sie ließ sich ihr Recht als Hausfrau, den Kaffee selbst zu bereiten, nicht nehmen . . . Es war ein schönes Bild, die treffliche Frau bei dieser Beschäftigung zu sehen . . . im kleidsamen, einfachen Morgenüberrock, mit dem dick garnierten Tüllhäubchen, welches ihr liebes altes Gesicht umrahmte, und wie sie behende und zierlich ihre Gäste selbst bediente, die Tassen voll köstlichen Mokkas goß, dann die Brosamen der Weißbrote zu kleinen Bröckchen zupfte für die vor den Fenstern schon unruhig herumfliegenden weißen Tauben. . . . Gegen 10 Uhr nahm Frau Schlosser ihren Schlüsselkorb und verschwand, um das Räderwerk ihres Haushaltes in Bewegung zu setzen, doch geschah dies stets unhörbar . . .

Die Gäste des Stifts gingen sämtlich ihrer Wege ungestört ... zogen sich entweder in ihre Gemächer zurück, begaben sich in den Garten oder in den nahen Wald. Zu Tisch rief die Glocke um zwei Uhr. Man versammelte sich meist in der Wohnstube und ging paarweise und in bester Toilette hinunter in das Eßzimmer. Der Kaffee wurde bei schönem Wetter in der Regel in der großen Laube auf der Terrasse genommen und nachmittags unternahm man gewöhnlich einen größeren Spaziergang ...

... Abends um 7 Uhr erklang wieder die Glocke und rief zum Tee ins große Wohnzimmer ... Wiederum saß die Frau Rat an dem gewohnten Plätzchen, vor sich den summenden Teekessel. In der Mitte des Tisches ein Körbchen mit frischen Blumen ... Dann wurde vorgelesen, oder Spiele und anderlei Kurzweil unternommen, wenn nicht Musik die Unterhaltung bildete.

Nach Möglichkeit vermied Sophie Schlosser, ihr nicht genehme Menschen einzuladen. War dies einmal nicht zu umgehen, dann wurde die sonst so freundliche alte Dame völlig unnahbar, als sei zwischen ihr und dem Gast eine unsichtbare Schranke aufgerichtet. Aus ihrer gemessenen würdevollen Haltung ging sie auch Näherstehenden gegenüber nicht heraus, und ebenso langsam wie ihre Bewegungen waren bei vielseitiger Bildung und vielerlei Interessen ihre geistigen Reaktionen.

In dies streng geregelte Leben brachte Frau Willemer (des Geheimrats Adelsprädikat hat die Witwe nie für sich beansprucht) Heiterkeit und Farbe. Gelegentlich ließ sie ihrer komödiantischen Begabung die Zügel schießen und ahmte irgend jemanden nach. In solchem Moment muß die Zeichnung Steinles entstanden sein, unter der sich ein Hinweis auf das drollige Mienenspiel der alten Dame befindet. Das Vergnügen der Anwesenden steigerte sich noch durch den sichtlichen Schrecken der Rätin Schlosser, die nicht immer sogleich den Sinn eines Scherzes erfaßte, den die übermütige Frau Willemer sich leistete. Hatte Sophie Schlosser begriffen, dann konnte sie lachen, bis sie nach

Luft ringen mußte, und begann nun ihrerseits, ihre Gäste mit Proben aus ihren reichen Erinnerungen zu unterhalten. Einander steigernd und ablösend, boten die beiden so verschiedenen alten Damen dann das Bild vollkommener Freundschaft und schönster Harmonie.

Diese Stiftsidylle im Biedermeierstil ist in dem Büchlein Emilie Kellners »Marianne von Willemer, das Urbild von Goethe's Suleika« echt und glaubwürdig und zeigt deutlich, wie sich Marianne im Alter den Mitmenschen zu präsentieren pflegte: – unterhaltend, heiter und anregend.

Was Frau Kellner im weiteren berichtet, trägt eindeutig die Stigmen gartenlaubenhafter Phantasterei einer sentimentalen Wichtigtuerin. Dem bürgerlichen Umkreis Frau Willemers angehörend, zählte Emilie Kellner zweifellos nicht zu den ihr Nahstehenden, Konfessionen hat ihr die verschlossene Frau sicher nie gemacht. Frau Kellner spielte hinterher die Eingeweihte, bezog ihr Wissen jedoch teils aus dritter Hand und gab es ungenau wieder. Ein Beispiel sei hier angeführt.

Frau Kellner überliefert: »Man erzählt mir hinsichtlich dieses Gedichtes [an den Westwind] folgendes: Frau von Willemer, die innig befreundet mit der großen Sängerin Jenny Lind war, verbrachte im Hotel »Zum Römischen Kaiser« in Frankfurt mit ihr und der Künstlerin Fräulein Toni Speyer einen höchst genußreichen Abend. Als Jenny Lind jenes Lied sang, fiel ihr das Großmütterchen plötzlich laut weinend um den Hals und sagte: »Ach Liebe! Weißt du es denn auch, daß nicht Goethe, sondern ich, Euer kleines, unbedeutendes Großmütterchen, dieses Lied gedichtet hat, und daß ich selbst die von Goethe besungene Suleika bin?!«

Diese Geschichte entspricht so wenig dem Charakter und der Art Marianne von Willemers, daß man sie nicht glauben kann. Der Vater der erwähnten Toni Speyer, der Liederkomponist Wilhelm Speyer, war, zusammen mit seiner Tochter, Zeuge dessen, was sich tatsächlich abspielte.

Die Verfasserin verdankt Herrn Schneider von der Internationalen Mendelssohn-Gesellschaft folgende Darstellung aus der Feder von Speyers jüngstem Sohn Edward: »Im Oktober 1849 kam Jenny Lind wieder nach Frankfurt. Speyer und seine Tochter Antonie wohnten eines Abends einem Empfang bei ihr im kleinen Kreise bei, dem sich auch Marianne von Willemer, Goethes Freundin, zugesellte. Bei dieser Gelegenheit sang Jenny Lind das von Mendelssohn komponierte Suleikalied aus dem Westöstlichen Divan »Ach, um deine feuchten Schwingen«. Marianne, aufs tiefste ergriffen, umarmte die Sängerin. Weder Jenny Lind noch die Welt überhaupt wußten damals, daß das Gedicht nicht Goethes, sondern Mariannens Schöpfung war. Die Tatsache wurde erst nach Mariannens Tod 1860 bekannt.«

In den Briefen Frau Willemers aus den Altersjahren finden sich selten mokante Bemerkungen über Mitmenschen. Der Ton, in dem sie Frau Schlosser erzählt, daß Frau Kellner bereits die vierte Amme bei ihrem Jungen habe, schließt mit Sicherheit jede Voraussetzung dafür aus, daß Marianne sie wirklich vor ihrem Tode beim letzten Besuch des Heidelberger Schlosses ins Vertrauen gezogen haben könnte. Frau Kellner hat auch diese rührselige Geschichte vom weinenden Großmütterchen und der Erinnerung an Goethes Kuß aus den inzwischen bekanntgewordenen Aufzeichnungen Herman Grimms konstruiert und auf die eigene sentimentale Weise aufgeputzt.

Es ist wichtig, diese häufig zitierte Erinnerung der Emilie Kellner als völlig unvereinbar mit Wesen und Gehaben Frau Willemers zu erkennen. Sie verfälscht eine Tatsache, die bei Prüfung aller erreichbaren Quellen festzustehen scheint: – daß Marianne ihre Umwelt das Biedermeierdämchen, das Großmütterchen sehen ließ, seit dem Tode Rosettens aber niemandem mehr Einblick in den geheiligten Bezirk ihres Innersten gewährte.

Auch die Freundschaft mit Sophie Schlosser, erst im

letzten Lebensjahrzehnt geschlossen, ist kein Gegenbeweis. Die vereinsamte Frau Willemer genoß dankbar die ihr großzügig und liebevoll gebotene Gastfreundschaft, erwies sich dafür auf jede erdenkliche Weise erkenntlich und war der Rätin Schlosser eine aufrichtig ergebene, treue Freundin. Die beiden alten Damen blieben immer beim Sie, Marianne wahrte in der Haltung der Empfangenden zugleich Unabhängigkeit und Würde. Sophie Schlosser bedeutete ihr mehr Gönnerin als Freundin, und wenn es gelegentlich in der Anrede »beste Freundin« heißt, so ist dies eine Steigerungsform von gut. Mariannens beste, einzige Freundin hieß Rosette.

Wie wenige Menschen, verstand die altgewordene Marianne von Willemer den Rat Goethes zu befolgen und, wenn sie in Gesellschaft ging, den Schlüssel zu den persönlichen Bereichen der Seele abzuziehen. Der Ordnung in ihrer kleinen Wohnung entsprach ihre innere Ordnung, ein ganz wesentlicher Zug ihres Charakters, der ihr half, ein schwieriges Leben zu meistern. Nur weil die Menschen ihrer Umwelt ihren festen Platz behielten, entstand kein Chaos, schürzten sich die Knoten nie zur Tragödie. Sie glitt aus den verschiedenen ihr zugewiesenen Rollen im Haus Willemer, sobald sie diese übernommen, nie wieder heraus. Die jüngeren Pflegeschwestern blieben, einmal ihre Stieftöchter geworden, dies bis zuletzt, Rosette behielt über den Tod hinaus den Platz der Vertrauten und Freundin. Nie wandelt sich das Bild Hatems, des Geliebten, immer bleibt Willemer der gute, vertrauenswürdige Freund. Niemand in Mariannens Leben tritt je an die Stelle, die einmal Eines ihrer Nächsten einnahm. In diesem Sinn erlebt sie jeden Menschen, der für sie Bedeutung gewinnt, neu, unmittelbar und gestaltet die Beziehung zu ihm zu etwas, das nur diesem einen Menschen zukommt und angehört. Die Stiftswelt und das, was Marianne hier erlebt, ist gleichfalls etwas streng Abgegrenztes, in sich Geschlossenes. Es wuchs nicht aus Mariannens Leben organisch heraus, hat keinerlei Zusammenhang damit und würde sofort unbegreiflich und unecht, wenn es sich als »Entwicklung« gäbe. Die greise Marianne tritt in Neuburg zurück in die Atmosphäre der katholischen Welt, aus der sie kam. Es haftet diesem Schritt nichts von Umkehr und keinerlei Aufwand an, er ist keine Absage an irgend etwas oder irgend jemanden in ihrem Dasein. Er bedeutet schlichtes Wiederanknüpfen an Mitbekommenes. So wenig wie die Umfriedung des Stiftes Neuburg an den Heidelberger Schloßpark grenzt, so wenig berührt sich in Mariannens Seele die Welt Hatems mit der ihres Glaubens. Bewußt als etwas erlebt und angesehen, das gar nichts miteinander zu tun hat, führt es zu keinem Konflikt; weil sie nichts preisgibt, kann sie ihre Goethewelt neben ihrer Glaubenswelt bewahren.

Wenn auf dem Stift die Rede auf Goethe kommt und eine fromme Seele Anstoß nimmt, beendet Sophie Schlosser das Gespräch mit den Worten: »Sie haben Goethe nicht gekannt.« Niemand hat je gewagt, zu antworten: »Aber Sie und Frau Willemer haben ihn gekannt.« Der einzige Mensch aus dem Umkreis der alten Marianne von Willemer, zugleich aus dem Umkreis des Neuburger Stiftes, der behauptet, sie habe von Goethe und den Stunden auf der Heidelberger Terrasse gesprochen, Emilie Kellner, verdient keinen Glauben.

Die Stiftsleute, die Gäste des Stiftes, häufig hohe Geistliche, kennen das erstaunlich rüstige und begeisterungsfähige, gläubige und an allem lebhaft teilnehmende Großmütterchen, in dessen Humor eine kräftige Dosis Selbstironie enthalten ist. Das Düsseldorfer Goethemuseum bewahrt einen Altersbrief Mariannens ohne Angabe des Jahres, der am besten zeigt, wie sich Frau Willemer der Umwelt damals gab. Der erwähnte Alexander ist Sophie Schlossers Großneffe, der Sohn von Franz und Marie Bernus-du Fay.

Liebe Freundin! Guten Morgen!

Da ich mir schmeicheln darf, daß Sie gerne wissen möchten, ob ich wirklich ganz und gar in Frankfurt angekommen bin, da ich so gute Bruchstücke von mir zurückgelassen, so mögen Ihnen die Erstlinge meines Bewußtseins von Rechtswegen gewidmet sein. Die Überraschung, die mir das Nichtvorhandensein meiner roten Tasche bereitet hat, nachdem wir schon am Charlottenberg vorüber waren, wird Ihnen Alexander in einem Gedicht geschildert haben oder noch schildern, und nur seiner energischen Einsprache war es gelungen, mich am Umkehren zu hindern. Übrigens, wäre es ihm wirklich Ernst gewesen, mich auf dem Stift zu behalten, so hätte er nur sich still halten sollen, um mich wie eine Maus in die Falle, d. h. die Stiftsfalle zu locken, denn zum Zuge wären wir nicht mehr gekommen. Nachdem der erste Schreck vorüber, entdeckte ich in meiner Tasche die notwendigen Schlüssel, ferner das nötige Geld, um, wie Alexander sagte, nach Frankfurt zu kommen, ohne die anvertrauten Gelder aus dem Kästchen zu nehmen. So beruhigte ich denn meine Lebensgeister und ich kam in ziemlicher Fassung am Bahnhof an, wo ein günstiges Geschick mir Herman entgegenjagte, der sogleich meine Wenigkeit besorgte, während Alexander meine Karte löste und mich mit väterlicher Vorsorge bis zum Wagen geleitete, zärtlich mit Sophie Abschied nahm, und ich zu meinem größten Pläsier in einen leeren Wagen stieg, wo ich mich sogleich häuslich einrichten konnte. Solange es noch Tag war, saß ich ganz ruhig, wie es aber dunkel wurde machte ich mir Bewegung von einem Fenster zum andern, was sehr angenehm war und sich gut ausnehmen mußte, ohngefähr, sans comparaison, wie eine heitere zahme Löwin in ihrem Käfig, denn von Schlaf war gar keine Rede, ich dachte immer an das Stift, endlich wurde es finster und immer hübscher, kamen wir an einen Bahnhof, so machten die Lichter eine artige Diversion, ferner an den Bergen luden die einzelnen erleuchteten Häuschen zur Einkehr, in Darmstadt war die lange Straße bis zum langen Großherzog ganz mit Gaslichtern beleuchtet, was sich viel besser ausnahm als bei Tag. Auf dem Bahnhof kam dann auch der, dem der Herman mich beim Einsteigen anempfohlen, an meinen Wagen um mich mit Güte zu fragen, ob ich nicht aussteigen wollte, es würde fünf Minuten gehalten, was ich mit viel Würde und mit Nein beantwortete; endlich kam Frankfurt mit seinen vielen Lichtern und Clara am Bahnhof in zweifelhafter Erwartung nebst einer Droschke. Ich packte noch aus, hatte einen merklichen Appetit und ging zu Bette. Diesen Morgen war ich in großem Erstaunen, mich beim Erwachen in einem ganz anderen Zimmer zu finden, nach und nach merkte ich aber doch – auch an meinem Kaffee – daß ich nicht auf dem Stift bin, übrigens fand ich zwei Briefe, einen von der Dröseke zu meinem Namenstag nebst einem schönen Bukett und einen in Wohnungsangelegenheiten. Sonst weiß ich nichts, da ich noch nicht aus dem Hause kam. Allen Stiftsbewohnern und vor allem dem hochwürdigen Herrn Bischof und dem Herrn Geistlichen Rat die schönsten Grüße und Ihnen, beste Freundin, den herzlichsten Dank für alles Gute und Vergnügliche inclusive die lieben Teppen, was ich Ihrer lang bewährten Freundschaft verdanke, grüßen Sie auch das Gezäppel und meinen väterlichen Freund von dem durch ihn so recht besorgten Großmütterchen.

Ich habe auch mein Crepp de Chine Shawl auf dem Stift gelassen, wenn Sie Gelegenheit finden es mir zu senden nebst der Tasche wär es mir doch lieb.

Von der Lind hörte ich bis jetzt noch nichts. Guten Tag, Johanna!

Zwischen den Zeilen dieses Altersbriefs wird der Unterschied der Lebensformen der alten Damen sichtbar. Sophie Schlosser- du Fay kann bis zuletzt das großzügige Dasein der Stiftsherrin führen, Marianne, vom sechzehnten Jahre an in günstigste Verhältnisse versetzt, findet sich im Alter vorbildlich in weitaus bescheidenere. Sie kennt weder Bitterkeit noch Neid.

Die Frankfurter Stübchen Mariannens sind, auch wenn die Bewohnerin nicht auf dem Stift weilt, häufig leer. »Das Großmütterchen«, stadtbekannt und beliebt, ist oft täglich bei drei Familien eingeladen, und sofern Marianne sich wohl fühlt, nimmt sie eine dieser Einladungen gerne an. In auffallend vielen Zügen erinnert das Altersleben Frau Willemers an dasjenige von Goethes Mutter. Im November meldet sie nach einigen Herbsttagen auf dem Stift der Freundin wiederum ihre glückliche Heimkehr:

Um 3 Uhr bin ich wohlbehalten hier angekommen, die gute Clara war an der Eisenbahn nebst meinen Töchtern Scharff und Andreae . . . Unterwegs habe ich nicht geweint und zwischen Zwingenberg und Hemsbach ein klein wenig geschlafen. Sonst auf dem ganzen Weg angenehm beschäftigt, mir alles Löbliche, Vergnügliche, Vertrauliche und Erbauliche der vergangenen Tage ins Gedächtnis zu rufen und so war mir der Weg so kurz vorgekommen wie noch nie. Zu Bernus bin ich gleich gefahren und habe Mappe und Strauß abgegeben, habe dann zu Mittag gegessen, Nudelsuppe, Gemüs und gestoft Kalbfleisch und bin ganz wohl, nur zittert mir die Hand vom schnellen Fahren.

Geht in der Frankfurter Gesellschaft etwas vor, ist Frau Geheimrat von Willemer selbstverständlich dabei, denn wer würde bei Hochzeiten oder Taufessen vergessen, das Großmütterchen einzuladen! Bei solcher Gelegenheit wird hinterher immer genauestens der Freundin Schlosser rapportiert:

Es waren recht viele Leute beim Déjeuner und Frau von Sydow, die mich mit einem »Großmütterchen« begrüßt hat, was aber von meiner Seite etwas kalt aufgenommen wurde. Alle Leute haben nicht das Recht, mich Großmütterchen zu nennen, es muß doch eine gewisse Wahlverwandtschaft vorhanden sein.

Mit achtundsechzig Jahren bekennt sie sich scherzend als im besten Alter befindlich, und wenn sie mit zweiundsiebzig eine Erkältung auskurieren muß, »die Gott allein für mich geschaffen und mir zugeschickt«, unterschreibt sie als das »verschnupfte, verhustete, doch unvertilgbare Großmütterchen«.

Diesen Briefen ist jedenfalls zu entnehmen, daß Frau

Willemer fast jedes Mal schweren Herzens und kaum je ohne Tränen vom Stifte schied und beinahe immer irgend etwas von ihren Utensilien liegen ließ. Frau Kellner hat dies, weil zufällig sie Mariannens letzten Aufbruch von Neuburg miterlebte, nach ihrer Weise sentimental als Vorahnung des Todes gedeutet und behauptet, Frau Willemer habe ihre vergessene Haube zum Pfand zurückgelassen, doch noch einmal eine Zeit auf dem Stift erleben zu dürfen. Sie hat im Herbst 1860 nicht bitterlicher geweint als bei jedem Abschied, und es war diesmal eben eine Haube nicht mitgekommen, wie in andern Jahren ein Umhangtuch oder ein Gepäckstück.

Wenngleich kein Brief Marianne von Willemers an Rätin Schlosser von literarischer Bedeutung ist, kann man über diese Schreiben nicht hinweggehen, weil sich in ihnen viele bezeichnende kleine Züge äußern.

Mit dem Tode von Clemens und der Entfremdung von Bettine büßte Antonie Brentano starke Magnete ihres Kreises ein. Daher stichelte sie immer gern mit schlecht verhehltem Neide gegen das Stift und seine Herrin. 1851, das Großmütterchen steht an der Schwelle des siebenten Jahrzehntes, berichtet Marianne am 21. November aufs Stift, daß sie Antonie Brentano besucht habe.

Sie fragte mich nach Ihrem Befinden, erzählte mir auch einiges vom Pater (ich weiß nicht, wie er geschrieben wird), daß die Großherzogin Stephanie ihn gesprochen habe, und eben als ich aufbrechen wollte, fing sie an: warum erzählen Sie mir nichts von Herrn von St. Germain, in den Sie verliebt waren? Aber nicht nur Sie allein, auch alle anderen Damen! Ich erwiderte hierauf gar nichts als: es wäre eben kein Wunder, da Herr St. Germain ein schöner Mann sei. Das höre ich, sagte sie und schwieg. –

Marianne versteht offensichtlich die Kunst, mit Hexen umzugehn! Im gleichen Brief (wie alle Briefe an Frau Schlosser befindet er sich im Original im Düsseldorfer Goethemuseum), erzählt Frau Willemer, daß am 20. November, ihrem Geburtstag, zum Frühstück 18 Kinder und Enkel bei ihr erschienen seien und 22 Tassen Schokolade getrunken hätten. »Freilich, die Urenkel waren nicht dabei.«

Die Beziehung zu Willemers Nachkommenschaft blieb unverändert herzlich. Bei jeder Rückkehr von Neuburg meldet Marianne der Freundin, von wem sie abgeholt wurde. Manchmal sind es Maxe und Meline, manchmal »alle Andreaes«. Und fast immer ist ein lustiges Reiseabenteuer zu berichten, so im Sommer 1852 das Zusammentreffen mit dem stadtberühmten Herrn Manskopf, Weine en gros, der ihr und dem Alexander Bernus etwas vorschnarcht.

Als ich das erstemal auf meinem Stadttürmchen erwachte, konnte ich mich gar nicht finden, ich meinte, die Lenchen habe mich verschlafen lassen, die Messe wäre schon lange vorüber, bis ich nach und nach in die Wirklichkeit auftauchte und mich überzeugte, daß sie noch nicht angefangen hatte. Clara hat mich in Darmstadt glücklich erwischt, ich nahm sie zu mir in den Wagen, Herr Bernus war so gut, für mich und Alexander im letzten Augenblick noch eine Karte für die erste Klasse einzutauschen, wo wir unserer Rührung keine Gewalt anzutun nötig hatten. Der arme Junge weinte bitterlich beim Abschied von seiner Mutter, aus sympathetischem Mitgefühl weinte ich ein Stückchen mit. Auf der ersten Station stellte sich der Humor wieder ein, bis Heppenheim, wo Herr Manskopf in einer Anwandlung ritterlicher Schutzbeflissenheit zu uns in den Wagen stieg und zu dem langen Gesicht Alexanders seine langen Beine setzte. Er wollte uns begreiflich machen, daß er ohne uns nicht schlafen könne, das Opfer, das er uns brachte, ward noch durch den freiwilligen Beitrag eines Kreuzers erhöht, wofür er dem Alexander in Weinheim ein Bündelchen Kirschen kaufte, alles übrige war nur leider ungenießbar, das Beste schon verzehrt und unsre Sehnsucht nach den Fleischtöpfen Ägyptens umso größer, als sich mit unserm regenden Hunger eine peinliche Reue entwickelte, daß wir von dem Stift nicht einige »Butterbrote mit Umständen« mitgenommen und der herben Erinnerung nicht einige mildernde

Grundrisse unterlegen konnten. Allein wir faßten uns im Fasten. Endlich, nachdem wir bei unserer Ankunft keine Droschke gefunden, entdeckten meine sehnsüchtigen Augen in der Ferne noch ein einsames Wägelein, und wir kamen wohlbehalten nach Hause.

In den Briefen spielt der gemeinsame Freundeskreis eine große Rolle, wie sich das für ein rechtes Großmütterchen gehört, auch jeder Vorgang in der Familie: Besuche, Erkrankungen, Verlobungen und die Ankunft neuer Urenkel. – Am innigsten ist die Beziehung zu Rosettens drei Töchtern, von denen eine, Frau von Türk-Thomas, vor Frau Willemer starb. Bei Mariannens Tod lebte aus dem Hause Thomas noch Maximiliane von Weißenthurn, an deren sehr musikalischem Töchterchen Maxe die Urgroßmutter besondere Freude hat.

Dein herziges Maxerl sei viel tausendmal gegrüßt, es freut mich, daß sie fleißig Klavier spielt, sie soll nur recht fleißig Noten lesen, ich meine prima vista, damit sie gewandt wird, ein einfaches Lied abzuspielen. Wie ist es denn mit der Stimme? singt sie nicht ex faustibus ein kleines ritornello, z. B. Benedetta sia la madre, es ist gut, wenn sie so einfache Melodien behält.

Außerhalb der Familie Willemer findet man die Betagte am häufigsten bei Steinles. Der fromme Maler mit seinen vielen Töchtern und dem einzigen Söhnchen steht ihr nah, sie trauert mit um die früh verstorbenen Kinder und nimmt an der Entwicklung der andern großmütterlichen Anteil. Daß es unter ihnen einige musikalische gibt, interessiert die nach wie vor musikbegeisterte Frau sehr, die aus Erfahrung zu raten versteht, wie man dieses Talent entwickeln und fördern kann. Auch im Verkehr mit Steinle leitet Marianne, wie sie dies nie und nirgendwo getan, aus der intimen Freundschaft keinerlei Ansprüche ab. Als sich Sophie Schlosser einmal nach einem entstehenden Bilde Steinles erkundigt, antwortet die Freundin, der Maler wünsche während der Arbeit keinen Atelierbesuch, und sie ihrerseits wünsche nicht, daß er bei ihr eine Ausnahme mache.

Im letzten Lebensjahr Mariannens, als in Frankfurt Schillers hundertster Geburtstag begangen wird, berichtet Steinle nach Neuburg: *Frau Willemer hat sich durch Schillerenthusiasmus ein ernstliches Kranksein zugezogen; sie fuhr den Abend bei scharfem Ostwind in offener Kutsche an all den Beleuchtungen herum; die Schaulust ist bei den Kindern so groß!*

Im Monat zuvor, als Marianne auf dem Stift weilte, bat der Maler seine Gönnerin Rätin Schlosser: *Empfehlen Sie mich . . . dem lieben großmütterlichen Erzschelme, der es mit der Welt und den Menschen so gut meint.*

Das klingt bei aller Sympathie doch ein wenig herablassend-liebevoll und zeigt, daß in Suleikas alten Tagen die Umwelt dem Großmütterchen zugetan war und nichts andres in ihr sah als ein lebhaftes, geistig reges, menschenfreundliches Biedermeierdämchen. Marianne hat dies so gewünscht und dies Ziel erreicht.

Auf dem Stift gab sie sich kaum anders als in der Frankfurter Geselligkeit und im Kreis der jüngeren Freunde. Es lag ihr nichts daran, einen Schimmer des Ruhmes zu erhaschen, der Goethes Bild vor der Nachwelt erhob und verklärte.

Rätin Schlosser brachte der verschwiegenen Zurückhaltung der Freundin achtungsvoll-zartes Verständnis entgegen. Der Tageslauf im Stift bot Frau Willemer manche Gelegenheit, unauffällig und unbegleitet einen größeren Spaziergang zu unternehmen, durch den Heidelberger Schloßpark, über die Terrasse zu wandern und dann, von neuen inneren Kräften beseelt, als munteres Großmütterchen von solchem Gang zurückzukehren. Es mögen manchmal Gäste darum gebeten haben, die Goethe-Sammlung im Gotischen Saal sehen zu dürfen, anderen bot die Rätin dies an. Ein Herr von Pilat lehnte dies Angebot mit der Bemerkung ab, ihm könne Goethe gestohlen werden. Marianne von Willemer respektierte das Gastrecht und schwieg, aber ein paar Tage später schrieb sie an Frau Schlosser:

Daß an jenem Tage mit Herrn von Berlichingen auf das Wohl der Eisernen Hand getrunken, freut mich umso mehr, als man den Götz abends aufführte bei voll besetztem Theater. Dem Herrn von Pilat, der den Mittag wünschte, Goethe könne ihm gestohlen werden, ist zu meinem Trost zu sagen, daß er ihn wohl noch nie besessen und daß man nicht nötig hat, ihn zu stehlen, wenn man ihn sich zueigen machen will.

In ihrem letzten Brief an Maximiliane von Weißenthurn, den das Frankfurter Hochstift bewahrt und der die Stiefenkelin »treuer Liebe bis zum Tod« versichert, ist die Betrübnis des Großmütterchens über einen Einbruch bei Weißenthurns vernehmbar:

Daß Du so großen Verlust hattest, wurde mir von Meline mitgeteilt, das ist recht ärgerlich und empfindlich, daß sie Dir so wertvolle Sachen gestohlen, so liebe Andenken, und Du noch gar nichts wiederbekommen hast als die zwei Halunken, die wahrscheinlich noch auf Eure Kosten sitzen; es betrübt mich sehr, daß wohl auch das Goethe-Köpfchen mit dabei ist und Du nun die Einzige bist, die keines mehr besitzt. Ich wollte, die Anna könnte Dir das ihrige geben, was sie von ihrer Mutter hat, bei der ist es doch nicht recht angewendet, bis die so groß ist, um etwas von Goethe zu wissen, hat sich wohl schon etwas anderes für sie gefunden. Ich habe noch eine Brosche mit Haaren von ihrer Mutter, die will ich ihr dafür geben.

Auch dies ist die Großmutter, eine sehr alte Dame, die Goethe kannte, der mit ihr und dem Großvater befreundet gewesen. So eng verbunden Marianne mit den Nachkommen Willemers blieb, so viel ihr kluger, immer selbstloser Rat bei allen galt, es ist unter all diesen Menschen niemand, dem Goethe wirklich etwas bedeutet, und Marianne weiß das. Gewiß, sie kennen den Sachwert der Goethe-Reliquien, die sie ererbten, aber sie sind zum Glück alle gesund

und lebenstüchtig, haben sich nicht, wie einst das kranke Röschen Scharff, in Goethes Werke eingelebt. Keines ist je gekommen und hat nach den Dingen in Großmütterchens Raritätenschränkchen wirklich gefragt. Es gibt in der menschlichen Seele, wie in alten Märchen, durch einen Zauber verschlossene Schatzkammern, die sich vor niemandem öffnen, der nicht das rechte Wort weiß. Des Großmütterchens verzaubertes Gelaß, das die Geschichte von Hatem und Suleika birgt und beschweigt, hat von allen Menschen ihres letzten Lebensjahrzehnts nur ein einziger betreten: der junge Herman Grimm.

21. LETZTE BEGEGNUNG

Als im Jahr 1849 der Frau Geheimrat von Willemer dieser Herman Grimm, ein Student von 22 Jahren, gemeldet wird, empfängt die Fünfundsechzigjährige ihn als den Sohn Wilhelms, den Neffen Jakob Grimms. Vater und Onkel gehörten zu den Freunden des Hauses Thomas, ersterer mochte ihm aufgetragen haben, die alte Dame zu grüßen.

Er befand sich auf der Durchreise von Bonn in die Schweiz. Um zu der Geheimrätin zu gelangen, mußte er ein hohes Gitter, einen langen Gang durchschreiten und eine Tür seitlich davon öffnen. Erst dann stand er am Fuß der Treppe, die in den zweiten Stock, zu ihrer Wohnung, führte, deren Eingangstür Glasscheiben mit fein gefältelten, weißen Vorhängen aufwies. Grimm beachtete dies alles genau, gehörte er doch zu den Augenmenschen und hatte sich sein Fach, die Kunstgeschichte, danach ausgewählt. Mühsam mußte er ein Lächeln unterdrücken angesichts des Hausgreuels, eines Hundes aus Papiermaché, der neben der Tür in seinem Korbe Wache hielt. Ein lebender Hund hätte in der engen Behausung, zwei Treppen hoch, weder Raum noch genügend Auslauf gehabt, so begnügte sich Frau Willemer mit den Hunden und dem andern Getier auf dem Stift, in Frankfurt mit diesem künstlichen.

Mariannens Stuben gingen ineinander über und lagen beide an der Mainfront des Hauses. Über den Fluß hinweg bot sich ein damals noch uneingeschränkter Blick über Sachsenhausen ins weite Land. Diese Aussicht täuschte im ersten Augenblick über die Kleinheit und Niedrigkeit des Gelasses, in dem die Bewohnerin ihren Gast empfing. Die peinliche Ordnung und Sauberkeit der Stube nahm ihr nichts von ihrer einladenden Behaglichkeit, mit Geschick und Geschmack waren die alten Möbel aufgestellt. Neben der Tür hing, handgeschrieben und mit bunt-goldner Arabeske umrahmt, ein Goethe-Gedicht, wohl die Strophen »Reicher Blumen goldne Ranken«, und ein kleines, an ein Spinett gemahnendes Klavier verriet, wer hier wohnte. Der Blick glitt über den gläsernen Behälter mit Goethes Briefen zur Verbindungstür und in die andere Stube. Hier stand am Fenster ein zierliches Schreibmöbel, ein ebenso niedliches Kanapee mit kariertem Überzug lud zu behaglichem Plaudern ein. Im Hintergrund des Stübchens war eine breite, offene Tür, die den Alkoven mit dem Bett und dem Kruzifix darüber gegebenenfalls abschloß. Jeden Sonnabend erschien ein uralter Uhrmacher und zog die Uhr mit den Messingbeschlägen auf, die unter den andern Möbeln stand wie ein Riese unter den Zwergen.

Der junge Fremdling mit dem Namen Grimm erschien dem Großmütterchen sogleich vertraut, wenn er auch nichts mehr mit dem Hermänchen gemein hatte, das Rosette und sie vor zwanzig Jahren in Kassel bewunderten. Er sah sich ohne Umstände unter die Enkel aufgenommen, hörte sich Du genannt und bekam die Erlaubnis, »Großmütterchen« zu sagen. Bald spürte Marianne, daß in Gestalt dieses Wahlenkels ein Sendbote aus der Welt der Dichtung und des Geistes zu ihr gekommen war, ein von Haus aus

Hochwohlgeborener, geheimnisvoll Verwandter. Grimm lauschte und fragte auf eine Art, die verriegelte und siebenfach versiegelte Bezirke ihrer Seele aufschloß, Erinnerungen beschwor, die Marianne – man höre den ursprünglichen Sinn im abgegriffenen Wort – für sich behalten hatte. So kam es, daß sie einen ganzen langen Abend hindurch »geistreich und unerschöpflich erzählte« und den jungen Mann, den sie als einen Grimm empfing, als Freund entließ.

Herman Grimm ist im letzten Lebensjahrzehnt Marianne von Willemers mehrfach bei ihr zu Gast gewesen, einige Male in der Familie Brentano mit ihr zusammengekommen und in ständigem Briefwechsel mit ihr geblieben.

Wieder, wie immer im Leben dieser Frau, erschließt sie diesem einen Menschen einen bestimmten Bezirk, wiederum bleibt die Ordnung gewahrt. Obgleich mancher Brief an den jungen Freund von Stift Neuburg aus geschrieben wurde, wußte er von dem, was Neuburg für sie bedeutete, so gut wie nichts, ebensowenig von ihren Glaubensangelegenheiten. Er überliefert:

Das Stift Neuburg war der eigentliche Mittelpunkt der Gesellschaft, in der Marianne in ihren späteren Jahren sich wohl fühlte. Eine alljährliche Reise dahin verstand sich von selbst. Der spezifisch katholische Ton, der dort geherrscht haben muß, war dennoch, wie sehr sie sich dort auch zuhause fühlte, nur ein modus vivendi für sie, der keine Verpflichtungen auferlegte. Sie schrieb mir oftmals daher, aus ihrem Stübchen »wo der Himmel und ein Stück Berg ihr so freundlich ins Fenster schauen«.

Marianne hat jeden Menschen ihres Umkreises von sich selbst und ihrem Dasein ein umschriebenes Stück sehen lassen. Herman Grimm blieb die Welt des Stiftes verborgen, wie den Stiftsleuten jene andere, in die sie Grimm Einblick, ja sogar Einlaß gewährte. –

Was mag Marianne bewogen haben, gerade Grimm Dinge und Konfessionen anzuvertrauen, die zu erhalten und zu überliefern sie wünschte?

Seiner ihr von Anfang an sympathischen Erscheinung entsprach sein Charakter, der ihr mindestens so wichtig schien wie seine Begabung. Trotz seiner Jugend verstand es Grimm, mit sich selbst fertig zu werden, er gab sich schwer und selten in Freundschaft und Vertrauen hin. Innerlich sehr verletzlich, verbarg er sich hinter Formen. Wer dem Anspruch des Wählerischen nicht genügte, empfand ihn als arrogant. Grimm besaß einen Sinn für das Wesentliche, für Rangunterschiede; er, der gelegentlich ihm nicht Entsprechendes schroff abwies, war zur Ehrfurcht fähig, sobald es sich um Großes handelte.

Noch nicht so ausgeprägt wie in den Jahren seiner Reife, verriet der junge Grimm bereits all diese Züge und darüber hinaus die von Marianne besonders geschätzte absolute Diskretion.

Vor allem: – hier zeigte sich nicht die literarische Neugierde eines Andenkenjägers. Marianne spürte Tiefe und Echtheit von Grimms Goethe-Verehrung, seine Bereitschaft, diese Verehrung in Verstehen umzuwandeln, und was konnte ihr Schöneres beschieden sein, als ihm dabei die Hand bieten zu dürfen? Der jugendliche Herman Grimm suchte auf eine Mariannen gemäße, unsentimentale und nicht schwärmerische Art den Weg zu Goethe, und er gefiel der alten Frau. Dafür zeugt eine kleine Geschichte, die Grimm erzählt, und die auf rührende Weise zeigt, daß kaum eine Frau später stirbt als ihre Eitelkeit, sofern es eine so echte Frau ist wie dies Marianne gewesen.

Ich bat sie einmal um ihr Bild. Sie suchte und kam zuletzt mit einer Miniatur zum Vorschein, die sie als blühende junge Frau zeigte. Sie hielt sie mir hin mit den Worten: »Danke Gott, daß Du mich nicht kennen lerntest, wie ich so aussah« und lachte. Ich wollte das Porträt nicht, weil es ihr wirklich nicht ähnlich sah, oder vielmehr sie ihm nicht mehr. Sie betrachtete das Bild eine Weile aufmerksam, schüttelte mit dem Kopf und schloß es fort. – Später verlangte ich es ihr ab, allein sie behauptete, es mittlerweile verschenkt zu haben.

Ich sehe sie noch dastehen, wie sie mit ihren feinen aber kräftigen Händen unter allerlei glänzendem Kram herumwühlte, um das Bildchen zu finden ...

... Es war manchmal, als hätte ein junges, liebenswürdiges Mädchen zum Spaß die Maske einer alten Frau vorgebunden.

Ihrer ganzen Erscheinung war ein Element von Grazie und Zierlichkeit beigemischt, das überall sich geltend machte. Wie sie stand und ging, sich bewegte, sich aussprach, immer dieselbe Präzision und Festigkeit ...

... Sie war unglaublich gewandt in der Unterhaltung, von jener Gewandtheit, die wiederum das Erbteil einer verflossenen Generation war.

Zu dieser zierlichen alten Dame paßten die zierlichen Möbel und die kleine silberne Kaffeemaschine, in der man eine einzige Tasse Kaffee herstellen konnte. So viel Marianne auch eingeladen war, so groß ihr Freundes- und Bekanntenkreis gewesen, die Bescheidenheit und Winzigkeit ihres Heimes erlaubte ihr nicht, Gäste bei sich zu sehen, es sei denn einen jungen Studenten, der anderes bei ihr suchte als materielle Genüsse. –

Frau von Willemer zeigte dem jungen Freund ihre kostbaren Schätze: – die Goethe-Briefe, jenes lustige Bildchen, das sie am letzten Abend seiner Anwesenheit auf der Mühle gezeichnet, »Goethe darstellend, der mit einer Kerze in der Hand zu einem offenen Fenster hinaussieht, um, wie die Unterschrift besagte, so auf der Gerbermühle den Mond besser sehen zu können«, erinnert sich Grimm. Es blieb nicht beim Zeigen, die greise Freundin schenkte ihm zwei von den Goethe-Briefen und schließlich das von Sophie Schlosser erhaltene Petschaft mit dem Goethe-Profil. Es war inzwischen ein wenig altersschwach geworden, und Marianne gab genaue Weisung, wie man damit siegeln müsse. – »Unschätzbare Reliquien« nannte Grimm seinem

Jugendfreund Hemsen gegenüber die Gegenstände, die anzuschauen er gewürdigt wurde, und wünschte, daß man ihm die beiden Goethe-Briefe mit in Charons Nachen geben möge.

Es ist interessant und für Marianne bezeichnend, daß sie in den ersten Jahren Grimm ihren sicht- und greifbaren Goethe-Schatz zeigte, ihm auch einiges davon schenkte, von Goethe selbst, ihrer Beziehung zu ihm jedoch lange nicht sprach. Von sich aus, ungebeten, tat sie dies nie, Grimm vermochte sie später »dazu zu nötigen«. Hätte er sich am Schauen und mancherlei Geschenken genügen lassen, Marianne würde ihr Schweigen nie gebrochen haben. Sie gab alles leichter als ihr Vertrauen, wie scheu und sorgsam sie ihr Innerstes hütete, zeigt ihre Reaktion auf Grimms ersten Versuch, mehr von ihr zu erfahren.

Ich hätte Dir nie etwas aus meinem Leben erzählt? Wie sollte ich auch, da wir uns eigentlich nur schriftlich kennen lernten! Gesprochen haben wir uns in Frankfurt nur zweimal, auf dem Neuhof nur einmal; was Du mich damals fragtest, konnte ich in Kürze nicht beantworten, es gehört ein langer Kommentar dazu, ich habe recht viel Vertrauen zu Dir, nur müßte es sich ruhig entwickeln und befestigen können, aber Du würdest gewiß irre an mir werden, wenn ich einem so jungen Manne wie Du meine Lebens- und Gefühlserfahrungen mir nichts Dir nichts an den Kopf werfen könnte, und zudem sagst Du ganz richtig: die Ereignisse sind nicht das Wichtigste, was ein Mensch erlebt; was dazwischen liegt, das ist ein Weg, der mit Steinen, die auf dem Herzen liegen, gepflastert, mit Tränen begossen und mit Seufzern durchweht ist.

Sanft abwehrend, gibt Marianne zugleich einen Blick hinter die Maske des heiteren Großmütterchens frei und sagt mehr, als der junge Freund begreift und versteht:

Was Du im allgemeinen über das Urteil der Menschen oder Leute sagst, ist sehr wahr, und ich bin mehr oder weniger in dem Fall gewesen, wenig Gewicht darauf zu legen; meine Lebensverhält-

nisse waren seit meiner Kindheit von so ungewöhnlicher Art, daß ein Tadel wohl nicht zu vermeiden war . . .

Daß »der mir sehr nahestehende Freund«, von dem sie ein andermal schreibt, Willemer war, konnte Grimm dazumal ebenfalls nicht erraten. Er glaubte sogar, es handle sich um Jacobi, dessen Briefwechsel mit Goethe Grimm gerade las, und Goethes von Marianne zitiertes Wort, er habe zu wenig Ballast geladen, sei mit Bezug auf Jacobi gesagt worden.

Um auf den Ballast zu kommen, – räumte Frau von Willemer das Mißverständnis beiseite – *so weiß ich nichts von Jacobi und seinem Briefwechsel mit Goethe, sondern jenes Wort sprach er zu mir über Willemers Bestrebungen und literarische Arbeiten.*

Jahre hindurch hat Marianne die Entwicklung des jungen Freundes, sein Verhalten, seine Denkweise und seine Studien beobachtet, an seinen Fragen, Problemen und Beschäftigungen den Grad seiner geistigen und menschlichen Reife erkannt. Die Greisin rüstete sich für ihre große Reise ohne Wiederkehr und wählte bedacht, sorgsam prüfend den Erben. Ein Mensch ihres Geblütes sollte dieser Erbe sein, einer, der seinen Weg durchs Leben, zu Goethe als richtungweisendem Gestirn aufschauend, gehen wollte. –

Daß schöpferische Anlagen in ihr schlummerten, hatte Marianne 1815 erfahren. Goethes Liebe, Goethes Nähe, die Angst ihn zu verlieren, der Schmerz der Trennung waren zu unsterblichen Liedern geworden, von dem Einen erzeugt, von ihr gesungen, in seinem Werke aufgegangen. Auf sich gestellt, reichte ihre schöpferische Kraft nicht aus, sie verstummte.

Die Andre, Bettine von Arnim, besaß die Gabe, ihrem Goethe, ihrer Liebe, ein bleibendes Denkmal zu schaffen. »Goethes Briefwechsel mit einem Kinde« hatte Aufsehen, Bewunderung, Stürme der Entrüstung erregt. Hinreißendes Kunstwerk nannten es die einen, Fälschung, Lüge, Phantasieprodukt, ja Unverschämtheit die anderen. –

Kaum jemand wußte so gut wie Marianne, wie viel Bettine sich zu eigen geträumt, wie viel sie sich angemaßt, was andern Frauen gegolten. Auch die Krone Suleikas hatte das »Kind« sich aufs Haupt gesetzt, ohne zu ahnen, wer Suleika gewesen, daß es das Urbild in der Wirklichkeit gab, unter Bettinens Jugendgefährtinnen.

Marianne von Willemer hatte keinerlei literarische Ambitionen und keinen Funken Geltungsbedürfnis. Mit Bettine zu rechten, sie zu beschimpfen und zu bezichtigen, überließ sie denen, die nichts von ihr zu fordern und einzuklagen hatten.

Sie mischte sich nicht ins Streitgespräch der Literaten, zumal sie die enge Bindung Herman Grimms an seine spätere Frau, Bettinens jüngste Tochter Gisela, wohl schon damals kannte und ihren jungen Freund in keinen schmerzlichen Zwiespalt bringen mochte.

Dafür befand sie sich selbst in einem quälenden Zwiespalt zwischen ihrer Aufrichtigkeit und der Rücksichtnahme auf Grimms Gefühle. Sie war froh, 1852, als Bettine nach Frankfurt kam, gerade auf dem Stift zu sein:

Ich würde durch den Zwiespalt meiner Gesinnung und der Anerkennung, die ich so viel Geist und Güte schuldig bin, in eine recht peinliche Stellung gekommen sein, da ich gewohnt bin, mich immer wahr und ohne Rückhalt zu geben.

Diese aufrichtige Begründung gab sie ihrem Wahlsohn und stand mit der gleichen Redlichkeit nicht an, ihm später zu schreiben:

Auch Bettine habe ich gesprochen, obschon ich mir vorgenommen hatte, sie nicht zu sehen, so muß ich doch gestehen, daß mir letztere besser schien als ich mir dachte, daß sie sein könnte, weil das Alter gewöhnlich exzentrische Naturen zur Karrikatur macht; sie scheint doch ruhiger zu sein, und da sie noch so geistreich ist wie sie war, so hat sie mir einen guten Eindruck gemacht, obschon ich nicht gut auf sie zu sprechen bin.

Grimm mußte annehmen, Marianne sei wegen des umstrittenen Goethe-Buches auf Bettine nicht gut zu sprechen, und da er soeben auch Bettinens Günderode-Buch gelesen, schrieb er an Marianne:

Ich wollte, Du sagtest mir einmal offen, was Falsches in dem Goetheschen Briefwechsel sich befindet: er und die Günderode sind doch Bücher, in denen auch die blasierteste Phantasie frische Quellen findet. Was für ein Leben, und wenn es gelogen wäre! Ich wollte ich säße bei Dir, um con amore ein Wörtchen zu sprechen.

Wenn Goethes Behauptung, urteilend verrate sich der Mensch, zutrifft, verdanken wir dieser Bitte Herman Grimms mit der Antwort auf Mariannens Brief zugleich ein sehr charakteristisches Urteil:

Du fragst mich, inwiefern sich in Bettinens Briefen Lüge oder Dichtung und Wahrheit begegnen, und darauf bemerke ich nur, daß sie erstere nicht so wohl en gros als en détail anwendet. Es wäre doch wohl möglich, daß Du wieder einmal in meinem Stübchen auf dem Canapé zu sitzen kämest, wo ich Dir über dies Thema genügend Aufschluß geben könnte. Ich will aber nicht gesagt haben, daß ich der Dichtung ihre unbezweifelte und unbeschreibliche Anmut und Schönheit ableugnete, ja nicht davon hingerissen wäre; aber bei solchem Reichtum muß man falschen Schmuck entbehren können.

Marianne verriet mit diesen Sätzen viel von ihrem Charakter, nichts von ihrem Geheimnis. Sie schrieb nicht, daß es andern gestohlener Schmuck sei. Sie war so anders geartet, daß sie Bettinens Streben, vor den Menschen und der Nachwelt als eine von Goethe Geliebte, Besungene, ihm besonders Nahstehende zu erscheinen, gar nicht begriff. Neidlos Bettinens Gaben, die Schönheit ihres Werkes anerkennend, sah sie nicht ein, weshalb sich Bettine – nach Riemers boshaftem Wort – Einem, der auf dem Weg zur Unsterblichkeit war, an den Arm hängte. – Das geniale Geschöpf hatte das ja gar nicht nötig!

Ohne Bettine von Arnims Gaben, wußte Marianne sich von Goethe in die Unsterblichkeit erhoben, für Zeit und

Ewigkeit mit Hatem als Suleika verbunden. Darin fand sie ein »holdes Bescheiden«. Grimm gesteht:

Mir scheint dies als einer der höchsten Züge in Mariannens Charakter: das gänzliche Verzichten darauf, ihren Namen mit demjenigen Goethes öffentlich genannt zu hören. Sie sprach auch mit mir nie von Goethe, ohne daß ich sie mit leichter Nötigung dazu getrieben hätte. Es war als fürchte sie, durch solche Mitteilungen den Vorrat des eigenen Erinnerten, von dem sie zehrte, kleiner zu machen.

Diese Scheu vor dem Zerreden, dies Wissen um die Magie des Geheimgehaltenen und Verschwiegenen deutet auf die echte Beziehung und Verwandtschaft Mariannens mit dem Schöpfer des Faust hin. – Fast spröde klingt ihre Antwort auf eine Frage Grimms, ob sie Weimar und Charlotte von Stein gekannt:

Ich habe Frau von Stein nicht gekannt. Ich war nie in Weimar, habe Goethe im Jahr 1814 in Frankfurt zuerst gesehen(!), *ihn bei seinem Aufenthalt vom 12. August bis 6. Oktober 1815 bei uns auf dem Land kennen und lieben gelernt und war bis vielleicht vier Wochen vor seinem Tode in ununterbrochenem*(!) *Briefwechsel mit ihm. Doch sind diese Briefe von ganz anderer Art als jene an Frau von Stein, und ich finde es eine heillose Indiskretion, daß man sie drucken läßt und ein mein Gefühl verletzendes Benehmen ihres Sohnes, der sich dabei beteiligt hat.*

Ohngefähr sechs oder acht Wochen vor Goethes Tod schickte er mir ein wohlversiegeltes Päckchen und schrieb mir dabei mit liebenswürdiger Empfindung, er schicke mir hiermit meine Briefe, ich möge aber das Paket uneröffnet lassen bis zu unbestimmter Stunde. Als man mir seinen Tod meldete, erbrach ich das Siegel und fand obenauf einige Strophen von seiner Hand.

Die Publikation von Goethes Briefen an Frau von Stein veranlaßte vielleicht Mariannens Entschluß, ihre Briefe an Goethe durchzusehen, das für die Nachwelt Geeignete, für die Öffentlichkeit Wissenswerte zu diktieren und die Originale zu vernichten. Die Art, wie sie dies verwirklichte, ist wiederum überaus charakteristisch. Niemand gelang es je, herauszufinden, von wem die Abschrift gemacht wurde. Die verschwiegene Frau fand wiederum einen verschwiegenen Menschen. Die Briefe wirken nicht überarbeitet und im Hinblick auf die Nachwelt aufgeputzt. Die greise Frau scheint sich auf Auslassungen beschränkt zu haben, auf Auslassungen eigener Gefühlsausbrüche und Bemerkungen über Drittpersonen. Sie lebte lange genug, um das zunehmende Interesse der Forschung auch am Privatleben Goethes zu beobachten. Mit dem für sie kennzeichnenden Gefühl für das Richtige behandelte sie Goethes Briefe als Allgemeingut, ihre eigenen als die zweite Stimme, von der vernehmbar sein sollte, was wesentlich und gültig bleiben würde. Marianne besaß für das Wesentliche und Wissenswerte ein Organ, wie es nur wesentliche Menschen besitzen.

Völlig unsentimental sah sie dem Tatbestand ihrer hohen Jahre, der Möglichkeit, an jedem Tage abberufen werden zu können, ins Auge. Sie traf ihre Verfügungen und schrieb an Grimm: »Ich habe Dich ohnehin bedacht; wenn ich sterbe (was hoffentlich noch nicht so bald geschehen wird) dann sollst Du manches erben, was Du nur zu haben wert bist.« Auch dies ist für die damals Neunundsechzigjährige bezeichnend: – bereit zu sterben, verleugnet sie ihre Freude am Dasein nicht. Jedesmal, wenn sie sich krank und schwach fühlt, kommt sie in Versuchung, Grimm das Suleika-Geheimnis preiszugeben, fühlt sie sich wieder wohler, vertraut sie auf eine neue Frist des Weiterlebens, dann verhüllt sie es wieder als das Einzige, das sie allein mit Goethe teilte. Das Suleika-Geheimnis ist ihr teurer und kostbarer als jedes sichtbare Andenken an Goethe; nur weil sie die »unbestimmte Stunde« nicht kennt, das Geheimnis zuletzt doch zurücklassen möchte, erregt jede Erkrankung solchen Zwiespalt.

Von diesen inneren Kämpfen hat Grimm nie etwas

geahnt. Er war sich bewußt, was es bedeutete, einen Menschen zu kennen, der Goethe nahgestanden, aus seinem Munde Erinnerungen zu hören, aus seiner Hand Andenken zu empfangen. Er verehrte und bewunderte diese lebenskluge, gepflegte, auf Ruhm und Ehrungen so gar nicht erpichte alte Dame. Er war dankbar für die Aufrichtigkeit ihrer Urteile, die Redlichkeit ihrer Empfindungen für ihn. Mit dem Überschwang der Jugend muß er ihr all das einmal geschrieben haben, und die Greisin antwortete:

Ich kann es Dir kaum glauben, daß meine Briefe Dir so notwendig sind, daß sie Dir überhaupt etwas sein können, sage mir recht ehrlich: warum? Ja, ich meine es ehrlich mit Dir und habe Dich lieb, aber das ist bald gefühlt und berichtigt, was sonst noch bleibt, ist nicht viel, ich weiß nichts und kann Dir wenig bieten. Einmal in meinem Leben war ich mir bewußt, etwas Hohes zu fühlen, etwas Inniges und Liebliches sagen zu können, aber die Zeit hat alles nicht sowohl zerstört als verwischt, und was an Erinnerung mir geblieben, ist ein ahnungsvolles Erkennen der Wahrheit und Schönheit.

Fast ist in diesen Zeilen das Suleika-Geheimnis offenbart, aber nur für den Wissenden, nicht für den damals noch ahnungslosen Grimm, der spürt, wie reich dieses Leben gewesen sein muß. Wie viele Menschen hat das Großmütterchen gekannt, wie viele bedeutende unter ihnen, wie arm ist dagegen die Zeit, in der Grimm lebt! Der junge Mensch hat dergleichen wohl an die alte Freundin geschrieben und ihr Bekenntnis empfangen:

Glaube mir, mein Freund! Unter den 1000 Menschen, die Du mir zu kennen aufbürdest, sind mir die meisten unbekannt, und wenn ich sie auf Bekannte reduziere, bleiben vielleicht etwa 50, und diese auf Freunde bleibt etwa die Hälfte, Maskulinum und Femininum, und wenn ich die zähle, die mir so nahe standen, daß ich sie mir deutlich machen konnte und mein Herz oder mein Verstand sie mir eigen machte, wiewohl nicht immer mit Erwiderung, so bleiben wenige, die das eine nicht auf Kosten des andern befriedigten, entweder litt ich von Herzen mit Schmerzen oder ein klein wenig oder gar nicht. Diese wenigen nun kann ich zählen. Über allen steht Goethe und gerade an der Stelle, wo ich vollste Übereinstimmung aller Ansprüche fand. Etwas näher dem Schmerzensreich steht Clemens Brentano, den ich als ein Mädchen von sechzehn Jahren zum erstenmale sah, den ich freilich lieben mußte, ohne zu wissen, daß er schon lange vorher mich liebte; er hat es mich nie wissen lassen, bis nach Jahren, als ich schon verheiratet war; ich mußte erfahren, daß wir uns unbewußt so nahe standen und scheinbar so ferne; doch das ist eine wunderliche Geschichte und wäre ein guter Stoff zu einer Novelle, aber nicht für Romanzen. Sulpiz Boisserée darf ich noch zu meinen Freunden rechnen und noch Einen und noch Einen, und Dich? nicht wahr?

Wie viele junge Menschen, die ihre Kinderjahre in einem von Güte und Noblesse erfüllten Elternhaus verleben durften, gewöhnte sich Grimm schwer an die rauhe Luft des Lebens und die gelegentlichen Niederträchtigkeiten böswilliger Zeitgenossen. Harte Urteile über seine Leistungen vermochten ihn zu verstimmen, ja zu entmutigen. Klagte er der alten Freundin am Main dergleichen Ungemach, dann rief sie ihm das Wort Goethes zu: »Gegen die Kritik kann man sich weder schützen noch wehren; man muß ihr zum Trutz handeln, und das läßt sie sich nach und nach gefallen.«

Noch einen andern für begeisterungsfähige junge Menschen kennzeichnenden Zug wies Grimm auf: er machte Verse. Manche davon gefielen Marianne so gut, daß sie ihm attestierte, ein Dichter zu sein, und fand:

Es sind Stellen darin, bei denen mir sofort eingefallen ist, was Goethe einst sagte, als er bei mir am Klavier saß und ich ihm Lieder aus des Knaben Wunderhorn vorsang, von Himmel komponiert, unter andern »Ich weiß mir ein Mädchen hübsch und fein«. Er sagte: »Das sind Worte, wobei ein alter Poet vor Neid platzen möchte.«

Sofern nicht die Zuneigung zu ihrem jungen Freunde

Marianne verblendete, kann sie kaum jene Verse gemeint haben, die ihr Grimm ins Stammbuch schrieb und die seiner Gesinnung und seiner Fähigkeit, anschaulich zu schildern, mehr Ehre machen als seinem Dichtertum:

Fliehn vorüber auch des Maines Fluten,
Bleibt Gedächtnis des genoß'nen Guten,
Und den Dank, wie freundlich du gewesen,
Wirst du stets in meinen Augen lesen.

Lockt das helle Stübchen nicht zum Bleiben?
Lockt der Sitz am Fenster nicht zum Schreiben?
Lockt den Blick vom Zauber dieser Wände
Nicht das schöne Land zu sich ohn' Ende?

Einst so nah der Erde schönsten Sternen,
Fühlst du dich vertraut gestirnten Fernen,
Doch wie sie sich träumend schön entfalten,
Reiz hat noch die Erde, dich zu halten.

Glücklich, wer in deiner Nähe spürte
Welch ein Gott dich durch das Leben führte.
Wer dich sah im Stübchen still und heiter
Geht getrosten Muts im Leben weiter.

Das Stübchen mit einer der wohnlichen Gaststuben auf Stift Neuburg zu vertauschen, blieb nach wie vor alljährlich mehrmals Mariannens Anliegen, denn »ich bin nun einmal wie gebannt in diese Räume, Bäume, Träume und so lange mir noch ein wenig Luft bleibt, renoviere ich sie wo möglich auf dem Stift«, heißt es in einem Brief an den jungen Alexander von Bernus (Originalbrief im Goethemuseum Düsseldorf). Je häufiger die Atembeschwerden auftreten, desto öfter glaubt die Greisin, das letzte Mal auf dem Stift gewesen zu sein, um so schwerer fällt ihr der Abschied.

Wunsch und Wille, das geliebte Refugium in der Nachbarschaft Heidelbergs wiederzusehen, stärken die Lebensgeister immer wieder. Die Dreiundsiebzigjährige schreibt kurz vor dem Aufbruch nach Neuburg an Grimm:

Ich bin nicht mehr so leicht wie sonst, wo sich der Vogel auf den Ast setzte und, wurde dieser geschüttelt oder geknickt, auf einen andren flog. Zudem singt er nicht mehr und das macht die Sache schon schwieriger. Doch still von all dem Ballast, den ich nur leider nicht auswerfen kann, im Gegenteil nur immer wachsen sehe, und die Reise ins gelobte Land doch durchsetzen muß.

Obwohl Frau Willemer diese Reise immer wieder durchsetzte und zeitweise auch während ihrer Anwesenheit in Frankfurt nach Steinles Aussage »im Stübchen meist nicht zu finden« war, muß sie beim letzten Besuche Herman Grimms stärker als je zuvor von der Frage bedrängt worden sein, ob sie ihm das Suleika-Geheimnis nun anvertrauen solle oder nicht. Dieser innere Widerstreit spiegelt sich deutlich in der Schilderung, die Grimm von dem bewegenden Vorgang gibt:

Wir gingen eines Abends im Garten spazieren und hatten über Goethe gesprochen. Ich erinnere mich deutlich, wie über den Himmel von Westen her allerlei Gewölk zog, das schlechtes Wetter für die nächsten Tage ankündigte, und ein seufzender Wind über die Felder ging. Ich weiß nicht, wie mir Goethes Verse da in den Sinn kamen: »Ach, um deine feuchten Schwingen, West, wie sehr ich dich beneide.« Ich sprach sie halblaut vor mich hin im Weiterschreiten. Marianne machte Halt, sah mich eine Weile mit ihren graublauen, glänzenden und beweglichen Augen an und sagte: »Höre, wie kommst Du dazu, dieses Gedicht zu sagen?« »O, es fiel mir gerade so lebhaft ein«, antwortete ich, »es ist eines von Goethes schönsten.«

Marianne sah mich immer an, so als wolle sie etwas sagen, besänne sich aber, ob sie es tun solle.

»Ich will Dir etwas sagen«, rief ich plötzlich aus und weiß selbst nicht, wie ich darauf kam, »das Gedicht ist von Dir, Du hast es gemacht!« ». . . Du darfst es niemand wiedersagen«, begann Ma-

rianne nach einer Weile und streckte mir die Hand hin, »ja, ich habe die Verse gemacht«.

Dies kam mir doch unerwartet. Sie brach dann aber dies Gespräch ab. Der nächste Morgen war dann schon der Tag der Abreise. Marianne wurde auf dem Stift Neuburg bei Heidelberg längst erwartet.

Es ist, als habe Grimm an jenem Abend gleich einem Medium etwas von den Gedanken der alten Frau aufgefangen, in ihrem Blick das ans Licht drängende Geständnis gelesen. Wir spüren auch, wie erschrocken und verstört Marianne war, nachdem sie das Geheimnis preisgegeben. Ihr mag es vorgekommen sein, man habe es ihr entrissen, zumindest entlockt.

Ihre Erregung ebbte ab, als sie des Stillschweigens ihres Wahlsohnes immer sicherer wurde. Grimm erwies sich ihres Vertrauens würdig, und nun empfing er, als ihr Abschiedsgeschenk vor seiner Reise nach Rom, den Schlüssel zu den chiffrierten Briefen, die sie mit Goethe in der ersten Zeit nach der Trennung getauscht:

Wenn Du nun im Divan das schöne Gedicht »Geheimschrift« findest . . . so ist es für Dich keine Geheimschrift mehr und ich habe Dir wieder einiges aus der glücklichsten Zeit meines Lebens mitgeteilt . . .

. . . Ich weiß nicht, es treibt mich ein Gefühl, daß ich nicht mehr lange an Dich schreiben kann, das Versäumte nachzuholen.

Wenngleich Marianne die Preisgabe des Suleika-Geheimnisses und des Schlüssels zu den chiffrierten Briefen noch drei Jahre überlebte, gestand sie Grimm, mit Suleika identisch zu sein und einzelne Divangedichte geschaffen zu haben, vor und kurz nach der letzten persönlichen Begegnung. Bei der Rückkehr von Rom, wo er an seiner ersten großen Publikation über Goethe arbeitete, traf Grimm Frau Willemer nicht mehr unter den Lebenden. Bis in die allerletzte Zeit hinein blieb sie geistig rüstig, noch wenige Monate vor ihrem Tod berichtete Steinle aufs Stift:

Das Großmütterchen hat sich, ihrer Natur getreu, durch die welschen Opernsänger über Gebühr erregen lassen, darüber die Jahre vergessen, und muß es nun ertragen: daß diese sich rächen und mit größerem Ungestüm melden, daß sie da sind.

Marianne nahm dies den Jahren und sich selbst sehr übel und schrieb an Sophie Schlosser:

Unbegreifliche Stürme und unaufhörliche Wasserströme haben mein Häuschen und die Baumwipfel so erschüttert, daß es mir nicht möglich war, meine Buchstaben zu schreiben, überhaupt sind in der letzten Zeit meine Nerven so abhängig von Wind und Sonnenschein, und all dem was man darunter versteht, daß ich anfange, mich vor mir selbst zu schämen.

Der Hauswirt hatte überdies ein Gerüst anbringen lassen, um das Haus zu renovieren, und das brachte Ungemütlichkeit in die stillen Stübchen. Dennoch war sie froh, zuhause zu sein, »denn es gibt immer einige Familienangelegenheiten, die zu besprechen sind« – und Stiefkinder wie Stiefenkel hörten auf den Rat des klugen Großmütterchens nach wie vor.

Wenige Wochen vor ihrem Tode war es Mariannen noch ein letztes Mal vergönnt, das Stift und Heidelberg wiederzusehen. »Ich habe die Schlosser begrüßt, alle alten lieben Plätzchen mir angesehen und an alte Zeiten gedacht, mehr kann ich nicht verlangen« heißt es im letzten, im Frankfurter Hochstift aufbewahrten Brief an Rosettens Tochter Maxe von Weißenthurn.

Im Dezember 1860 berichtete der Maler Steinle seiner Freundin und Kollegin Emilie Linder:

Die gute Frau Willemer starb, versehen mit den Sakramenten, fast ohne Krankheit in ihrem 76. Jahre und hat ihren liebenswürdigen, pretiösen Geist fast bis zum Ende frisch erhalten. Zwei Tage vor ihrem Tode hat sie noch in der Abendstunde einen Spaziergang unternommen, um sich Bewegung zu machen. Den nächsten Morgen ließ sie uns absagen, denn sie hatte vor, den Abend auf ein Stündchen zu uns zu kommen, um meine Kinder musizieren zu hören; am andern Morgen war sie dahingeschwebt.

Herman Grimm, dem Marianne zuletzt die von ihr verfaßten Divangedichte »in der Schrift, die sie damals schrieb«, geschenkt, äußert über dies sanfte Ende:

Marianne sprach von ihrem Tode ohne jede Sentimentalität, wie von einem in nächster Zeit notwendigen Ereignisse. Und so ist sie schließlich auch, als die »ungewisse Stunde« sich in eine gewisse verwandelte, rasch und ohne viel Umstände aus der Welt gegangen, der sie bis zuletzt herzlich gut war.

Die Enkelsöhne Willemers haben den Sarg ihres Großmütterchens, das auch ihnen so herzlich gut war, auf ihren Schultern zur Ruhestätte getragen.

Auf dem Frankfurter Hauptfriedhof schloß sich die Erde über Marianne von Willemers abgestreiftem irdischen Gewand. Grimm nannte die Liebe zum Leben und zum Lebendigen den eigentlichen Grundton ihres Wesens, und so erscheint es sinngemäß, daß auf ihrem Grabkreuz die Worte stehen: »Die Liebe höret nimmer auf.«

Es sind Worte des Glaubens. Für denjenigen, der das Leben Marianne von Willemers, die Goethes Suleika gewesen, kennt, sind es zugleich Worte zur Grundmelodie ihres so schweren wie schönen Daseins.

VERZEICHNIS DER ABBILDUNGEN

INHALT